ELISABETH BERGNER

Bewundert viel und viel gescholten...

Unordentliche Erinnerungen

Wilhelm Goldmann Verlag

Ungekürzte Ausgabe

Made in Germany · 2/81 · 1. Auflage · 1115

Umschlagentwurf: Atelier Adolf & Angelika Bachmann, München
Umschlagfoto: Cecil Beaton
Druck: Presse-Druck Augsburg
Verlagsnummer: 3980
Lektorat: Martin Vosseler · Herstellung: Peter Papenbrok
ISBN 3-442-03980-0

I.
Laßt mich den Löwen auch spielen!

»Und Abraham war neunzig Jahre alt und neun, da erschien ihm der Herr und sagte: ›Geh vor mir und sei vollkommen.‹« Ich war halb so alt wie Abraham, als er das gleiche zu mir sagte. Der Schreck ist unvergessen. Als wäre ich eine Fliege, die in ein Spinnennetz gefallen ist und, auf dem Rücken liegend, verzweifelt krabbelt, herauszukommen. Es hat mich fünfundzwanzig Jahre gekostet, zu begreifen, daß ich in Wahrheit verzweifelt krabbelte, hineinzukommen.

»You must be born again.« – Das war's.

Und wie es dazu kam, zu dieser fünfzigjährigen Schwangerschaft aus meiner ersten Geburt in diese zweite, diese Seelenwanderung aus Kindheit und Jugend, ganz deutlich instinktgeführt, in diese sogenannte Reife, und noch immer weiter und weiter, bis ins Spinnennetz – diese schwangere Reise möchte ich gerne erzählen können.

Es ist nicht einfach für eine, die gar nicht leicht oder gern von sich oder über sich redet. Es war auch kein schneller Entschluß. Man wird ja sehen.

Neulich blätterte ich in Christopher Isherwoods gerade erschienener Selbstbiographie. Ich fand es sehr gescheit und geschickt, wie er in seinen Jugenderinnerungen von sich als »Christopher« spricht und in seinen späteren als »ich«. Ich dachte einen Augenblick, ob mir so ein Trick vielleicht auch helfen könnte, diese große Zeitdistanz mitsprechen zu lassen.

Ich gab es aber auf. Erstens ist Isherwood ein erstklassiger Autor und Erzähler. Zweitens hat er zeitlebens Tagebuch geführt und ich nie. Und drittens habe ich verdammt wenig zu erzählen über Sexgeschichten, die er so interessant erzählt. Also, besser vergessen wir Isherwood.

Dann ist da noch eins: Da ich, wie schon erwähnt, nie Tagebuch geführt habe, fürchte ich, es wird sehr unordentlich zugehen in meinen Erinnerungen. Bevor er noch selbst drauf kommt, möchte ich den Leser auch dafür schon jetzt um Entschuldigung bitten.

Das erste Staunen über meine Kindheit, von heute gesehen, gilt der merkwürdigen Tatsache, daß Kinder sich über nichts zu wundern scheinen. Alles ist eben so. Wieso habe ich mich nie darüber gewundert, daß meine Eltern immer nur gestritten haben? Immer nur gestritten. Ich kann mich an keine freundliche oder freundschaftliche Atmosphäre in meinem Elternhaus erinnern. Wieso habe ich mich nie gefragt, ob es überall so zugeht wie bei uns? Oder warum das so ist. Wer schuld war daran. Ich wußte nur, mein Papa war sehr streng, und meine Mama war sehr gut. Wahrscheinlich habe ich geglaubt, das müßte der Grund sein. Heute weiß ich ein bißchen mehr. Nicht viel mehr. Hauptsächlich nur Äußerliches.

Sie waren beide aus Polen nach Wien gekommen, aus dem damals österreichischen Galizien, hatten sich aber erst in Wien kennengelernt. Ich besitze ein Hochzeitsbild meiner Eltern, auf dem beide strahlend glücklich aussehen.

Heute bin ich geneigt, meinen strengen Papa noch mehr zu bemitleiden als meine gute Mama, wenn ich an die bittere Enttäuschung denke, die sie einander gewesen sein müssen. Er war dreiundzwanzig und sie achtzehn, als sie heirateten. Wie jung sie beide noch waren, als sie ihren Lebenstraum schon ausgeträumt hatten. Ich bin ganz sicher, daß er keine Frau und sie keinen Mann kannte vor dieser unglückseligen Liebesheirat.

Als ich, achtzehnjährig, während des Weltkrieges meinen

ersten Reisepaß erhielt, um mein erstes Engagement anzutreten, bekam ich die ersten Schwierigkeiten dadurch, daß ich in Drohobytsch geboren war. Als ich meine Mama fragte, wieso ich in Drohobytsch geboren war, weil doch meine um vier Jahre ältere Schwester in Wien geboren war, da sagte sie einmal, es habe dort so eine wunderbare Hebamme gegeben. Ein anderes Mal sagte sie, sie habe einen Fluchtversuch aus der Ehe gemacht, der meinen Papa hätte zur Vernunft bringen sollen. Beides ist möglich, aber bei meiner Mama wußte man nie was wirklich war.

Sie hat mir auch erzählt, sie habe mich, vier Wochen alt, mitsamt einer polnischen Amme, die Hanja hieß, nach Wien gebracht, wo mein Papa mich sofort aus dem Fenster werfen wollte, weil ich kein Sohn war. Wie schon erwähnt, bei meiner Mama wußte man nie. Aber an eine Hanja glaube ich mich ganz, ganz dunkel zu erinnern. Das heißt: an ein liebevolles, pockennarbiges Gesicht unter einem Babuschka-Kopftuch. Und meine Mama erzählte mir auch, ich hätte wochenlang geweint und nach Hanja gerufen, als sie vier Jahre später wieder nach Drohobytsch zurückgeschickt wurde.

In Drohobytsch war ich nie. Oder noch immer nicht. Ich hatte es mir fest vorgenommen, in Hollywood, als Alexander Granach mir seine Memoiren vorlas und darin so von Polen schwärmte, daß mir die Tränen kamen. Damals versprach er, mir Polen zu zeigen. Und ganz besonders Drohobytsch. Es kam nicht mehr dazu. Er starb. Aber das war im Zweiten Weltkrieg. Ich bin ja noch nicht einmal beim Ersten. Ich weine ja noch um Hanja, vierjährig.

Das nächste, woran ich mich jetzt erinnere, da bin ich schon sechs: Ich gehe in die Schule in der Kandlgasse. Wir wohnen jetzt in der Zieglergasse, im Siebenten Bezirk. Und ich habe jetzt auch einen Bruder, der um zwei Jahre jünger ist als ich und den ich sehr lieb habe. Meine Schwester hatte ich leider nicht sehr lieb. Vielleicht kam das daher, daß ich immer ihre ausgewachsenen Kleider tragen mußte, die mir viel zu groß waren.

Die Erinnerung an ein ganz bestimmtes Erlebnis in meiner sechsjährigen Existenz verlangt, daß ich etwas mehr von meinem Vater erzähle. Zum Beispiel, daß er nie zu einem von uns sprach, außer mit sehr harter Stimme und im Befehlston: »Ruhe!« oder »Tür zumachen!« oder »Schmatz nicht so!« Er war nie freundlich. Er war zu uns allen gleich unfreundlich. Daß er auch eine andere Stimme hatte und anders sprechen konnte, das wußten wir nur, weil er immer einen Vogel hatte. Entweder einen Kanarienvogel oder einen Fink. In einem Käfig. Niemand außer ihm durfte ihn füttern. Und er war immer so hoch gehängt, daß wir ihn weder erreichen noch auch nur sehen konnten! Es war immer nur einer, entweder ein gelber oder ein grüner, und sie hießen immer Hanserl. Wir wußten nie, ob einer gestorben war oder warum auf einmal ein grüner statt eines gelben im Käfig war. Wir wußten nur, wenn Papa zu Hanserl sprach. Das war eine ganz andere Stimme, die wir sonst nie hörten oder auch nur kannten und die uns immer zum Zuhören zwang, was immer wir auch gerade taten. Ich glaube nicht, daß wir eifersüchtig waren. Zu einem Vogel sprach man eben anders als zu Menschen.

Aber ich wollte eine deutliche Kindheitserinnerung erzählen: Ich war also sechs und ging das erste Jahr zur Schule und hatte arge Ohrenschmerzen. Ich erinnere mich, daß ich allein im Zimmer war, auf einem niedrigen Kinderschemel saß und vor mich hin weinte.

Stundenlang wimmerte und weinte ich in mich hinein. Wo die anderen alle waren, das weiß ich nicht. Auf einmal war der Papa im Zimmer, hob mich aus dem Schemel, trug mich, auf und ab gehend, im Zimmer herum, zu mir sprechend, liebevoll, zärtlich, flüsternd, den Kopf ganz nah über meinen gebeugt: »Ja woher denn! Aber das geht doch net! Aber wer wird denn meiner Kleinen weh tun? Na so was, das wär ja g'lacht, das erlaub ich doch net!« Genau wie zum Hanserl. Zu mir. Das Ohr war ganz vergessen. Nur atemloses Zuhören.

Der Ohrenarzt, der kurz darauf mit der Mama hereinkam, sagte: »Na fein, da hab' ich ja gar nichts mehr zu tun. Das Geschwür ist ganz von allein aufgegangen. Du bist ein braves Mäderl, bravo, bravo.« Ich wußte es besser. Das Geschwür war nicht von allein aufgegangen. Das war mein Papa. Aber noch lange nicht der ganze.

Das nächste Wunder oder Wundern über meinen Papa ereignete sich an meinem zehnten Geburtstag.

Dieser unnahbare, autoritäre, einsame Mann, der scheinbar gar keine Notiz nahm von unserer Existenz, außer daß er uns täglich am frühen Morgen für die Schule weckte, indem er uns kaltes Wasser ins Gesicht spritzte, dieser gefürchtete, strenge Papa – man rate, was er mir zu meinem zehnten Geburtstag schenkte.

Ein Ansichtskarten-Album. Ein Riesending. Ich hatte noch nie eine Ansichtskarte bekommen. Ich war sprachlos, als plötzlich tagelang Ansichtskarten aus aller Welt, an mich adressiert, ankamen. Von Leuten, die ich gar nicht kannte, von denen ich nie etwas gehört hatte. Mit persönlichen Grüßen und Glückwünschen.

Was ich plötzlich für eine Wichtigkeit war! Die fremdesten Menschen gratulierten mir zum Geburtstag. Aus Kierling, aus Plötzleinsdorf, aus Vösslau, aus Hietzing, aus St. Pölten, aus Ottakring, aus der ganzen Welt! Ich glaube, von dem Schrecken habe ich mich bis heute nicht erholt.

Und kurz darauf, ich bin noch immer zehn, das dritte Wunder. Und wieder mein Papa. Er bringt Moreno in mein junges Leben. Für diese drei Wunder sind ihm alle Sünden verziehen. Bestimmt, bestimmt, ich hatte den besten Vater auf Erden.

Jakob Moreno, Medizinstudent an der Wiener Universität, ungefähr zwanzig, aber höchstens dreiundzwanzig Jahre alt.

Mir sah er aus wie hundert, weil er einen Bart hatte. Damals trugen nur ganz alte Männer Bärte. Mein Vater hatte einen Schnurrbart. Moreno hatte einen Christusbart, wie ich viel später wußte. Er war groß und schlank und hatte ergreifend schöne blaue Augen, die immer lächelten, und dunkle Haare. Ich glaube, er war wunderschön. Ich glaube das heute noch. Das faszinierendste war sein Lächeln. Das war eine Mischung von Spott und Güte. Es war herzlich und amüsiert. Es war unbeschreiblich. Ich glaube heute noch, er war köstlich amüsiert über unsere ganze Familie.

Moreno, das war also unser neuer Hauslehrer. Ich glaube, mein Vater kannte seine Mutter oder so was. Aber ich weiß nichts Näheres darüber, wieso er plötzlich zu uns kam. Er war eben da. Aber es beginnt eine neue Zeitrechnung. Es beginnt meine geistige Geburt. Wenn es mir gelänge, verständlich zu machen, was Moreno in meinem Leben und in dieser Zeit meines Lebens bedeutete, dann könnte dieses fragwürdige Unternehmen einer Selbstbiographie vielleicht einen Sinn bekommen. Irgendwo habe ich einmal gelesen: »History is a Mississippi of lies.« Daran muß ich oft denken, wenn ich Biographien lese, von Selbstbiographien ganz zu schweigen. Dabei denke ich gar nicht an bewußte oder gewollte Unwahrheiten. Aber was wissen wir denn von uns selber? Von unserem Wachsen und Werden, von den Einflüssen, denen wir ausgesetzt sind, und nicht nur bewußten Einflüssen, die dann dieses oder jenes in uns wecken und zur Folge haben?

Also, Moreno ist unser neuer Hauslehrer, Gott segne meinen Papa, über den es vielleicht interessanter wäre, ein Buch zu schreiben, als über mich.

Es stellte sich bald heraus, daß weder meine Schwester noch mein Bruder viel mit Moreno anzufangen wissen, außer Schularbeiten. Noch er mit ihnen. Er gehört mir, mir ganz allein. Nein, ich gehöre ihm. Und wie! Er macht nicht nur Schularbeiten mit uns. Er geht auch mit uns in den Augarten und in den

Prater. Bisher waren wir, mein kleiner Bruder und ich, nur mit der jeweiligen Köchin in den Prater gegangen. Sie führte uns meistens zum »Künstler« im »Wurschtl-Prater«. Der Wurschtl-Prater ist der Teil des Praters, der paradiesisch eingerichtet ist für Kinder, Dienstmädchen und Soldaten. Mit Rutschbahn und Grottenbahn und Pferdebahn, Wurschtl und »Künstlertheater«. Wir liebten den Wurschtl-Prater, mein Bruder und ich. Ganz besonders den »Künstler«. Das waren schließlich auch meine ersten Theatererlebnisse.

Der »Künstler« war ein offener Biergarten mit einer erhöhten Bühne und rotgoldenem Samtvorhang. Zu sehen gab es Akrobaten, Zauberer, Tänzer, Clowns und Pantomimen. Mein Bruder zog den Zauberer vor, mir hatten es die Pantomimen angetan.

Das spielte sich meistens so ab, daß die Köchin uns hinführte, dort zufällig einen bekannten Soldaten traf, der uns an seinen Tisch lud, auf dem ein Glas Bier stand.

Wir waren sehr zufrieden und schauten fasziniert auf die Bühne, ohne zu merken, daß die Köchin und der Soldat erst zwei oder drei Stunden später wieder an den Tisch kamen. »Kommt's, kommt's, es ist schon sehr spät!« sagte sie dann, und wir gingen wieder nach Hause.

Diese paradiesische Epoche endete abrupt, als wir einmal, mein Bruder und ich, allein bei einem Glas Bier sitzend, einer spannenden Pantomime zusahen, in der einem Mann die Augen ausgestochen wurden. Ich begann zu schreien und zu weinen, und die anderen Zuschauer und die Künstler waren sehr gestört und unwillig, und man bemerkte auf einmal, daß zwei Kinder allein dasaßen, ohne erwachsene Begleitung. Die Köchin und der Soldat wurden gesucht und gefunden, und wir verließen fluchtartig das Gasthaus. Ich konnte lange nicht aufhören zu weinen, und mein Bruder tröstete mich: »Sei doch nicht so dumm, das war doch nicht wirkliches Blut, das war doch rote Farbe, was der im Gesicht hatte«, und die Köchin sagte »Wenn du nicht aufhörst zu weinen, kann ich euch nie mehr zum ›Künstler‹ führen.«

Als wir nach Hause kamen, hatte ich aufgehört zu weinen und niemand merkte etwas an dem Abend. Aber in der Nacht fing es leider wieder an. Schreiend und weinend erwachte ich und erzählte meinen erschrockenen Eltern von den ausgestochenen Augen und dem blutigen Gesicht, und das war das Ende der »Künstlerepoche«. Wir durften nie wieder hin.

Aber das muß ich hier feststellen: Ich bin der Erinnerung an den »Künstler« tief dankbar und ganz überzeugt, daß diese »Künstlerepoche« die Faszination fürs Theater in mir geweckt hat. Zumindest die Faszination, Theaterpublikum zu sein. Obwohl ich bis zum heutigen Tag keiner »Lear«-Aufführung beigewohnt habe, ohne für die Szene von Gloucesters Blendung ins Foyer zu flüchten. Nur Wegschauen genügt da nicht, ich hab's versucht. Es kann auch sein, daß dieses »Künstler«-Erlebnis meinen Eltern die Notwendigkeit zeigte, uns nicht länger der Köchin anzuvertrauen – und Moreno ins Haus brachte.

Mit Moreno begann also eine neue Zeitrechnung. Die Leichtigkeit und Geschwindigkeit, mit der die Schulaufgaben erledigt wurden, war bald nicht mehr das wichtigste. Ich bekam Gedichte zu lernen. Und nicht nur die »Glocke« und die »Bürgschaft« und solche Sachen aus dem Schullesebuch, sondern die tollsten, schönsten »unbekanntesten« Gedichte: »Der Mond ist aufgegangen, die goldenen Sternlein prangen . . .«; »Reiten, reiten, reiten durch den Tag, durch die Nacht, durch den Tag . . .«; »Manche freilich müssen drunten sterben, wo die schweren Ruder der Schiffe streifen . . .«; »So sind gar manche Sachen, die wir getrost belachen, weil unsere Augen sie nicht sehen . . .« Oh, es war eine neue Welt.

Oder wenn Moreno mit uns in den Prater ging, dann gingen wir nicht in den »Wurschtl«, sondern ganz tief hinunter in die Hauptallee, wo die schönen großen Wiesen sind.

»Du brauchst doch keine Schnur zum Schnurspringen!

Komm, die Springschnur geben wir einem armen Kind, das noch nie eine hatte!« – »Du brauchst doch keinen Ball zum Ballspielen! Komm, ich werf dir die Sonne, fang auf!« – »Au, ich hab' mich verbrannt!« – »Komm, komm, ich mach dir einen Verband, bis der Sonnenbrand sich abkühlt.«

Und auf dem Weg in den Prater nahm er irgendwelche Kinder mit, die wir auf der Straße trafen. Und alles Spielzeug, das wir hatten, wurde an die Kinder verschenkt. Dann mußten wir alle auf der Wiese sitzen, und er sagte »So, jetzt wollen wir uns unsere eigenen Märchen ausdenken! Es war einmal ein König, der hatte sieben Söhne. Wie hießen die? Was wurde aus ihnen?« Und jedes Kind mußte einen Namen, einen Charakter und ein Schicksal erfinden. Er stellte zwischendurch Fragen, um die Geschichte vorwärtszuführen.

Manche Kinder liebten dieses Spiel gar nicht und kamen nicht wieder. Andere kamen immer wieder und brachten noch andere Kinder mit. Ich liebte diese Spiele unbeschreiblich, mein Bruder fand sie »fad«.

Dann fing er an, mit uns Theater zu spielen und Stücke einzustudieren. Meine erste Rolle war die Toinette im »Eingebildeten Kranken« von Molière. Alle Kinder spielten mit. Ich war wie einer, der ins Wasser geworfen wird und schwimmen kann.

Was ich in ihm sah, ist am deutlichsten erklärt, wenn ich erzähle, wie ich einmal zu spät vom Eislaufen nach Hause kam, und er war schon seit einer halben Stunde da. Ich war sehr erschrocken. »Macht doch nichts«, sagte die Köchin, die mir die Tür öffnete. »Er trinkt Kaffee mit der Mama, geh nur hinein!« Ich war wie versteinert. Kaffee? Er trank Kaffee, wie wir alle? Wie ein gewöhnlicher Mensch? Das war doch eine Verleumdung! Er war doch kein gewöhnlicher Mensch! Sie schob mich ans Schlüsselloch, und ich guckte durch, und ich sah: Er trank Kaffee mit meiner Mama. Er lachte und biß große Stücke ab von einer Buttersemmel. An meinem sprachlosen Staunen merkte ich erst, daß ich ihn ganz anders gesehen hatte und daß ich sehr enttäuscht war. Erst später erklärte ich mir, daß das eigentlich noch größer war: Wenn einer, der nur ein gewöhnlicher Fleisch-und-Blut-Mensch war, trotzdem so besonders sein konnte.

Er blieb also vier Jahre in meinem Leben. Unbeschreiblich wichtige Jahre, wie ich heute weiß.

In den zwanziger Jahren wurde ein neues Wort Mode in unserem Sprachgebrauch, das Wort »abstrakt«. Als ich über dieses Wort und seine Bedeutung nachdachte, erkannte ich, daß dieser Begriff »abstrakt« sozusagen meine Muttermilch war. Meine ganze Erziehung durch Moreno war ja die Anfreundung mit dem »Abstrakten« gewesen, die Einbeziehung des »Abstrakten«.

Einmal sagte er in meiner Gegenwart zu meinen Eltern: »Sie wird Schauspielerin.« – »Das tät uns fehlen!« sagte mein Papa, und beide lachten. Ich hab' das damals zum erstenmal gehört, aber ich hab' nicht gelacht. Ich hab's nur nie vergessen. »Sie wird Schauspielerin.«

Diese vier Jahre, voll von neuem Lernen und Wachsen und voll von Drama zwischen Papa und Mama, führten schließlich zur endlichen, viel zu späten Scheidung meiner Eltern. Meine Schwester und ich zogen mit der Mama in eine andere Wohnung, mein armer kleiner Bruder zog mit Papa auch in eine andere Wohnung. Vorhang.

Es vergingen mindestens zehn Jahre, bis ich meinen Vater, und mehr als fünfzehn Jahre, bis ich meinen Bruder wiedersah.

Um die gleiche Zeit muß auch Morenos Promotion stattgefunden haben. Auch er verschwand. Er begann seine Karriere als Arzt in irgendeinem Hospital in Wien, und wir verloren einander vollkommen aus den Augen. Wenigstens für den untröstlichen Augenblick. Alles brach zusammen. Es war eben so.

Meine heutige Erklärung dafür ist, daß wir beide wahrscheinlich ähnlich hypnotisiert waren von der Frage, was die Zukunft wohl für uns im Sinne hatte oder was jetzt mit uns geschehen wird.

Moreno war zu der Zeit etwa fünfundzwanzig oder sechsundzwanzig, ich leider noch immer nicht fünfzehn. Erst mit fünfzehn konnte man nämlich in die k. und k. Akademie aufgenommen werden. Vor fünfzehn war es unmöglich.

Mein Leben zu Hause war hoffnungslos geworden. Meine Schwester wurde jetzt ganz deutlich von der Mama abgerichtet, einen Mann zu finden. Und wie sie auf Bälle geführt wurde und auf Kränzchen und wie sie dazu angezogen wurde, und wie die Hausschneiderin kam und die Friseuse, und wie sie den ganzen Tag von nichts anderem sprachen als nur, wo das nächste Kränzchen sein wird und wo der nächste Ball, und wie man sich zu benehmen hat, wenn Männer einen zum Tanz auffordern, alle diese Dinge waren fürchterlich für mich. Und da die Zeitungen gerade oft von einer »Unbekannten aus der Seine« berichteten und wunderschöne Bilder zeigten von ihrem Gesicht, fing ich an, mich zu fragen, ob eine »Unbekannte aus der Donau« auch so interessant sein könnte.

Solche Gedanken hatte ich oft, und so eine innere Ungeduld trieb mich dazu, mich schließlich an einer Schauspielschule anzumelden, von der ich in der Zeitung gelesen hatte. Für die wenigen Monate, die mir noch bis zum fünfzehnten Geburtstag fehlten. Ich erinnere mich an keinerlei Kontroverse darüber mit meiner Mama, ich nehme an, sie war einverstanden. Vielleicht hat sie mir sogar das Schulgeld zur Verfügung gestellt. Sie oder der Onkel Max, ich erinnere mich nicht. Diese Schule war sicher ganz billig.

Zur Aufnahmeprüfung sprach ich ein Gedicht von Freiligrath vor; es handelte von Rübezahl. Die erste Rolle, die man mir dort zu lernen gab, war das Rautendelein aus der *Versunkenen Glocke*. Ich kannte das Stück nicht und verliebte mich sofort unsterblich in Gerhart Hauptmann. Ich kannte bis dahin nur Schiller und Hauff und die Gedichte und Märchen, die Moreno mir gegeben hatte, und den *Eingebildeten Kranken*. Aber jetzt ging es los. Also das Rautendelein.

Und sofort geschah etwas, als ob mein Vater im Himmel (oder der auf Erden) Regie geführt hätte: Für den Nickelmann und den Waldschrat gab man mir Thomas und Bruno. Das waren zwei Studenten, die wollten gar nicht Schauspieler werden. Die waren nur »aus Spaß« auf diese Schule gegangen.

Aber es war eine ungeheuer wichtige Begegnung für mich; die beiden wurden und blieben meine Freunde »fürs Leben«.

Ich war verwaist und allein, und ich brauchte Freunde. Und da waren sie schon. Und Thomas sah aus wie Schiller. Sie wurden nicht nur meine Freunde, sondern auch meine Familie. Sie hausten zusammen in einem möblierten Zimmer in der Margaretenstraße, ganz nahe beim Konservatorium. Und dieses Zimmer wurde jetzt meine Heimat. Natürlich nicht so schnell, wie sich das hinschreibt. Es dauerte noch ein paar Monate. Aber diese beiden wurden wirklich, was meine Eltern und Geschwister nie für mich gewesen waren: meine Familie. Sie hatten den »Spaß« mit der Schauspielschule schon wieder aufgegeben und arbeiteten nur noch für ihre Ingenieurs- und Mathematikdiplome. Thomas wurde dann auch bald Ingenieur und Bruno Professor der Mathematik.

Aber ich bin vorläufig noch auf der Schauspielschule, werde aber endlich fünfzehn und kann mich zur Aufnahmeprüfung an der »k. und k. Akademie für Musik und Darstellende Kunst« anmelden. Eine klassische und eine moderne Rolle wurden verlangt. Die Jungfrau von Orleans und das Rautendelein. Ich wurde akzeptiert. Ich bekam sogar einen Freiplatz, brauchte also nichts zu bezahlen.

Ich hatte keine Ahnung, ob wir arm oder reich waren. Heute weiß ich, daß wir damals ziemlich arm waren. Aber da waren so viele Widersprüche: Einerseits hatten wir immer eine Köchin, hatten Klavierstunden von einer Kusine, Saisonkarten fürs Eislaufen, Hauslehrer, Sommerfrische und solche Sachen, andererseits hausten wir in einer winzigen Wohnung, zwei Zimmer, für zwei Erwachsene, drei Kinder und eine Hausangestellte. Meine Eltern sprachen immer nur von Geld. Von »nicht genug« und von der nächsten Miete und wann spätestens etwas zu bezahlen sein wird. Aber irgendwie hat es mich nie interessiert. Es war eben so.

Wenn ich heute anderer Leute Kindheitserinnerungen lese oder höre – die sind ganz anders. Da war man immer entweder arm oder reich. Auch empfinde ich oft etwas wie Neid, wenn die von so inniger Familienzusammengehörigkeit erzählen.

Manchmal denke ich, es könnte vielleicht doch an mir gelegen haben, daß ich zu niemandem in meinem Elternhaus gehörte.

Die Akademie war am Karlsplatz, also ganz nahe dem Zimmer in der Margaretenstraße, wo Thomas und Bruno hausten. Und jetzt beginnt es endlich wirklich, das neue Leben.

Die Unterrichtsfächer am Vormittag waren Italienisch, Französisch, Dramaturgie, Literatur, Fechten und Ballett. Der Nachmittag gehörte dem eigentlichen Schauspielunterricht. Den gab es aber nur zweimal in der Woche. Soweit ich mich erinnere, gab es drei Klassen, in drei Jahren zu absolvieren. Die erste und die zweite Klasse durften bei der dritten zuschauen. Jeder durfte die Rollen lernen und vorbereiten, die er sich selbst gewählt hatte. Dann durfte er sich melden, um das Gelernte vorzuspielen und korrigiert zu werden. Es gab keine Regel, wer wann »drankam«. Nur so ist es zu erklären, daß ich mich nur zweimal gemeldet habe und in den drei Jahren nur zweimal »dran gewesen« war. Einmal mit der Hilde Wangel in *Baumeister Solness* und einmal mit dem *Schleier der Beatrice* von Schnitzler. Ich wollte einfach nie »drankommen«, ich weiß nicht, warum. Ich war leidenschaftliche Zuschauerin und hab' mich immer nur gedrückt. Alle anderen Mitschüler konnten gar nicht oft genug drankommen und meldeten sich jedesmal.

Aber in dem kleinen Zimmer von Thomas und Bruno, wo ich stundenlang allein war, während die beiden in ihren diversen Schulen waren, da habe ich alle Rollen gelernt und gespielt. Dort konnte ich auch stundenlang auf und ab gehen, mit einem Kork im Mund, und die Chöre aus der *Braut von Messina* deklamieren, ohne die beiden rasend zu machen: »Dich begrüß ich in Ehrfurcht, prangende Halle, dich, meiner Herrscher fürstliche Wiege, säulengetragenes herrliches Dach!« Den Kork verlangte Professor Ferdinand Gregori; er war unser Lehrer im ersten und zweiten Jahr. Im dritten Jahrgang hatten wir Professor Albert Heine. Im Zimmer von Thomas und Bruno ging das doch sehr gut. Warum nicht in der k. und k. Akademie? Wie kann ich das erklären, wenn ich es selbst nicht verstehe? Nicht einmal heute.

Ich glaube, hier darf ich nicht verschweigen, daß ich im dritten Jahr ein tiefes Geheimnis hatte mit Thomas, von dem niemand etwas wußte, nicht einmal Bruno. Auf das Geheimnis werde ich vielleicht noch zurückkommen. Vielleicht auch nicht.

Die beiden waren meine guten Engel. Sie liebten alles, was ich liebte. Aber nicht, weil ich es liebte, sondern weil sie es liebten. Sie gaben mir Shakespeare und Dostojewskij und Wilhelm Busch, sie gingen täglich mit mir ins Theater, Stehplatz natürlich. Wir hatten auch einen Spirituskocher und kochten Würstchen und Augsburger und aßen Hering und kalten Aufschnitt und Liptauer und diskutierten meine Rollen und hatten es gut und waren glücklich.

Der Mama erzählte ich, daß ich den ganzen Tag im Konservatorium zu tun hätte und daß ich dort auch zu essen bekäme und daß das Konservatorium mich täglich ins Theater schickte. Sie kaufte mir das alles ab und fand es wunderbar. Sie hatte genug zu tun mit Lola, das war meine Schwester.

Es war mir nie eingefallen zu fragen, wovon Thomas und Bruno eigentlich lebten; sie verdienten doch noch nicht. Sie waren aus Böhmen gekommen, um in Wien zu Ende zu studieren. Heute weiß ich, daß sie eine sehr bescheidene monatliche Hilfe von ihren Eltern erhielten. Wir lebten königlich davon.

Als ich, viel später, in den Elendsjahren, Gelegenheit hatte, Bruno, der inzwischen Professor der Mathematik in Wien war, mit Frau und Sohn nach England zu holen, bestätigte er mir das alles.

Thomas gab es damals längst nicht mehr. Er war an Lungentuberkulose in einem Schweizer Sanatorium gestorben. Während meiner »großen Berliner Karriere«.

Aber ich bin ja noch am Konservatorium. Es war eine Regel und Usance, daß für die Absolventen des dritten Jahrgangs Theatervorstellungen im Akademietheater gegeben wurden. Und zwar für die besonders begabten Schüler. Sie durften sich Rollen wählen, in denen sie einem geladenen Publikum von Theaterdirektoren und Agenten vorgestellt wurden. Die begabtesten Schüler bekamen die großen Rollen. Man konnte sie als Maria Stuart, Don Carlos, oder was immer sie gewählt hatten, sehen. Unter diesen besonders begabten Schülern war ich im dritten Jahr nicht. Ich bekam keine Rolle. Nicht einmal eine kleine. Ich wurde nicht vorgestellt.

Die Schüler, die man in diesen Vorstellungen sehen konnte, bekamen meistens Engagements an Theatern in Wien oder in Prag oder an einem der größeren Provinztheater. Ich war nicht unter denen. Ich war unter den »nicht auffallenden« Talenten. Unter den mehr oder minder Begabten. Und so mußte ich in einen sehr sauren Apfel beißen. Er war sogar ziemlich bitter: Ich mußte zu Agenten gehen und den Provinzdirektoren vorsprechen, denen ich gar nicht gefiel.

Ich war ziemlich verzweifelt. Aber schließlich und endlich, kurz vor Weihnachten, die neue Spielzeit war schon ziemlich vorgeschritten, engagierte mich Direktor Leopold Thurner nach Innsbruck für den Rest der Saison. Das waren noch vier Monate. Ich sprach ihm das Rautendelein vor, und er sagte: »Mit so einem Bierbaß können Sie doch nicht das Rautendelein spielen.« Aber er engagierte mich doch.

Jetzt bin ich also in Innsbruck. Mit zusammengebissenen Zähnen und mit Operetten-Verpflichtung.

Es erwies sich bald als großer Segen, daß ich nicht an ein wichtigeres Theater engagiert worden war. Dadurch, daß ich mich im Konservatorium immer davor gedrückt hatte, gesehen zu werden, geriet ich jetzt vor jedem Auftreten in solche Zustände von Angst und Aufregung, daß ich sehr oft auf offener Bühne hinfiel – ohne jeden Grund. Über meine eigenen Füße sozusagen. Und besonders gerne in klassischen Stücken, zum Beispiel in der *Braut von Messina* und in *Sappho*, und immer in langen griechischen Gewändern. Das Publikum lachte dann meistens. Einmal applaudierte es sogar. Ich grübelte lange darüber nach, ob der Applaus mitleidig war oder grausam.

Das Schönste in Innsbruck waren die Kindermärchen-Vorstellungen am Nachmittag. *Schneewittchen, Dornröschen, Hänsel und Gretel.* Da war ich nie aufgeregt und fiel nie hin.

Noch etwas: Ich hatte angefangen, Briefe an Agenten zu schreiben. An große internationale Agenten, deren Namen ich irgendwo gelesen oder gehört hatte. Da war zum Beispiel einer, der hieß Frankfurter, und alle großen Opernsänger waren seine Klienten. Ich wußte gar nicht, ob er auch für Schauspieler arbeitete. Ich schrieb an ihn. Ich bat ihn, nach Innsbruck zu kommen und sich selbst davon zu überzeugen, daß ich etwas ganz Besonderes war. Er kam nicht und antwortete nicht. Die Spielzeit stand vor dem Ende.

Plötzlich, eines Tages, kriegte ich einen Brief aus Zürich. In dem stand, daß Dr. Reucker mich auf seiner Durchreise nach Wien in Innsbruck zu sehen wünsche, im Hotel Tirol, um soundsoviel Uhr. Ich war natürlich pünktlich da.

Ich sprach Verschiedenes vor. Er verlangte das Gretchen. Die

Spinnradszene und die Kerkerszene. Damals teilte man Schauspieler nach ihrem Rollenfach ein: Naive, Sentimentale, Salondame, Charakterspielerin. Ich galt und hielt mich auch selbst für eine »Naive«. Als er die Kerkerszene von mir verlangte, fragte ich wirklich naiv: »Nehmen Sie mich denn für eine ›Sentimentale‹, Herr Doktor?« Worauf er freundlich lächelnd antwortete: »Woher wissen Sie denn, daß ich Sie überhaupt nehme?« Ich war so erschrocken, daß ich nicht einmal sagen konnte, ich hätte die Frage anders gemeint.

Ich sprach ihm die Kerkerszene vor, und er adieute mich dann sehr freundlich zur Tür hinaus. Ich weiß nicht mehr, wie ich nach Hause kam, so tief gekränkt und gedemütigt war ich. Ich hörte nichts mehr über diesen Besuch. Die Spielzeit war zu Ende, und ich fuhr nach Hause. Während der ganzen Zugreise stand ich auf dem Gang am offenen Fenster, sehr unglücklich.

Bis jetzt hatte ich noch gar keine Notiz genommen vom Krieg, obwohl Thomas schon eingezogen war und Bruno auch. Es wartete also keiner auf mich in Wien. Ich wollte nicht zur Mama zurück. Ich schämte mich. Ich nahm ein Zimmer in Hietzing, aber ich besuchte die Mama und fand zu Hause einen dicken Brief aus Zürich mit einem Zweijahresvertrag an das Züricher Stadttheater. Gage 125 Franken monatlich im ersten Jahr, im zweiten 150 Franken monatlich. Ein Vermögen. Ausgesorgt. Freudentränen, tiefstes Glück. Und jetzt beginnt der erste Akt. Bis hierher war alles nur Vorspiel, Prolog.

Zürich. Ich traf pünktlich ein und meldete mich beim Theatersekretär Matthias Bödecker. Ich fragte, ob er mir eine Wohnung empfehlen könne. Er schickte mich sofort zu seiner Frau. Und schon war ich zu Hause. Wieder, als ob meine beiden Väter – der im Himmel und der auf der Erde – Regie geführt hätten. Im Hause Bödecker wohnte bereits ein Opernsänger, Alois Jerger, der später an der Wiener Oper sehr berühmt wurde. Und ein Kollege aus dem Konservatorium war auch da, Walter Gynt. Er war ein »leuchtendes Talent« gewesen am k. und k., einer, auf den wir alle stolz waren. Er war direkt ans Burgtheater engagiert worden, kriegte dann dort nichts zu spielen und war schließlich glücklich in Zürich gelandet.

Meine erste Rolle war das Annchen in Max Halbes *Jugend*, meine zweite die Berta von Bruneck in *Wilhelm Tell*. Da mußte ich hoch zu Roß auf einem lebendigen Pferd »auftreten«. Dieses Pferd war erst für die Aufführung ins Theater gebracht worden, und ich hatte es nicht ausprobieren können. Ich saß zum erstenmal in meinem Leben auf einem lebendigen Pferderücken und muß sichtbar geschlottert haben, denn Walter Gynt, der neben mir stand und auf seinen Auftritt als Melchtal wartete, sagte leise zu mir »Hörst, Bergnerlein, du sitzt da oben auf dem Pferd ›wiara Bremsen‹.« Mir war gar nicht zum Lachen.

Meine dritte Rolle war die Ophelia. Alexander Moissi war als Gast gekommen. Die ganze Vorstellung »stand« schon seit Jahren, alle hatten schon mit Moissi gespielt; er spielte jedes Jahr in Zürich, viele Male. Ich war die einzige Neue und hatte nur eine einzige Probe. Ohne Dekorationen und Requisiten. Tatsächlich war Moissi, glaub ich, auf Krankenurlaub in Arosa, zur Kur. Er war in Uniform mit einem Eisernen Kreuz und kam nur für eine Probe am Tag der Aufführung. Er war sehr freundlich zu allen.

Ich war sprachlos auf dieser Probe, wie einfach er die ersten Sätze sprach: »Nicht nur mein düstrer Mantel, gute Mutter, noch die gewohnte Tracht von ernstem Schwarz . . .« Und alles das. Ich dachte, sicher »markiert« er nur auf der Probe und wird ganz anders sein am Abend. Dieses war also nur eine Durchsprechprobe, bei der mir gezeigt wurde, wo ich zu gehen und zu stehen hatte, wo ich auftreten und wo abgehen mußte und solche Dinge. Ohne Kostüme und ohne »Klamotten«, wie man Requisiten nannte. Und wie ich schon erwähnte, Moissi war ausnehmend höflich und hilfsbereit.

Ich mußte nach der Probe in die Schneiderei, um das Kostüm noch einmal zu probieren, das für mich kleiner gemacht worden war. War ich ja gewöhnt von meiner Schwester.

Am Abend hörte ich gespannt in den Kulissen zu. Moissi sprach genauso einfach und genauso schön wie auf der Probe. »Das ist doch so, wie das Reinhardt mit ihm einstudiert hat«, sagten die anderen Schauspieler zu mir.

Aber mir passierte etwas Schreckliches an diesem Abend: Ich stand in der finsteren Kulisse und wartete auf mein Stichwort für meinen ersten Auftritt in der Wahnsinnsszene. Kurz davor trat der Bühneninspizient, Herr Sölbeck, auf mich zu, drückte mir etwas in die Hand und ging wieder. Wie ich schon sagte, es war finster hinter der Szene, und ich horchte gespannt auf mein Stichwort, und als ich es hörte, ließ ich fallen, was mir der Inspizient in die Hand gedrückt hatte und trat auf und spielte meine Szene und ging ab. Und da stand der Inspizient schon wieder, und ganz leise zischte er mich an »Bei uns können Sie so etwas nicht machen, das verbitte ich mir! Das kostet einen Strafzettel.« Ich hatte keine Ahnung, was er wollte und wovon er redete. Ich mußte ja auf meinen zweiten Auftritt aufpassen. Er drückte mir also wieder etwas in die Hand, und als mein Stichwort fiel, ließ ich es fallen und trat auf.

Wie ich das zweite Mal abging, stand Herr Sölbeck wieder da und zischte mich wieder an. Und da die Szene gleich danach zu Ende war, schrie er jetzt ganz laut mit mir. Ich hatte noch immer keine Ahnung, was ich verbrochen hatte, und fing an zu weinen. Da kam Moissi. Er hatte die Wahnsinnsszene, beim Feuerwehrmann stehend, mit angesehen und war voller Lob und Begeisterung für mich. Jetzt fand er mich weinend und erfuhr vom Inspizienten, was ich angestellt hatte: Ich hatte die Blumen, die zur Wahnsinnsszene gehörten und die er mir zweimal in die Hand gedrückt hatte, jedesmal weggeworfen und war ohne Blumen aufgetreten. »Ja, spielt man denn das mit wirklichen Blumen?!« war alles, was ich sagen konnte.

»Nie wieder wird das geschehen, das verspreche ich Ihnen«, sagte Moissi. »Nie wieder wird eine Ophelia solche Requisiten brauchen, das verspreche ich Ihnen. Damit haben Sie heute ein Ende gemacht.«

Ich war gar nicht sicher, ob ich das glauben konnte, und sowieso war ich ganz erschöpft von dem langen Tag. Ich wäre gern nach Hause gegangen, mußte aber noch bis zum Schluß warten, wegen der Appläuse. Eine Zeitung schrieb damals, ohne meinen Namen zu nennen: »Einzig Ophelia konnte sich neben ihm behaupten.« Ich war sehr stolz.

Kurz darauf begannen Proben für den *Lebenden Leichnam* mit Moissi als Fedja. Ich spielte die Mascha. Als Fedja fand ich ihn auch herrlich. Da waren wenigstens alle anderen auch neu, und es wurde richtig geprobt. Danach kam Beaumarchais' *Figaro*, und ich spielte die Susanne. Als Figaro gefiel er mir nicht so gut wie als Fedja und Hamlet. Ich glaube, er hatte nicht genug Humor. Inzwischen war er auch schon zu verliebt, oder tat wenigstens so, und bedrängte mich gewaltig.

Und ich war auch nicht einmal die einzige. Überhaupt, was sich da alles inzwischen entwickelt hatte in den paar Wochen oder Monaten, ich weiß gar nicht, wo ich anfangen soll. Ich habe ja noch gar nichts von Xaverl erzählt.

Xaverl war Dr. Albert Ehrenstein, ein Poet. Und ein lieber, lieber Mensch. »Xaverl« ist ein österreichischer Spottname für einen Tolpatsch. Ich kannte Xaverl schon aus Wien. Thomas hatte mich zuerst mit ihm bekannt gemacht. Er besuchte mich auch einmal in Innsbruck. Jetzt hatte er eine Lektorenstelle angenommen, die es ihm erlaubte, nach Zürich zu übersiedeln. Ich dachte damals wahrscheinlich, er sei nach Zürich übersiedelt, weil damals jeder, der dort eine Lebensmöglichkeit finden konnte, in die Schweiz zog. Nur sehr langsam wurde es mir klar, daß er einfach immer dort war, wo ich gerade engagiert war. So zog er von Zürich nach Berlin, von Berlin nach Wien, von Wien nach München und wieder nach Berlin. Xaverl war immer da. Damals hab' ich noch so wenig über ein Warum nachgedacht, wie als Kind über die Zustände im Elternhaus. Heute weiß ich, daß er der »Brackenburg« war in meinem Leben.

Heute weiß ich auch, daß es ein Malheur gewesen sein muß für viele, wie ich war. Ich möchte viele um Verzeihung bitten. Ich glaube, ich hatte großes Talent für Freundschaften und gar kein Talent für Liebschaften. Nur, bis man so etwas lernt über sich selbst, das dauert lange.

Also Xaverl war damals in Zürich und irrsinnig eifersüchtig auf Moissi. Damals entstanden viele Gedichte. Eines fing so an: »Die wilde Nacht bespringt mein Reh, die Sterne haben sich abgedreht.«

Von dem Elfenbeinturm aus gesehen, in dem ich heute lebe, glaube ich, daß Moreno, Thomas, Xaverl, Viola und schließlich Paulus der Czinner wohl die guten Engel waren, die Gott mir zur Seite stellte für meine jeweiligen Lebensstrecken.

Aber ich bin ja vorläufig noch in Zürich, und Moissi ist da und Xaverl. Und Viola ist auch schon da. Viola ist die Nichte oder Patentochter des Theatersekretärs, bei dem ich wohne und durch den ich sie auch kennenlerne. Sie ist ein schlaksiges Schulmädchen mit großer Nase und Riesenhänden und -füßen und sehr scheu und mir riesig sympathisch. Nicht nur wegen ihres shakespearischen Namens. Bald finde ich sie auch überraschend intelligent. Sie ist ein uneheliches Kind, das bei der Großmutter aufgewachsen ist und bei ihr lebt. Ihre Mutter hatte »einen anderen Mann« geheiratet, lebte in Deutschland und hatte zwei andere Kinder. Auch Xaverl findet Viola sehr sympathisch, obwohl er sich über ihr Schwyzerdütsch immerfort lustig macht. Sie beginnt mir zu helfen, fragt mich meine Rollen ab. Das wird sehr bald Routine zwischen uns, und eine sehr ernste, sehr lange, tiefe Freundschaft hat unbemerkt angefangen.

Eines Tages führte mich Xaverl ins Atelier zu Wilhelm Lehmbruck. Er hatte mir erzählt, Lehmbruck sei der größte lebende Bildhauer, und er müsse mir seine Arbeiten zeigen. Kaum waren wir dort, begannen die beiden von meinem »Porträt« zu reden, und ich bemerkte, daß das schon eine abgesprochene Sache war zwischen ihnen. Da Lehmbruck der »größte lebende Bildhauer« war, war das sicher eine sehr große Ehre für mich. Aber sowie wir das Atelier verlassen hatten, fragte ich Xaverl:

»Muß ich mich dabei ausziehen? Das mach ich nicht!«

Xaverl beruhigte mich vollkommen darüber, und meine nächste Frage war: »Warum ist Lehmbruck so traurig?«

»Traurig?« sagte Xaverl. »Er ist ein sehr ernster Mensch.«

»Nein, nein, ein trauriger, ein unglücklicher Mensch«, beharrte ich.

»Unsinn. Er hat eine sehr schöne Frau, die auch sein Hauptmodell ist, und zwei süße Kinder, das eine zwei oder drei, das andere vier oder fünf Jahre alt, und eben hat seine Frau einen dritten Sohn geboren. Dazu ist er auch sehr erfolgreich und angesehen, also warum sollte er traurig sein?«

»Das weiß ich nicht. Aber er hat den ganz gleichen Ausdruck wie die Beethoven-Totenmaske an seiner Wand.«

»Was für eine Totenmaske?«

»Ja, hast du die auch nicht bemerkt? Überm Sofa, an der Wand hängt die Totenmaske von Beethoven, und darunter hängt eine Geige und ein Bogen.«

Das war also mein erster Eindruck gewesen von Lehmbruck. Wie recht ich hatte!

Durch Xaverl lernte ich auch Else Lasker-Schüler kennen und ihre Gedichte, die ich natürlich heiß liebte. Und die ganze Dada-Familie und Werfel und Kokoschka und Yvan Goll und Hardekopf und Emmy Hennings und Hugo Ball. Und Tristan Tzara. Kann man sich so etwas vorstellen? Ich war kaum aus dem Ei gekrochen, und die Welt war von lauter Genies bewohnt, und ich kannte sie alle, und sie duldeten mich alle, als gehörte ich zu ihnen. Und gleichzeitig eine Rolle nach der anderen!

Auf einmal hieß es: Wedekind kommt, und wir werden die Uraufführung von *Schloß Wetterstein* spielen. Und ich werde die Effie spielen. Und Wedekind selbst wird Regie führen.

Vor der ersten Probe war ich so aufgeregt, daß ich viel zu früh im Theater war. Und weil das Kunsthaus, eine wunderschöne Bildergalerie, am Pfauenplatz war, gleich gegenüber vom Theater, und weil dort gerade eine herrliche Impressionistenausstellung war und weil ich auch große Maler liebte, die ich nicht persönlich kannte, und weil ich dort ein paar himmlische Degas, Picassos und van Goghs gesehen hatte, lief ich schnell noch für ein paar Minuten hinüber.

Im ersten Zimmer, vor einem liegenden weiblichen Akt von Renoir, standen ein Mann und eine Frau. Der Mann starrte verzückt auf das Bild. Mit weit aufgerissenem Mund und sichtbar wackelnder Zunge sagte er zu der Dame: »Das ist Fleisch! Das ist Fleisch!«

Ich fand das sehr komisch, und um nicht zu lachen, lief ich gleich weiter in das nächste Zimmer, wo ein van Gogh hing, den ich sehr liebte. Dann lief ich auch bald wieder zurück ins Theater. Wer beschreibt meinen Schreck, als Dr. Reucker schließlich mit Wedekind erschien, und Wedekind war der Herr vor dem Renoir-Bild.

Wie sich diese Probe weiter entwickelte, weiß ich nicht mehr, ich kann mich an nichts erinnern. Auf Proben und bei Erstaufführungen schien ich den Verstand zu verlieren. Ich erinnere mich an keinerlei Happenings, gute oder schlechte Momente. Ich habe einfach keine Erinnerung an Schwierigkeiten oder Leichtigkeiten, ich weiß nur, daß ich mit Wedekind die Uraufführung von *Schloß Wetterstein* spielte. Er selbst spielte nämlich den Rüdiger, oder wie der hieß. Als Spielpartner fand ich ihn furchtbar. Er sah den Mitspieler kaum an, ging vor den Souffleurkasten und sprach alle Texte ins Publikum.

Ich spielte auch *Erdgeist* mit ihm und *Frühlings Erwachen*. Aber über all das sollte man eher Tilly Wedekinds Biographie lesen. Sie schreibt entzückend darüber und auch über ihre erste Begegnung mit mir. Und wie erstaunt und enttäuscht sie war, daß Wedekind die Uraufführung von *Wetterstein* nicht mit ihr, sondern mit einer »begabten jungen Anfängerin« namens Elisabeth Bergner besetzte. Sie sagt auch darin, daß E. B. nicht sehr gut war als Lulu, aber »ganz gut« in *Schloß Wetterstein*, und ich bin sicher, es war so, wie sie sagt. Ich war bestimmt nicht gut als Lulu und bestimmt »ganz gut« in *Schloß Wetterstein*.

Moissi hatte mich inzwischen mit seiner Frau Mizzi und seiner damals neunjährigen Tochter Beate bekannt gemacht. Und diese beiden wurden auch sofort meine Freunde fürs ganze Leben. Beate, die damals Neunjährige, die heute siebzig ist, könnte erzählen, daß ich wirklich ihre Freundin fürs Leben wurde. Nämlich auch für ihre Kinder und Kindeskinder. Ich glaube, Moissi hatte das nicht erwartet und war gar nicht zufrieden damit. Aber wie ich schon andeutete und bestimmt noch öfter wiederholen werde: Ich hatte großes Talent für Freundschaften und gar kein Talent für Liebschaften.

Und weiter eine Rolle nach der anderen.

Und Lehmbruck jeden Abend im Theater. Ich weiß es aber nicht. Xaverl erzählte mir das viel später. Ich besuchte ihn zweimal wöchentlich im Atelier am Nachmittag, für mein Porträt. Ich stand ihm immer mindestens eine Stunde zur Verfügung, manchmal zwei. Aber das Porträt machte keine Fortschritte. Ich sah immer nur meinen Hinterkopf und war zu scheu, mir meinen Kopf von vorn anzusehen. Aber schließlich verlangte ich es doch einmal, und da war er noch ganz anfänglich. Ich fragte, warum er mit meinem Porträt noch nicht weiter sei. Er sagte »Weil ich immer neu anfange.« Ich war entsetzt.

Viola holte mich gewöhnlich ab aus dem Atelier. Als wir zu

Hause waren, sagte sie »Heute hast du ja noch trauriger ausgesehen als er. Ist das Porträt jetzt fertig?«

»Im Gegenteil. Er fängt immer von neuem an.«

»Du mußt doch auf Tournee. Weiß er das nicht?«

Die Tournee! Das war die Antwort. Wenigstens für den Augenblick. Die Tournee! Das Züricher Stadttheater hatte eine Einladung erhalten, mit *Wie es euch gefällt* in einigen deutschen Städten und in Wien zu gastieren. Ich spielte die Rosalinde. In Wien! In Wien! Ich werde in Wien Theater spielen! Die Rosalinde! In Wien! Vor Mama und Papa und Onkel Max und Onkel Rudolf und Tante Sophie und Tante Sally. Thomas war irgendwo im Krieg, Moreno war irgendwo in Wien. Mit Thomas war ich immer in Korrespondenz, ich berichtete ihm über alles. Bruno werde ich sicher auch sehen, in Wien.

Lehmbruck wußte von der bevorstehenden Tournee und verstand natürlich, daß ich bis zur Abreise sehr beschäftigt war mit Proben und Vorbereitungen.

Die Tournee wurde ein ungeahnter Triumph für das ganze Züricher Stadttheater, und ich wurde »entdeckt«, wie man das nannte. Ich glaube, der Hauptgrund für den tollen Erfolg war, daß man damals *Wie es euch gefällt* noch gar nicht kannte und nirgends spielte in Deutschland. Alles spielte nur *Was ihr wollt*. Aber *Wie es euch gefällt* war bisher nur von Zürich gespielt worden. Alfred Jerger spielte damals den Narren und war herrlich, obwohl er gar nicht Schauspieler war, sondern Sänger. Und da ich sehr verliebt war in die Rosalinde, weil sie so viele Farben spielte, war ich bestimmt auch gut.

Die Presse war überall wundervoll. Kasimir Edschmid nannte mich einen »strahlenden jungen Hirtenknaben«, und Alfred Polgar endete seine Wiener Kritik mit dem Satz »Es wetterleuchtet von Zukunft um diese Elisabeth.«

In Wien wurden wir alle von der Regierung ins Rathaus zu einem Festschmaus eingeladen. Ich kann mich nicht erinnern, wer damals in Wien regierte; Kaiser Franz Joseph war ja schon gestorben. Aber ich erinnere mich, daß ich bei Tisch neben Albert Heine saß. Albert Heine war der größte Charakterspieler und Regisseur am Burgtheater. Etwas später wurde er auch Burgtheaterdirektor. Ich war sicher, er würde sich nicht erinnern, daß ich einmal unter seinen Schülern gesessen hatte, in seiner Klasse am »k. und k.«. Aber er erinnerte sich sogar daran, daß er nie Notiz genommen hatte von mir. Er sagte gleich am Anfang des Dinners: »Sie machen Ihre Lehrer schamrot, mein Fräulein.« Für den Rest des Abends versuchte ich ihm zu erklären, warum das meine und nicht seine Schuld war, daß er mich nie bemerkt hatte: Ich hatte mich doch immer nur gedrückt vorm »Drankommen«. – »Also eine Drückebergnerin«, sagte er. »Da werde ich in Zukunft besser aufpassen müssen auf die Drückebergner in meiner Klasse.«

Meinen Papa sah ich nicht. Die Mama war sehr stolz auf mich und alle Onkel und Tanten und Cousins und Cousinen auch. Wir blieben ja nur ein paar Tage in Wien, und dann ging es zurück nach Zürich. Aber Zürich und Wien und die Welt und alles war nach diesem Gastspiel anders geworden. Und die Welt war voller Wunder. Und mir war ähnlich wie nach dem Ansichtskartenalbum.

Als nächstes Wunder kam Max Reinhardt nach Zürich und bot mir einen Vertrag über fünf Jahre ans Deutsche Theater nach Berlin. Das war Moissis Werk. Ich war baff, daß er mich nicht erst vorsprechen ließ. Ich hatte die Ophelia und die Rosalinde sozusagen im Hinterkopf mitgebracht. Aber ich war auch tief dankbar, denn ich haßte »Vorsprechen« wie »Drankommen« im Konservatorium.

Xaverl und Viola warteten zu Hause auf mich, aber weiter weiß ich gar nichts mehr, nur, daß ich irrsinnig glücklich war. Gott sei Dank mußte ich abends spielen, ich weiß nicht mehr, was, ich weiß nur, ich wandelte auf Wolken. Innerhalb einer Woche kamen auch zwei Vertragsexemplare aus Berlin. Ein von Reinhardt unterschriebenes, für mich zu behalten, und eines, von mir unterschrieben, zurückzuschicken, was ich selbigen Tages tat.

Das alles hatte im ersten Jahr in Zürich stattgefunden. Ich hatte aber noch ein zweites Jahr in Zürich zu bleiben. Und da Deutschland noch immer im Krieg war, war ich damit sehr zufrieden. Insbesondere auch, weil ich jetzt angefangen hatte, »interessante« Rollen zu bekommen. Solche, an die ich nie gedacht hätte vorher; zum Beispiel in Strindbergs *Rausch* und *Kameraden.* Ich lernte dadurch eine ganz neue Farbe von Frau kennen, auch in mir selbst. Eigentlich gehörte ja die Effie aus *Schloß Wetterstein* schon zu dieser Art Frauen. Aber ich glaube, das verstand ich vor ein paar Monaten noch gar nicht: Die Effi war einfach nur eine andere »große Rolle«, wie die Braut von Messina. Was ich mir damals unter Karriere vorstellte, waren nur einfach viele große Rollen. Ich war eben eine Naive. Wie ich gleichzeitig auch Zeit haben konnte für so viele Freundschaften und für so viele Bücher, das versteh' ich heute gar nicht. Ich wünschte, ich hätte Tagebuch geführt. Ich wünschte, ich hätte mich selbst ein bißchen interessierter beobachtet.

Ein Piano hatte ich auch gemietet, neun Franken im Monat. Daß ich von meinem 8. bis zu meinem 16. Jahr auch Klavierunterricht hatte, hab' ich vergessen zu erzählen. Wahrscheinlich weil ich die Klavierlehrerin, die ich bis zu meinem 14. Lebensjahr hatte, nicht leiden konnte. Sie schlug. Mit dem Wort »Fingersatz« haute sie zu. Meine Eltern fanden diese Methode ausgezeichnet. Wenn sie nicht haute, bohrte sie in der Nase. Sie hieß Wöss. Wir nannten sie Nervös.

Von zu Hause mitgenommen hatte ich zwei Bände Mozart-Sonaten, zwei Bände Schubert-Lieder und zwei Bände Mahler-Lieder. Mein musikalischer Geschmack hat sich leider bis heute nicht sehr verändert. Außer Beethoven und Hugo Wolf habe ich nicht viele in die Familie aufgenommen. Vielleicht noch ein paar russische Stiefkinder.

Und Rollenlernen und Xaverl und Moissi und Lehmbruck und Viola und Mizzi und Beate und die Lasker-Schüler und die Emmy Hennings und ihre kleine Tochter Annemarie.

Und einen süßen kleinen Kater hatte ich jetzt auch, der hieß Rops, Félicien Rops, weil er mir lauter unanständige Sachen überall hinlegte, bis er sich endlich an einen Korb gewöhnt hatte.

Moissi lebte nicht in Zürich, wie ich schon erzählte, sondern in Arosa, im Lungensanatorium. Er kam nur nach Zürich, wenn er bei uns spielte oder wenn er mich dringend zu sprechen wünschte. Ich hatte ihn auch sehr lieb, nur leider nicht ganz so, wie er wollte. Er hatte auch so einen schrecklichen Ruf als Frauenvertilger. Dabei erzählte er mir immer, er wolle ein neues Leben beginnen mit mir.

Von der armen Mizzi war er noch nicht geschieden, und um die Ecke wartete die Terwin darauf, daß er sie endlich heiraten würde. Schreckliche Zustände waren das. Aber etwas anderes muß ich hier über Moissi sagen, nämlich daß er, abgesehen von seinen blödsinnigen Weibergeschichten, einer der feinsten, liebsten, gütigsten und bescheidensten Menschen war, die ich in der Theater- und Filmwelt getroffen habe. Und nie, nicht ein einziges Mal in den vielen Jahren, die wir uns kannten, nicht am Anfang in Zürich und nicht später in Wien und in Berlin, nie, nie habe ich ihn ein böses oder auch nur ein boshaftes Wort über andere sagen hören. Das ist etwas sehr Seltenes in Film- und Theaterkreisen.

Aber wir sind ja noch in Zürich. In meinem zweiten und letzten Jahr in Zürich.

Und ich glaube, ich muß Lehmbruck von mir und mich von Lehmbruck frei machen.

Da ist eine Angst in mir, und ich weiß nicht, warum. Warum hat er mich noch immer nicht mit seiner Frau bekannt gemacht? Ich weiß noch immer nicht, warum er so entsetzlich traurig ist. Ich habe ihn schon zweimal gefragt, er hat mir nie geantwortet; als hätte er die Frage nicht gehört. Das Porträt war inzwischen fertig geworden. Mir gefiel es gar nicht, ich fand es nicht einmal ähnlich. Xaverl gefiel es, Viola gefiel es nicht. Ich glaube, es existiert überhaupt gar nicht mehr. Er hatte inzwischen wieder ein neues angefangen. Ich hatte einfach nicht das Herz, wegzubleiben. Ich glaube, diese letzte Arbeit wurde schließlich das, was heute »Die Betende« heißt.

Zu glauben, daß er so traurig war, weil er mich liebte, dazu war ich nicht einmal damals dumm genug. Er war ja schon so gewesen, als ich das erste Mal in sein Atelier kam. Ich hatte es doch sofort gefühlt. Aber ich weiß noch immer nicht, was der Grund ist.

Inzwischen war ja noch etwas passiert. Ich hatte meinen so heiß geliebten Vertrag mit Reinhardt gelöst. Der Leser muß mir verzeihen, es hat sich wirklich alles gleichzeitig abgespielt. Und jetzt drängen sich die Dinge so unaufgeräumt in meine Erinnerung. Ich kann sie fast nur in Städte einteilen, und ich bin ja noch in Zürich.

Also dieser unselige Reinhardt-Vertrag. Sowie die erste Euphorie über den Vertrag sich besänftigt hatte, fing Xaverl an, mir Angst zu machen. »Er hat soeben die Helene Thimig engagiert. Er wartet nur auf seine Scheidung, um sie zu heiraten. Du wirst nichts zu spielen bekommen, du wirst das fünfte Rad am Wagen sein, du wirst nur unglücklich sein, ich kenne dich. In einer deutschen Zeitung stand sogar, die beiden hätten schon geheiratet.«

Moissi nannte das alles blühenden Wahnsinn. »Die Höflich und die Heims und die Eysoldt und die Eibenschütz und die Eckersberg und die Terwin und die Durieux und die Triesch, für alle ist Platz genug, nur für dich nicht?«

Vergeblich. Meine Ruhe war hin, mein Herz war schwer. Ich wollte nicht mehr zu Reinhardt. Er hatte mir die Treue gebrochen, mit der Thimig.

Moissi sagte »Du hast doch unterschrieben, du kannst doch

nicht einen Vertrag brechen!« Xaverl wußte auch hier eine Antwort. Ich war ja noch minderjährig: Mein Vater mußte verbieten, daß ich nach Berlin gehe. Xaverl diktierte mir diesen schändlichen Brief, von dem mein Vater natürlich keine Ahnung hatte, und ich erhielt postwendend meine Freiheit. Ich war sehr enttäuscht. Daran erinnere ich mich ganz deutlich. Ohne Kampf und ohne Bedauern hatte man mich freigegeben. Nein, so was!

Gott sei Dank erhielt ich bald darauf eine Einladung vom Lessingtheater in Berlin, zum Vorsprechen nach Berlin zu kommen. Mit bezahlten Reisekosten. Ich fuhr zum erstenmal nach Berlin.

Berlin schien mir sehr häßlich, verglichen mit Zürich oder Wien oder Innsbruck. Mehr hatte ich noch nicht gesehen von der Welt.

Heute weiß ich, daß ich Berlin von allen Städten der Welt die größte Liebe und Dankbarkeit schulde und gern und unermüdlich gern bezahle.

Ich sprach also vor, an einem unfreundlichen Morgen, in einem unfreundlichen Theater, auf einer halbdunklen Bühne. Die Rosalinde. Wer im dunklen Zuschauerraum sitzt, weiß ich nicht.

Nach der Rosalinde frage ich, ob ich auch Ophelia vorsprechen solle oder irgend etwas Modernes. »Nein, nein, danke, wir kommen hinauf.« Zwei Herren erscheinen. Der eine ist Direktor Barnowsky, der andere sein Dramaturg Julius Berstl. Direktor Barnowsky war mir gar nicht sympathisch. Er war sehr elegant und sprach herablassend, ein bißchen ironisch, schien mir. Er fragte mich, ob ich die Rede Hamlets an die Schauspieler kenne. Ich sagte »Ja, warum?« – »Gar nichts, gar nichts«, sagte er. »Nur, weil Sie so viel mit den Armen herumfuchteln.«

Ich wäre am liebsten sofort weggegangen, aber er lud mich ein, ins Büro hinaufzukommen, und ging voran. Herr Berstl war sehr nett. Von dem werde ich noch mehr zu erzählen haben. Von beiden werde ich noch mehr zu erzählen haben.

Im Büro bot mir Barnowsky einen siebenjährigen Vertrag mit steigender Gage an. Ich war sprachlos. Aber auch mißtrauisch. Ich fragte, ob er mir Rollen zusichern könne. Er sagte, mehrere Rollen könne er mir vorläufig nicht zusichern, aber eine Antrittsrolle könne er mir versprechen, nämlich die Hilde Wangel in *Baumeister Solneß*, mit Albert Bassermann als Solneß.

Das war genug für mich, übergenug. Ich unterschrieb sofort und kehrte triumphierend heim nach Zürich; fest entschlossen, mir diesmal nicht von Xaverl abraten oder dreinreden zu lassen. Tat er auch nicht; im Gegenteil, wir feierten. Alle Freunde feierten mit mir. Nur Lehmbruck nicht. Sein Mund war fester geschlossen denn je. Ganz genau wie Beethoven. Ich vergaß zu erwähnen, daß Lehmbruck mich immer Marja nannte. Ich wußte nicht, warum. Xaverl wußte: »Weil er dich zum erstenmal im *Lebenden Leichnam* als Mascha gesehen hat, und aus Mascha ist dann in seinem Hirn Marja geworden.« Zuerst hielt ich das für eine ungenügende Erklärung, aber später begann ich darüber nachzudenken. »Mascha ist zu spät gekommen.« Das sind Fedjas letzte Worte, ehe er stirbt.

Kurz vor Saisonschluß, an einem spielfreien Abend, hatte er mich gebeten, ins Atelier zu kommen. Es war meine Abschiedsvisite. Er sah totenblaß aus. Ich sagte »Wenn du mir heute nicht sagst, was mit dir los ist, komme ich nie wieder, ich schwöre es.« Er setzte mich hin, löschte das Licht aus und setzte sich zu mir. Und erzählte mir seine erschütternde Geschichte:

Seine Frau hatte soeben seinen dritten Sohn geboren und war noch im Hospital; und er war zu Hause allein mit den zwei kleinen Kindern. Und in diesen Tagen besuchte ihn ein befreundeter Maler im Atelier und überredete ihn, den Abend mit ihm zu verbringen. Und die beiden gingen zuerst essen und wahrscheinlich auch trinken, was Lehmbruck allein nie tat, und es endete damit, daß der Maler spätnachts zwei Mädchen von der Straße mitnahm, eines für Lehmbruck und eines für sich. Und der Maler war lucky und Lehmbruck war unlucky und war von der gefürchteten Krankheit heimgesucht, die damals noch unheilbar war, wie in Ibsens *Gespenster*.

Auf keinen anderen Menschen hätte das so mörderisch wirken können wie auf Lehmbruck. Ein großer Künstler und ein ganz einfacher, rechtschaffener, fast kleinbürgerlicher Mensch. Total unsophisticated. Er hielt sich nicht für physisch geschlagen, sondern für moralisch aussätzig. Er hatte sich moralisch verurteilt.

Seine Frau, der er das erzählte, erzählen mußte, als sie mit dem neugeborenen Kind heimkam, war ebenso kleinbürgerlich und rechtschaffen und unsophisticated wie er und dazu noch bitter enttäuscht und gekränkt. Sie war auch aus Duisburg und war immer sein einziges Aktmodell gewesen und die Mutter seiner Kinder, sie konnte weder verstehen noch verzeihen. Von da an war sein Leben Hölle. Wenn er nach Hause kam, die unversöhnliche, bitterböse Frau, die nicht mehr mit ihm sprach oder nur von »Gottes Strafe«; und im Atelier sein bitterböses Gewissen, das ihn nicht zur Ruhe kommen ließ.

In diesem Zustand lernte ich ihn kennen, einen geschlagenen Mann. Jetzt verstand ich auch, warum ich ihm immer Hölderlin-Gedichte vorlesen mußte, wenn er arbeitete. »Meine Sonne, die schönere Zeit, ist untergegangen, ach, und in frostiger Nacht zanken Orkane sich nur.« Einmal schenkte er mir ein kleines Buch mit Hölderlin-Gedichten, voll mit wunderschönen bunten Bleistiftzeichnungen. Auf das erste Blatt hatte er geschrieben: »Wem sonst als Dir.« Ich liebe dieses Büchlein sehr. Das wunderschöne Lehmbruck-Museum in Duisburg, das sein Sohn gebaut hat, soll es von mir erben, das habe ich schon angeordnet. Wahrscheinlich, hoffentlich, auch alle meine anderen Lehmbruck-Graphiken und Radierungen mit dem großen M für Marja und dem Stern darüber, den ich heute lieber einen Unstern nennen möchte. Auch seine Briefe soll das Museum bekommen.

Das traurigste Kapitel der Geschichte beginnt erst jetzt.

Ich weiß nicht mehr, wie lange ich an diesem Abend dasaß mit ihm. Der Schweigsame sprach zuerst wieder. Er sagte: »Du bist der einzige Mensch, der mich retten kann.«

Ich glaubte zu wissen, was er meinte. Er hatte mich schon einige Male gefragt, warum ich nicht die Ottegebe spielte in Hauptmanns *Der arme Heinrich.* Ich hatte es immer abgelehnt als ein uninteressantes Stück. Ich sagte nichts. Er sprach auch nicht mehr. Nach einer Ewigkeit sagte er schließlich: »Ich gehe jetzt ein Taxi holen.« Dann brachte er mich nach Hause.

Ich saß bis zum Morgen auf meinem Bett, ohne mich auszukleiden. Die furchtbarsten Gedanken tobten in mir: Wenn es ihn wirklich retten kann, wie kann ich darüber nachdenken! Aber wer garantiert denn dafür, daß er davon gesund wird? Das ist doch nur so im *Armen Heinrich.* Es ist viel wahrscheinlicher, daß ich auch krank werde, als daß er davon gesund wird.

Und dann auf einmal fiel mir der Plafond auf den Kopf, in plötzlicher Erleuchtung. Das ganze Malheur war ja, daß alle mich für »eine Ottegebe« hielten, und ich war gar keine. Das war ja mein Geheimnis mit Thomas. Mein geliebter Thomas-»Schiller«, wie lange er sich dagegen gesträubt hatte! Erst im dritten Jahr der Akademie, kurz vor Kriegsausbruch, konnte ich ihn davon überzeugen, daß er mich nicht »als blinde Kuh« in die Welt hinausschicken durfte.

Damals hatte ich mich lange darüber gewundert, warum man so viel Lärm machte um so etwas.

Nein, ich konnte die Ottegebe nicht spielen. Ich konnte Lehmbruck nicht retten. Statt dessen würde ich versuchen, mit seiner Frau zu reden und sie umzustimmen. So tröstete ich mich selbst. Aber auch das mißlang. Sie lehnte es ab, mit mir zu sprechen. Das alles war kurz vor Saisonschluß. Ich weiß nur noch, daß ich erst aus Berlin wieder an Lehmbruck schrieb und ihn um Verzeihung bat für mein Davonlaufen.

So, jetzt war ich also in dem häßlichen, aufgeregten Berlin, wo Spartakisten von den Dächern schossen, wo es fast nur politisch zuging, was mich überhaupt nicht interessierte.

Aber das Lessingtheater war da, und ich würde die Hilde Wangel spielen mit Albert Bassermann.

Als ich mich im Theater meldete, gab man mir die Rolle des kleinen Jungen Kasimir in Wedekinds *Marquis von Keith*. Als ich Barnowsky fragte, wann denn *Baumeister Solneß* drankommen würde, lachte er und sagte »Seien Sie doch kein Kind! Das weiß doch jeder, daß Bassermann nur mit seiner Frau spielt. Spielen Sie jetzt erst einmal den kleinen Kasimir, dann werden wir weitersehen.«

Ich erinnere mich Gott sei Dank nicht mehr, wie mir nach dieser Unterredung zumute war, ich glaube, sehr unglücklich. Ich fürchte, ich habe Barnowsky nie wirklich verzeihen können, obwohl ich später noch viele schöne große Rollen bei ihm spielte und er sehr positiv und aktiv beteiligt war an meiner noch schlummernden Karriere.

Xaverl war natürlich auch schon nach Berlin übersiedelt. Er war wütend auf Barnowsky, nannte ihn einen Verbrecher, »Vorspiegelung falscher Tatsachen« und »Du mußt sofort kündigen« und lauter solches Zeug. Schließlich einigten wir uns, daß ich erst einmal den Kasimir spielen würde. Barnowsky führte Regie, Heinz Salfner spielte den Marquis. Beide gefielen mir gar nicht. Barnowsky nahm überhaupt keine Notiz von mir, und Salfner schrie mich an, wo er mich sah.

Die Aufführung vom *Marquis von Keith* fand statt, ich erinnere mich leider an gar nichts. Sicher ist nur, daß ich niemandem auffiel als besonders gut oder besonders schlecht, eher nur als »ferner liefen«. Es sah nicht so aus, als ob ich jemals wieder eine Rolle zu erwarten hätte, jedenfalls mir sah es nicht so aus.

Und auf einmal war Lehmbruck auch in Berlin. Er hatte mir aus Zürich geschrieben, er habe noch immer seine Atelierwohnung in Berlin-Friedenau, und er wolle unbedingt auch nach Berlin kommen. Ich hatte ihm zurückgeschrieben und ihn beschworen, es nicht zu tun, der Kinder wegen. Aber das »Zuhause« war ihm entfremdet, und er fühlte sich entsetzlich allein. Und so war er jetzt auch in Berlin.

In dieser völligen Ratlosigkeit kriegte ich plötzlich eine Anfrage aus Wien von der Neuen Wiener Bühne, ob ich frei wäre, die Lulu zu spielen in *Die Büchse der Pandora.* Ich sagte sofort zu, in der Hoffnung, Barnowsky würde entweder sofort meinen Vertrag lösen oder mir mindestens einen Urlaub gewähren, um in Wien spielen zu können.

Ich bat zuerst schriftlich um einen Urlaub, aber nothing doing. Nicht einmal eine Antwort. Dann schrieb ich wieder und bat um Vertragslösung und legte meinen eigenen Vertrag bei. Postwendend zurück kam mein Vertrag und ein sehr kurzer Brief. Es war nur ein Satz, ich habe ihn nie vergessen. »Bestehende Verträge werden nicht gelöst, indem man sich des Vertragsexemplars entledigt. Mit vorzüglicher Hochachtung, Victor Barnowsky.«

Da war ich. Mit vorzüglicher Hochachtung und einem siebenjährigen Vertrag.

Ein völlig unerwarteter Anruf Barnowskys, der mich in sein Büro bat, ließ mich zwei Tage später aufs neue hoffen, daß er sich's vielleicht noch überlegt hätte. Nein. Nur eine neue Überraschung. Er empfing mich mit freundlichem Grinsen, einen Brief in der Hand schwenkend. »Ich habe hier einen interessanten Brief für Sie. Ich habe ihn geöffnet, weil mich der Absender interessierte, ich hoffe, Sie haben nichts dagegen, jetzt muß ich auf die Probe, leben Sie wohl!«

Der interessante Absender dieses Briefes war Ernst Zahn. Ein ziemlich uninteressanter Autor von Geschichten, die ich nicht gelesen hatte. Er war auch der Wirt in diesem berühmten Göschenen-Tunnel, durch den man ins Tessin fuhr. Er war einer meiner Verehrer aus Zürich. Ich weiß auch nicht mehr, was in dem Brief stand, mich hatte der Absender nie interessiert.

Xaverl fand diese Briefaffaire hochinteressant und »wie auf Bestellung« und großartig und prachtvoll. Ich schrieb also wieder einen Brief an Barnowsky und legte wieder mein Vertragsexemplar bei. Aber dieses Mal schrieb ich, daß ich unmöglich in einem Theater bleiben könne, wo der Direktor meine Briefe öffnete, und deshalb etc. etc. Darauf bekam ich keine Antwort und auch das Vertragsexemplar nicht wieder zurück. Ich war also frei.

Auf nach Wien!

Thomas war inzwischen aus dem Krieg zurück, das heißt beurlaubt, weil er mit der Lunge nicht in Ordnung war, und das war auch ein Grund für mich, nach Wien zu wollen.

Xaverl beschwor mich, Lehmbruck nicht zu sagen, wann wir abreisen würden, und ich hatte auch Angst vor weiteren Schwierigkeiten und sagte wirklich nichts. Mir war zumute wie »Nach mir die Sintflut«.

Ein paar Tage später saßen wir im Zug, Xaverl und ich, lange vor Abfahrtszeit. Xaverl in Zeitungen und Zeitschriften vergraben, und ich, in unserem kleinen Abteil auf und ab gehend, hatte schon angefangen, die *Pandora*-Lulu zu lernen. Plötzlich fiel mein Blick auf den Perron. Und ich denke, ich fall' um: Da steht Lehmbruck und schaut stumm herauf. Um Gottes willen, ich muß hinunter. Xaverl hält mich fest: »Das hat gar keinen Zweck, damit kannst du ihm nicht helfen! Du gibst nur Wien auf. Und deine ganze Karriere! So kann das nicht weitergehen.«

Ich schlug die Hände vors Gesicht und machte die Augen erst wieder auf, als wir längst aus Berlin fort waren.

Xaverl sprach nicht ein Wort über die Perron-Erscheinung, und ich war sehr dankbar dafür. Lernen konnte ich nicht mehr, der Schreck lag mir in allen Gliedern.

Es war ein sehr langsamer Zug, das war sehr barmherzig. Endlich kamen wir an die Grenze nach Passau, und auf einmal wird mein Name aufgerufen. Den ganzen Zug entlang höre ich meinen Namen ausgerufen. Xaverl geht hinaus, sich zu erkundigen, und kommt mit einem Telegramm zurück. Wir wissen beide, von wem es ist.

»Marja wenn du mich retten willst, komm zurück!«

Wir sprachen nicht darüber und fuhren weiter nach Wien. In zwei Tagen ist meine erste Probe.

Thomas erwartet uns. Er hat eine kleine Wohnung auf der Wieden, Xaverl wohnt bei ihm. Ich wohne in einem kleinen Hotel ganz nah am Theater. Den ganzen nächsten Tag bin ich bei der Mama. Am Morgen meiner ersten Probe, auf dem Frühstücksbrett, die Morgenzeitung: Selbstmord Wilhelm Lehmbrucks.

Wer die Probe für mich absagte, weiß ich nicht mehr. Thomas und Xaverl waren bei mir. Die hatten die Morgenzeitung auch gesehen. Ich weiß nur noch, daß Xaverl mich am selben Abend zu seinem Freund Alfred Adler schleppte, dem Psychoanalytiker.

Ich erinnere mich ganz genau an Adlers Gesicht. Es war sehr ähnlich dem meines Vaters. Auch an seine Finger erinnere ich mich, sie waren ganz braun, bis an die Nägel hinauf, von Zigaretten. Er rauchte ununterbrochen. Ich erinnere mich an keine seiner Fragen und an keine meiner Antworten. Nur an seinen letzten Satz erinnere ich mich, der war wie eine Ohrfeige: »Und jetzt glauben Sie, Sie sind schuld? Das könnte Ihnen so passen.«

Thomas und Xaverl saßen im Warteraum. Xaverl ging hinein zu Adler, Thomas brachte mich ins Hotel. Ich wollte nichts gefragt werden, ich wollte Xaverl nie wiedersehen. Thomas versuchte mir zu erklären, daß Adler mir nur analytischtherapeutisch verbieten wollte, mich mit der Lehmbruck-

Tragödie in irgendeiner Weise zu identifizieren. Zu Xaverl soll Adler damals gesagt haben »Sie ist ein romantisches Kind, eitel ist sie sicher auch, wenn ihr alle hinter ihr her seid wie die Narren.«

Es hat mich viele Jahre gekostet, diese Weisheit zu verstehen und zu verdauen. Es war eine Schocktherapie gewesen, und sie hat mir wahrscheinlich wirklich geholfen.

Gott sei Dank war ich jetzt in Wien, wo Lehmbrucks Name nicht so bekannt war wie in Deutschland und die Zeitung nicht so voll von ihm.

Und Gott sei Dank, ich mußte jetzt arbeiten und proben und Text lernen. Ich war immer überzeugt davon, daß mich die Lulu als Charakter gar nicht interessierte und gar nichts anging. Jetzt, wo ich das alles hinschreibe und erzähle, ist mir, als erzählte ich eine Lulu-Geschichte. Merkwürdig.

Die Premiere kam schließlich, und ich glaube nicht, daß ich besonders gut war als Lulu, sonst müßte ich mich besser erinnern können. Aber ich glaube, die Presse und der äußere Erfolg müssen ganz gut gewesen sein. Vielleicht auch, weil ich noch in guter Erinnerung war von dem Gastspiel des Züricher Ensembles.

Jedenfalls gab mir Direktor Geyer sofort eine neue Rolle, eine Uraufführung, *Der Ritualmord in Ungarn* von Arnold Zweig. Und diesmal war ich wirklich gut, glaube ich. Nein, das weiß ich sogar. Ich wußte eigentlich immer am besten, ob ich »gut« war in einer Rolle oder nicht; ganz unabhängig von den äußeren Stimmen und den Kritiken. Ich wußte das von einer inneren Stimme. Aber die äußere Bestätigung war damals auch sehr gut, Presse und alles. Und ausverkauft, ausverkauft, lange ausverkauft.

Dann kam Moissi wieder nach Wien und gastierte im selben Theater als Hamlet, und ich spielte wieder die Ophelia. Und Moissi erzählte mir, er sei jetzt endlich frei. Das sollte heißen, Mizzi hatte endlich in die Scheidung eingewilligt, und er hatte die Terwin geheiratet. Und er fühlte sich endlich frei, ein »neues Leben« zu beginnen.

Jetzt hab' ich ihm schließlich sagen müssen, er dürfe nicht mehr von Liebe zu mir reden, sonst würde es unsere schöne Freundschaft kosten. Das heißt, ich sagte es nicht, ich schrieb es ihm in einem Brief nach Berlin. Er war damals anscheinend zwischen Berlin und Wien tätig. Auf diesen Brief erhielt ich eine bitterböse Antwort. Ich hab' sie oft gelesen, aber heute weiß ich nur noch den letzten Satz: »Nur kreuze um Christi willen nie mehr meinen Weg!«

Gott sei Dank, er war ja auch ein Romantiker. Und wie er es sah, hatte er fast ein Recht auf mich. Er hatte mich sozusagen aus der Taufe gehoben, damals in Zürich, als ich zum erstenmal die Ophelia spielte und ohne Blumen auftrat. Er hatte mich mit seiner Frau und seiner Tochter bekannt gemacht, die meine lebenslänglichen Freunde wurden. Sogar mit seiner Mutter und seinen Schwestern hatte er mich in Wien zusammengeführt. Er hatte mir so viel Liebes und Gutes erwiesen. Er hatte mir so unglaublich herrliche Dinge erzählt von Caruso. Er hat mir sogar Caruso vorgespielt und vorgesungen. Ich weiß heute mehr über Caruso als die meisten, die ihn selbst gehört und gesehen haben. Moissi hat mir ganz ernsthaft versichert, daß Caruso der größte Schauspieler gewesen sei, nicht nur der größte Sänger, und daß er, Moissi, von keinem Lehrer und keinem Regisseur auch nur annähernd soviel gelernt habe wie von Caruso. Es fällt mir heute noch leicht, das zu glauben, wenn ich alte Caruso-Platten höre.

Und, Gott sei Dank, er fand sehr bald Ersatz für mich. Ein ganz besonders liebes und schönes Mädchen, das ihm sogar noch eine Tochter schenkte.

Ein paar Jahre später, in Berlin, war er auch wieder gut auf mich. Von Liebe sprach er nie wieder zu mir. Sein Berliner Publikum war treulos geworden, Reinhardt auch. Seine vielen Frauen brauchten viel Geld, er war jetzt meistens auf Tournee.

Aber ich bin wieder vorausgeeilt, ich bin ja noch in Wien. Und von Wien geh' ich ja erst noch nach München an die Kammerspiele, zu Falckenberg. Falckenberg war eigentlich der erste »interessante« Regisseur. Was ich bisher an Regie erlebt hatte, war ganz uninteressant gewesen. Es wäre mir bisher nie eingefallen zu fragen, wer wo Regie führte. Es sei denn, man sprach über Reinhardt. Aber jetzt, in München, zum erstenmal Falckenberg! Er sprach künstlerisch eine neue Sprache. Er verlangte auch ganz andere Dinge. Er weckte einen neuen Geschmack, sogar einen neuen Geschmacksstandard. Das ist sicher ein Grund, warum dieses kurze Jahr in München so wichtig war für mich. Ich traf dort auch Kollegen, mit denen ich am Konservatorium zusammen war, und ich fühlte mich bald sehr heimisch in München. Mizzi und Beate Moissi waren auch nach München gekommen, und bald war Xaverl auch da, und bald führte man mich zu Karl Valentin, und das siegelte den Bund mit München.

Und einen der allerliebsten Menschen traf ich dort, um ihn nie wieder zu verlieren, bis er plötzlich starb, in New York: Alexander Granach. Er behauptete, mich schon aus Wien zu kennen. Er behauptete, er habe den Ersten Schauspieler gespielt an der Neuen Wiener Bühne, als Moissi den Hamlet spielte und ich die Ophelia. Ich konnte es nicht glauben und nicht fassen, daß ich mich nicht an ihn erinnern konnte. Und es wirft ein krasses Licht auf meine Selbstversponnenheit, in der ich kaum wahrnahm, was um mich herum vorging. Er sagte auch, er habe damals nie gewagt, zu mir zu sprechen, weil Moissi nie von meiner Seite wich.

Viel später, in Hollywood, schrieb er seine bezaubernde Selbstbiographie »Ecce homo«*. In der spricht er auch von dieser Wiener Zeit und der Hamlet-Aufführung und erwähnt Ophelia darin. Jetzt waren wir uns also in München zum er-

* Damals hieß sie »Ecce homo«, später »Da geht ein Mensch«.

stenmal wirklich begegnet. Ich werde noch einiges von ihm zu erzählen haben.

Meine erste Rolle in München war, glaube ich, erst die Titania und dann der Puck im *Sommernachtstraum*. Sybille Binder spielte den Oberon. Das war etwas revolutionär Neues und Interessantes. Sybille war so schön, daß einem sowieso die Spucke wegblieb, und als Oberon noch schöner, grün geschminkt, ganz grün, mit einer winzigen Krone auf dem Kopf und langen grünen Haaren und ihrer verschleierten Stimme, ach, sie war eine Märchengestalt. Ihr Talent war auch nicht gering, wenn auch nicht ganz so toll wie ihre Schönheit. Falckenberg war irrsinnig verliebt in sie und arrangierte den Spielplan hauptsächlich für sie, und sie heirateten sehr bald nach dem *Sommernachtstraum*. Ich war auch eingeladen zur Hochzeit.

Was ich an den Kammerspielen zu spielen kriegte, war natürlich, was Sybille nicht spielen wollte. Es war genau die Situation, vor der ich mich zwei Jahre früher so gefürchtet hatte, bei Reinhardt. Aber ich war inzwischen viel bescheidener geworden.

Ich spielte nicht übermäßig viel, aber ich erinnere mich besonders dankbar an das *Postamt* von Tagore und den *Heiratsantrag* von Tschechow. Da waren noch verschiedene andere Rollen, die ich vergessen habe. Aber ich mußte doch aufgefallen sein, denn ich erhielt einen Vertrag an das Münchener Staatstheater für das folgende Jahr. Das war ein großer Schritt vorwärts. Und diesen Vertrag nahm ich sehr glücklich und dankbar an. Ich hatte natürlich noch einige Monate an den Kammerspielen zu absolvieren.

Und dann hörte ich plötzlich, daß Granach nach Berlin geholt worden war, ans Lessingtheater zu Barnowsky, für eine Uraufführung.

Und kurz darauf rief mich Granach selbst aus Berlin an und fragte, ob ich mich frei machen könnte von den Kammerspielen, um eine Woche lang »eine herrliche Rolle« in »seinem

Stück« sozusagen »auf Probe« zu probieren. Ich sagte, ich könne mich sicher frei machen für eine Woche, aber ich könne mir nicht vorstellen, daß Barnowsky mich akzeptieren würde, er sei doch böse auf mich. Granach sagte, Barnowsky habe ihn persönlich beauftragt, mich zu fragen, und so sagte ich zu. Falckenberg gab mir Urlaub, und ich fuhr los nach Berlin.

Das Stück hieß *Der lasterhafte Herr Tschu* und war ein chinesisches Märchenstück von Julius Berstl, dem Dramaturgen der Barnowsky-Bühnen, der damals bei meinem ersten Vorsprechen, zu dem ich aus Zürich gekommen war, so freundlich zu mir gewesen war. Er und Granach hatten Barnowsky so bearbeitet, daß ich »die einzig richtige Besetzung« wäre für diese etwas komplizierte Rolle, daß er schließlich nachgab und mich kommen ließ. Auf Probe! Er glaube nicht an mein Talent! Er führte selbst Regie. Leider. Conrad Veidt spielte auch mit.

Die Rolle lag mir ausgezeichnet: so eine chinesische Märchenprinzessin, die sehr gut und sehr böse sein konnte. Fast strindbergisch. Paßte mir wie ein Handschuh. Das Stück gefiel mir auch ganz wunderbar. Und mit Granach! Er spielte die Titelrolle. Und mit Berstl! Es hätte können paradiesisch werden.

Aber je besser ich Granach und Berstl gefiel, desto weniger gefiel ich Barnowsky. Und nach der fünften Probe schickte er mich zurück nach München. Um meine Enttäuschung und Demütigung noch härter zu machen, ließ er Grete Jacobsen kommen, die mit mir am Konservatorium in Wien und jetzt auch bei Falckenberg in München war, für die Rolle, in der er mich unzulänglich gefunden hatte.

Ich war geschlagen und gedemütigt, aber ich wünschte ihr alles Glück. Wir waren damals noch Freundinnen.

Nach einer Woche kam sie auch zurück, und ich wurde wieder gerufen. Jetzt wollte ich nicht mehr und sagte nein.

Jetzt begannen Berstl und Granach, mir zuzusetzen, daß ich ihretwegen zurückkommen müsse, bis ich schließlich sagte

»Gut. Aber nicht noch einmal auf Probe. Entweder ich spiele, oder ich komme nicht.« Schließlich erhielt ich dann die Spielzusicherung und einen Gastvertrag und fuhr wieder nach Berlin. Und jetzt ließ mich Barnowsky gewähren. Das heißt, er duldete mich. Die Rolle war sehr wichtig, und ich weiß, ich war gut. Brecht hätte das Stück inszenieren müssen. Aber den gab es noch nicht. Diese Rolle war ganz wie später seine Shen Te. Granach, Berstl und auch Conrad Veidt ermutigten mich enorm. Aber am Tag der Premiere brach ein Zeitungsstreik aus, und vier Tage lang wußte niemand, ob wir ein Erfolg gewesen waren oder nicht. Und da weder der Autor noch die Schauspieler damals bekannte Namen waren, war das Theater ziemlich leer.

Am fünften Tag endlich erschien die Presse, und es war ein einstimmiger Erfolg. Erfolg für das Stück, für Granach und für mich. Wenn ich mich richtig erinnere, sogar besonders für mich. Mein erster Berliner Erfolg. Barnowsky ließ mich sofort kommen und bot mir wieder einen Vertrag an. Ich hatte gar kein Vertrauen mehr zu ihm und lehnte ab und sagte, ich würde gerne kommen, aber nur für eine bestimmte Rolle, wenn er eine hätte. Und sowieso hätte ich jetzt erst mein Engagement am Münchener Staatstheater anzutreten. Da wartete eine sehr interessante Rolle auf mich, in einer Uraufführung von Hofmannsthal: Das Stück hieß *Der Schwierige*. Gustav Waldau spielte die Titelrolle, und ich spielte die Gräfin Helene, die einige Jahre später in Wien unter Reinhardts Regie Helene Thimig spielte. Das sind Lieder ohne Worte.

Hofmannsthal war zur Uraufführung nach München gekommen und schien sehr glücklich. Er machte mir ein sehr komisches Kompliment. Er sagte: »Sie sind ja eine vollendete Dame.«

Ich habe lange darüber nachgedacht, ob das wohl ein Kompliment war? Wenn es ein anderer gesagt hätte, wäre ich beleidigt gewesen. Ihm verzieh ich, weil ich seine Gedichte liebte und auch das Stück. Aber ich finde es heute noch ein sehr komisches Kompliment.

Die Presse war ekstatisch. Für das Stück, für die Aufführung und, sehr gerechterweise, für Gustav Waldau und sogar für mich. Das Berliner Tageblatt schrieb besonders gut über mich, bemerkte aber auch, ich sei zu leise gewesen. Einige bemängelten das. Eine vollendete Dame war ich eben.

Als nächste Rolle sollte ich am Münchner Staatstheater die Ophelia spielen. Erich Engel hatte Regie. Erwin Faber sollte Hamlet spielen. Es kam nicht mehr dazu, für mich. Ich fühlte mich plötzlich gar nicht mehr wohl am Staatstheater. Ich bildete mir ein, daß alle meine lieben Freunde meine Feinde geworden wären, weil ich Erfolg gehabt hatte in Berlin. Heute weiß ich genau, daß es nicht nur Einbildung war. Und es hat mich sehr unglücklich gemacht und ganz unsicher, und ich wollte nicht mehr in München bleiben. Aber wohin?

Da kam, wieder wie auf Bestellung, eine neue Anfrage aus Berlin. Dieses Mal vom Deutschen Theater. Ob ich frei wäre, zu Hauptmanns 60. Geburtstag die Gersuind zu spielen in *Kaiser Karls Geisel* und die Käthe Vockerat in *Einsame Menschen*. Die Hauptmann-Festspiele sollten in Dresden stattfinden. Ich akzeptierte mit fliegenden Fahnen. Das waren zwar nur ein paar Wochen in Dresden, aber anschließend sollte ich im Deutschen Theater in der Schumannstraße! ich wiederhole: im Deutschen Theater in der Schumannstraße!! *Des Esels Schatten* von Ludwig Fulda spielen, mit einem großen Star aus Frankfurt, Heinrich George.

Eine noch viel wichtigere Entwicklung hatte inzwischen stattgefunden: Viola hatte endlich ihren einundzwanzigsten Geburtstag überstanden, war großjährig geworden und hatte die Erlaubnis erhalten von ihrem »Stadtvater«, Herrn Schoeller, zu mir nach Berlin zu kommen und bei mir zu bleiben.

Ich habe anfänglich erwähnt, als ich Viola in Zürich kennenlernte, daß sie ein uneheliches Kind war, das bei seiner Großmutter lebte. Nun war solchen Kindern in Zürich immer ein »Stadtvater« zugeteilt, der dafür zu sorgen hatte, daß sie in die Schule gingen und zu essen hatten, bis sie so alt waren, daß man sie sich selbst überlassen konnte. Oder so ähnlich. Violas »Stadtvater« war Herr Arthur Schoeller. Ein sehr angesehener Schweizer Bürger deutscher Abstammung. Sie selbst hatte ihn nur ein- oder zweimal gesehen. Er war Baumwollfabrikant und hatte eine Fabrik, die der ganzen Familie gehörte und die er leitete mit seinen Söhnen und anderen Familienmitgliedern. Da ich Viola mehr und mehr schätzen und lieben gelernt hatte – sie war meine allererste Freundin und war mir wie eine Schwester, mit der ich über alles reden konnte und die mir bei allen Rollen half und mich abfragte, bis ich sie wie Wasser fließend konnte –, wollte ich natürlich, daß sie mit mir nach Berlin käme, weil ich mir ein Leben ohne Viola nicht mehr vorstellen konnte und wollte. Aber sie war nicht großjährig und konnte ohne Herrn Schoellers Erlaubnis nicht fort aus Zürich.

Also schrieb ich an Herrn Schoeller und bat ihn um ein Gespräch. In dieser Unterredung bat ich ihn zu erlauben, daß Viola mit mir nach Berlin reisen dürfe. Er war überaus freundlich – und lehnte ab. Er riet mir, erst einmal zu warten und zu sehen, was aus mir selbst werden würde, ohne Viola. Vielleicht würde ich bald heiraten. Oder, was immer auch käme, ich sei viel zu jung, mich so zu belasten. Und mein Leben sei noch zu ungewiß, als daß ich Viola entwurzeln und an mich binden könnte. Dies alles sagte er so gütig und so ernst, daß er mich davon überzeugte, es wäre wirklich besser, wenn Viola vorerst in Zürich bliebe. »Und später wird man sehen«, sagte er, als ich ging. Und später sah man. Er und sie und ich.

Viola und ich waren natürlich in täglicher Korrespondenz geblieben, und jetzt war sie einundzwanzig und wird zu mir kommen nach Berlin. Dieser Gedanke war für mich eine Sicherheit und ein Zuhause, wie ich es nie gekannt hatte.

Von heute gesehen, war sie für mich ein Engel Gottes, und

ich hatte ein Gefühl, mir könnte überhaupt nichts mehr passieren.

An die Hauptmann-Festspiele erinnere ich mich fast gar nicht mehr. Ich weiß nur noch, daß Else Lehmann die Mutter Vockerat spielte und gar nicht nett war zu mir. Es störte sie, daß ich einen kleinen weißen Spitzenkragen auf dem schwarzen Taftkleid trug, zu der Kindstaufe, mit der das Stück anfängt. Ich nahm mir schließlich den kleinen Kragen ab, und dann war sie zufrieden. Sie war hinreißend als Mutter Vockerat, das ist alles, was ich noch weiß darüber. Ich erinnere mich überhaupt nur an sie. Ich erinnere mich nicht einmal, ob ich Hauptmann bei dieser Gelegenheit kennenlernte. Auch nicht, wer Regie führte in *Kaiser Karls Geisel*. Ich glaube, es war Felix Hollaender. Hollaender hatte mich engagiert für die Hauptmann-Festspiele in Dresden sowohl als auch für das darauffolgende Stück von Ludwig Fulda in Berlin. Reinhardt war jetzt nur noch in Wien, und Hollaender führte das Deutsche Theater in Berlin zusammen mit Edmund Reinhardt.

Das Fulda-Stück sollte ein russischer Regisseur inszenieren namens Iwan Schmith. Ich hatte genug gehört vom russischen Theater, um sehr aufgeregt auf diesen russischen Regisseur zu warten. Er kam, sah mich an und sagte sofort, ich sei eine falsche Besetzung. Hollaender sagte, er solle es mit mir versuchen, er wäre überzeugt, ich sei eine richtige Besetzung. Der neue Star, Heinrich George, trat auch für mich ein.

Schmith begann also mit mir zu probieren. Es handelte sich, soweit ich mich erinnere, in diesem Stück um eine griechische Hetäre mit einem goldenen Herzen. Iwan Schmith wollte, daß ich eine rote Blume im Mund halte für meinen ersten Hetärenauftritt. Sie fiel mir sofort aus dem Mund, als ich anfing zu sprechen, und er glaubte, ich hätte das mit Absicht getan. Es war sogar möglich. Auf alle Fälle fand ich das mit der Blume im Mund ziemlich opernhaft, sagte aber nichts. Nach ein paar Tagen schickte er mich nach Hause.

Jetzt ließ mich Hollaender ins Büro kommen. George war auch da. Schmith war nicht da. Und jetzt verlangte Hollaender, daß George und ich ihm alle großen Szenen vorspielen. Und dann ließ er mich die ganze Rolle lesen. Dann sagte er »Sie werden diese Rolle spielen . . .« und schickte mich weg.

George erzählte mir später, Hollaender habe ihn sehr ausgefragt über die Proben, über Schmith und über mich, und er habe ihm die Wahrheit gesagt: Schmith wolle eine Art Carmen für die Rolle, und die Bergner ist ihm zu modern. Der arme Schmith mußte mich also weiter dulden, und dann wurde es ein großer Erfolg. Für alle. Gott sei Dank auch für Schmith.

Das war auch der Anfang meiner stürmischen Freundschaft mit George. Er hatte sehr zu mir gehalten, und meine Erinnerung an ihn ist Liebe und Dankbarkeit.

Jetzt erhielt ich sofort Angebote von Hollaender fürs Deutsche Theater und von Barnowsky fürs Lessingtheater. Jetzt war ich aber ganz raffiniert geworden und schloß mit beiden ab. Halb und halb. Und nur für bestimmte Rollen. Nie wieder spazierengehen müssen unter Kontrakt!

Und jetzt begann das wichtigste Jahr meiner Karriere und Entwicklung. *Königin Christine* bei Barnowsky, *Fräulein Julie* mit George im Deutschen Theater, *Lancelot und Sanderein*, *Der Kreis* von Somerset Maugham in den Kammerspielen, die *Widerspenstige* mit Klöpfer im Großen Schauspielhaus und schließlich *As you like it – Wie es euch gefällt* – bei Barnowsky im Lessingtheater.

Das war eine Bombe. Das war sozusagen mein Durchbruch. Ich war wie besoffen.

Vorher, sozusagen nebenbei und mit der linken Hand, hatte ich auch im *Vatermord* von Arnolt Bronnen mitgespielt. Unter der Regie von Berthold Viertel. Mit Granach und Agnes Straub und Heinrich von Twardowski. Da spielte ich den kleinen Bruder von Twardowski im Moriz-Seeler-Theater, das es gar nicht gab: Die Junge Bühne.

Übrigens war das auch die Zeit, wo Brecht und Helene Weigel im Deutschen Theater herumliefen und dort zu Hause waren wie ich. Eines Tages merkte ich, daß Helene Weigel einen auffallend dicken Bauch hatte, und fragte: »Wer ist denn das?« Worauf sie mir in der Melodie aus dem *Verschwender* antwortete: »Da streiten sich die Leut' herum . . .« Ein bißchen später erzählte sie mir aber, wer der Vater war. Und als »Stefan« sehr bald darauf geboren wurde, hatte er seine erste komplette Babyausstattung von mir.

Brecht war ein sehr gewissenhafter wunderbarer Gatte und Vater. Stefan war ein undankbarer Sohn und ist es heute noch. Ich erinnere mich hier an eine kleine Geschichte über Stefan. Es war während unserer sehr langen, intensiven Vorarbeit zur *Duchess of Malfi* in New York. Brecht war eben wieder aus Hollywood nach New York gekommen, er machte diesen Trip sehr häufig. Ich fand ihn ungewöhnlich blaß und deprimiert. Nachdem ich aufgehört hatte, ihn vergeblich zu fragen, was denn los sei, sagte er schließlich von sich aus: »Wissen Sie, was Stefan gestern zu mir gesagt hat? Er hat geagt, von mir werde einmal nichts übrigbleiben als ein paar Gedichte.« Und der mir das damals erzählte, war der »Herr Keuner«. Und er war sehr bleich. Am liebsten hätte ich damals Stefans Babyausstattung zurückverlangt, so bös' war ich auf ihn.

Ja, also, wir sind ja noch in Berlin im Jahr 1924, glaube ich, und Stefan Weigel ist eben geboren. Und ich bin auch endlich »angekommen« in Berlin.

So total angekommen, daß ich mich plötzlich in der Gruppe von größenwahnsinnigen revolutionären Schauspielern befinde, die ein neues Theater gründen wollen. Ich erinnere mich nur ganz dunkel, aber ich glaube, dieses »Schauspielertheater« wurde nur drei oder vier oder fünf oder sechs Monate alt. Bestimmt nicht *viel* älter. Und es verschwand, wie es entstand, in Schall und Rauch und viel Gerede. Der Truppe gehörten an:

George, Granach, Ernst Deutsch, Hans Heinrich von Twardowski und ich und noch so ein paar aufgeregte Kinder, an deren Namen ich mich jetzt nicht mehr erinnere. Das Stück für unsere Eröffnung hatte natürlich Xaverl ausgesucht: *Eduard II.* von Christopher Marlowe. Ernst Deutsch spielte den König, Heinrich George den Günstling und ich den jungen Prinzen, der nur die Schlußworte zu sprechen hatte.

Die Premiere wurde recht gut aufgenommen, soweit ich mich erinnere. Diese Aufführung gab jedenfalls Brecht die Idee, eine herrliche neue Bearbeitung dieses Stückes in München herauszubringen.

Als zweite Aufführung brachten wir *Elga* und *Hannele* von Gerhart Hauptmann an einem Abend. Ich spielte beide, Elga und Hannele (»Laßt mich den Löwen auch spielen«). Heinz Hilpert und Karlheinz Martin führten Regie. George, Granach, Twardowski waren alle auch in dieser Aufführung. Ich glaube, auch Moissi. Ich erinnere mich an keinen anderen Lehrer Gottwald. Ich glaube, das war auch das Ende des »Schauspielertheaters«; ich erinnere mich jedenfalls nicht an weitere Aufführungen.

Danach kam *Mrs. Cheney's Ende* von Lonsdale. Aber das war am Lessingtheater. Und *Was ihr wollt* war auch am Lessingtheater bei Barnowsky.

Und jetzt kommt die Geschichte meines ersten Autos. Barnowsky war mir schon eine Zeitlang mit der Idee nachgelaufen, ich solle die Viola spielen in *Was ihr wollt*. Ich sagte immer nein. *Wie es euch gefällt* und die Rosalinde waren so über alle Erwartung gut ausgefallen – die Presse war in Verse ausgebrochen. Ich fand es trivial, so schnell wieder eine Hosenrolle zu spielen. Außerdem war die Viola keine Rosalinde.

Solche Gespräche waren also schon ziemlich lange zwischen uns gang und gäbe. Aber jetzt kam ein typischer Barnowsky-Trick. Eines Tages sagte er »Hör mal, dir gefällt doch mein Audi so gut. Wenn du die Viola spielst, kriegst du meinen Audi.«

Das war Tells Geschoß. Ich war autocrazy. Meine halbe Gage ging auf in Taxis, schon in Zürich und noch immer. Autos waren noch etwas ganz Neues. Barnowsky war einer der ersten gewesen, die ein Privatauto hatten: einen dunkelblauen Audi. Ich war schon einige Male darin gefahren und konnte nie aufhören zu grinsen, wenn ich drin saß. Er hatte das beobachtet, und jetzt ging ich in die Falle und spielte die Viola. Es war eine moralische Niederlage in meinen Augen, und es wurde sogar ein Erfolg, und Barnowsky war sehr zufrieden. Ich gar nicht. Aber wenn ich im folgenden meine Gage erhielt, wurde mir jeden Monat eine Riesensumme abgezogen »für den Audi«. Und als ich Barnowsky fragte, wie das käme: »Sie sagten doch, ich würde den Audi bekommen, wenn ich die Viola spiele« – da sagte er »Aber Kind! Ich meinte doch nicht umsonst! Aber Kind! Das kann doch nicht dein Ernst sein.« Also, ich fand das zwar sehr tricky, sagte aber nichts, denn im Grunde war mir das viel lieber so.

Aber bald stellte sich eine ganz neue Komplikation heraus: Ich hatte jetzt ein Auto sozusagen auf Abzahlung gekauft, aber ich hatte keinen Chauffeur, es zu fahren. Ich konnte nicht fahren, Viola damals auch noch nicht. Viele Selbstfahrer gab's überhaupt noch nicht. Ein neuer Standard wurde verlangt. Viel mehr Gage mußte verdient werden: eine Tournee! Und die meisten Strecken im eigenen Auto mit Chauffeur!

Oh, unvergeßliche Kirschblütenzeit. Unvergeßliche Glückseligkeit, erfolgstrunken. Viola hustete ein bißchen, deshalb mußten wir die Fenster schließen, die wir sonst beide viel lieber offen hatten. Und so ging es bis nach Wien. Xaverl war schon dort, natürlich. Thomas wartete, die Mama wartete, vielleicht sogar der Papa. Mein Gott, was waren wir übermütig auf dieser Reise, Viola und ich.

Ich vergaß schon wieder etwas Wichtiges zu erzählen: Daß einmal während des Runs von *Was ihr wollt* Viola mir in der Pause eine Visitenkarte brachte von einem Herrn, der draußen wartete; aber sie hatte ihm schon gesagt, ich empfinge keine Besuche in der Garderobe. Ich schaute die Karte an: Dr. Paul Czinner. »Du, den kenn' ich«, sagte ich. »Den Namen kenne ich, ich weiß nur im Augenblick nicht, woher. Sag ihm, er soll nach Schluß wiederkommen.« Er kam, und ich wußte.

Ich fragte »Sind Sie Wiener?«

Er sagte »Ja.«

Ich fragte »Ist es möglich, daß ich ein Stück von Ihnen am Volkstheater in Wien gesehen habe? Mit der Galafrés und Leopold Kramer, im Jahre 1916? Oder 1917?«

»Ja, das könnte sein«, sagte er.

»Was bringt Sie zu mir?« fragte ich.

»Ich möchte Sie für einen Film interessieren.«

»Um Gottes willen, warum?« – Das war mein erstes Filmangebot gewesen. Es interessierte mich überhaupt nicht. »Film ist schauderhaft.«

Er sagte, es müsse doch nicht schauderhaft werden. Und ob es vielleicht ein Stück oder einen Stoff gebe, der mich sehr interessierte?

Ich sagte »Ja, vielleicht das *Dschungelbuch* von Kipling.«

»Warum nicht?« sagte er, »lassen Sie mich's versuchen.«

»Bitte schön. Aber jetzt muß ich auf eine Tournee gehen.«

»Ich melde mich, wenn Sie zurück sind. Also auf Wiedersehen.«

Die Geschichte geht später weiter.

Jetzt kommen wir nach Wien. Eines der wichtigsten Versprechen, die ich Viola gegeben hatte, war: Sie würde Moreno kennenlernen. Ich wußte, er hatte jetzt seine eigene Praxis in Baden bei Wien, und es war sehr aufregend für mich, ihn wiederzusehen.

Mit Viola, Xaverl und Thomas fuhren wir also nach Baden. Moreno erwartete uns sehr herzlich und sehr unsentimental. Er schien ganz unverändert, nur der Bart war weg. Das Lächeln war dasselbe. Meine »welterschütternde Karriere« schien ihn weder besonders zu erstaunen noch besonders zu interessieren. Ungeheuerlich überraschte mich zu erfahren, daß er Gynäkologe geworden war. Ich weiß nicht, warum ich das so erstaunlich fand. Wäre er Kinderarzt geworden oder Chirurg, es hätte mich gar nicht erstaunt. Ich glaube, es war wie damals, als ich ihn Kaffee trinken sah, durchs Schlüsselloch.

Als wir dann alle so saßen und erzählten, was wir zu erzählen hatten, deutete er plötzlich auf Viola und sagte: »Sie hat Fieber.«

»Um Gottes willen, nein, ich habe nur einen lästigen Husten«, sagte sie.

»Um so besser«, sagte er, »da komme ich morgen früh in euer Hotel und schau mir einmal den Husten an.«

Und er kam und fand: Viola hatte es auf der Lunge und sollte so bald wie möglich für mindestens drei bis vier Monate in die Schweiz, nach Davos oder Arosa. Wir waren sprachlos.

Ich kannte ihn genügend, um zu wissen, daß er wußte, was er sagte. Viola und Xaverl bestanden auf einer zweiten Diagnose, und sie holten sich diese zweite Diagnose von einem Lungenspezialisten zwei oder drei Tage später. Wien war sowieso die vorletzte Station gewesen, Prag wurde jetzt abgesagt.

Himmelhoch jauchzend waren wir ausgezogen, und zu Tode betrübt kehrten wir heim.

Schließlich wurde es dann aber, Gott sei Dank, gar nicht so schlimm, wie es zuerst ausgesehen hatte.

Schon wieder etwas Wichtiges, was ich zu erzählen vergaß. Nämlich: Das Geld hatte auch Schwindsucht, damals. Für die Gage, die ich heute bekam, konnte ich morgen kein Pfund Butter kaufen. Es war Inflation in Deutschland. Und viel schlimmer noch als heute in England.

Wir hatten eine sehr hübsche möblierte Wohnung im Tiergartenviertel und eine Köchin. Was ich jetzt auch spielen oder verdienen würde, wie könnte diese Papiervaluta ausreichen für vier bis sechs Monate Kur in Davos oder in Arosa, wo ich doch nichts gespart hatte!

Audi und Chauffeur waren leicht und schnell gestrichen. Aber das war noch keine Antwort auf die Papiermark gegenüber den so konkreten Schweizer Franken.

In dieser Ratlosigkeit erschien Dr. Czinner, telefonisch, um mir zu erzählen, es sei ihm leider nicht gelungen, die Finanzierung für das *Dschungelbuch* aufzutreiben. Aber er könnte mir einen anderen Film vorschlagen, nach dem Stück *Nju* von Ossip Dymoff. Das Filmskript sei fertig, die Finanzierung sei gesichert.

»Könnten Sie mich in Dollar bezahlen?« fragte ich. Da war eine Pause am Telefon, dann sagte er, diese Frage könne er erst morgen beantworten. Morgen rief er an und sagte ja, er könne mich in Dollar bezahlen. Einen Dollarvorschuß könnte er mir auch verschaffen. Am selben Tag kam auch das Skript von *Nju*, das uns beiden, Viola und mir, ausgezeichnet gefiel. Und jetzt ging es schnell. Eine Schulfreundin Violas, die in St. Moritz lebte, machte die nötigen Arrangements in Davos, und Viola fuhr ab.

Czinner kam, um die Besetzung mit mir zu besprechen, und sagte »Sie können sich aussuchen wen Sie wollen für die beiden Männerrollen.« Phantastisch. Ich suchte mir sofort Emil Jannings und Conrad Veidt aus. Er sagte, er werde sein allermöglichstes tun. Dann gab es da noch ein Kindermädchen in diesem Film. Czinner sagte, diese Rolle sei bereits endgültig besetzt. Die müsse »die Gattin des Finanziers« spielen, aber diese Rolle sei sehr klein, und diese Dame sei eine ganz reizende Person und verehre mich ganz besonders etc. Und ihr Name war Maria Bard.

Das war mir alles sehr recht, und Czinner wurde mir immer sympathischer. Jetzt ging er, um Jannings und Veidt »zu erlegen«, wie er sagte.

Zuerst also stellte sich heraus, daß Emil Jannings in Rom war mit einem großen Kostümfilm, ich glaube, es war *Quo vadis*. Czinner fuhr also nach Rom. Jannings las das Skript, fand es ausgezeichnet und verlangte auch Dollars. Er fand Veidt eine erstklassige Besetzung, hatte aber ernste Bedenken wegen E. B.

»Mensch«, sagte er zu Czinner, »die Kleene mag ja begabt sein uffm Theater, aber sie hat doch noch nie jefilmt. So etwas kostet unnötig viel Zeit und Geld.«

Czinner beruhigte ihn und erzählte ihm, daß der Vertrag mit E. B. bereits abgeschlossen war.

Da sagte er nur noch »Na schön, schließlich deine Sache. Aber ›gestart‹ wird sie nicht vor mir! Ich muß als Erster in aller Reklame genannt sein, das mache ich zur Bedingung.«

Czinner sagte ihm alles zu, fuhr wieder zurück nach Berlin und ging schnurstracks zu Veidt. Der hatte inzwischen das Skript auch gelesen und fand es ausgezeichnet, fand aber auch die Besetzung mit E. B. »sehr gewagt«.

»Man wird ja sehen«, sagte er. »Aber eines steht fest: Die Kleene wird nicht vor mir genannt. Die Reklame darf nicht auf sie gemacht werden. Wenn du Emil vor mir nennst, das versteht sich. Aber die Kleene, nein, das mußt du einsehen, das muß in den Vertrag, das geht nicht.«

Czinner versprach auch ihm, was er wollte, und dankte Gott, daß es nicht mehr Personen gab in diesem Film.

Damals war das sehr wichtig im Film, wie groß ein Name gedruckt wurde und an welcher Stelle.

Viele Jahre später erzählte mir Czinner das Ende dieser Vorverhandlungen zum *Nju*-Film.

Er hatte also Jannings und Veidt »Starbilling« zugesagt, ohne zu ahnen, was ich dazu sagen würde. Er erzählte mir, er hätte seit seiner Kindheit nicht so inbrünstig gebetet wie vor seinem nächsten Besuch bei mir.

»Ich bringe Ihnen hier Jannings und Veidt, wie Sie sich's gewünscht hatten. Sind Sie jetzt zufrieden?«

Ich war wirklich sehr gerührt und begann ganz vorsichtig, ihn meiner Dankbarkeit zu versichern. Aber schließlich brachte ich doch den Mut auf zu sagen, was mir noch auf dem Herzen lag: »Jetzt hätte ich nur noch eine ganz kleine Bedingung oder eher eine Bitte. Wenn Sie mir noch eine Bitte erlauben können.«

Nicht wissend, was in ihm vorging und wovor er zitterte, begann ich ihm zu erklären, was für einen guten Namen ich mir in den letzten zwei Jahren im Theater erarbeitet hätte und wie »die ganze Welt« nur darauf wartete, wie ich mich jetzt weiterentwickeln würde, und wie »alle Augen« nur auf mich gerichtet wären und »wie lebensgefährlich« es für mich wäre, jetzt einen Film zu machen. Es könnte doch passieren, daß ich gar nicht gut wäre in einem Film und daß man doch gar nicht wissen könne, ob ich überhaupt filmisch zu gebrauchen sei, und er habe doch die zwei größten Starnamen, und jeder einzelne von den beiden genüge doch, einen Film allein zu tragen, und er habe doch beide!! Und könnte er nicht meinen Namen zunächst verschweigen, das heißt, es brauchte doch eigentlich vorläufig niemand zu wissen, daß ich überhaupt mitspielte.

Damals waren die Zeitungen noch nicht so up to date in allem wie heute. Man konnte sich wirklich vorstellen, daß ein Name geheimzuhalten war. Und wenn der Film ein Erfolg und ich für gut befunden würde, dann könnte man ja noch immer genug Reklame machen mit meinem Namen. Nur vorläufig sollte man möglichst meinen Namen verschwinden lassen.

Er ließ mich lange auf eine Antwort warten. Schließlich stand er auf und ging ans Fenster und schaute hinaus, mit dem Rükken zu mir. Ziemlich lange stand er so. Dann sagte er »Bitte, machen Sie sich gar keine Sorgen, überlassen Sie das alles mir.« Damit ging er.

Viel, viel später fragte ich ihn, was er damals gedacht habe, als er so lange zum Fenster hinaussah. Da sagte er »Gebetet hab' ich: ›Lieber Gott, gib mir die Frau!‹«

Armer Paulus, er hatte noch einige Feuerproben zu bestehen.

Jetzt kamen die Probeaufnahmen. Ich hatte noch nie eine Probeaufnahme gemacht. Ich wurde geschminkt und mußte einige Szenen ganz allein ohne Partner spielen und wurde durch dunkle Gläser beäugt und durch Apparaturen beobachtet und beleuchtet von allen Seiten. Es war das Gräßlichste, was ich jemals auszuhalten hatte. Ich weiß nicht mehr, wie ich nach Hause kam, ich haßte den Film. Ich hatte die Wohnung aufgegeben und war in eine Hotelpension gezogen, die zwischen Dahlem und Grunewald lag. Mir war sehr elend. Und keine Viola. Ich hatte alles Vertrauen in mich selbst verloren.

Zwei oder drei Tage später rief Czinner an und fragte, ob ich nicht die Probeaufnahmen ansehen wollte.

»Muß ich?« fragte ich.

Er sagte »Nein, keineswegs. Aber es wäre doch eine große Hilfe.« Probeaufnahmen seien doch dazu da, daß man kleine Fehler sehen und korrigieren könne.

»Also schön, ich komme.«

Er führte mich in einen Vorführungsraum, zwei Kameramänner saßen mit ihm, ich saß allein ein paar Reihen hinter ihnen.

Wir hatten besprochen, Czinner würde mich nachher nach Hause bringen und alles Weitere mit mir besprechen.

Als es nach der Vorführung wieder hell wurde, war ich längst nicht mehr dort – war ich längst zu Hause, in meinem Hotel. Ich ließ mich auch nicht mehr telefonisch sprechen. Es war das Ende.

Was ich gesehen hatte, war das Ende. Ich schielte, ich wakkelte, mein Mund reichte von Ohr zu Ohr, meine Zähne waren gelb, nein, nicht gelb, braun! Meine Augendeckel klapperten auf und zu wie bei einer Gliederpuppe, nur viel schneller, meine Arme bewegten sich wie Dreschflegel, es war das Ende.

Czinner rief am nächsten Tag wieder an und wollte kommen.

Ich sagte »Nein, bitte nicht kommen! Außer, Sie versprechen ehrenwörtlich, mir nicht zu erzählen, alles sei gut und schön.«

Er kam, und ich erklärte ihm, ich könne den Film unmöglich machen, unter gar keinen Umständen.

»Aber Sie haben doch einen Vertrag unterschrieben.«

»Ja, ich weiß, ich weiß alles. Auch die Kosten und den Vorschuß und die Mühe und die Mühe und die Mühe. Aber ich kann nicht. Ich werde jeden Pfennig zurückzahlen, ich verspreche es, und wenn ich bis an mein Lebensende nur auf Tourneen gehen muß. Dabei verdient man viel schneller und viel mehr.«

Er ging sehr böse fort.

Und keine Viola. Und keine Seele. Was tun?

Zwei Stunden später kam Czinner zurück, mit Jannings und Veidt. Und ließ die beiden mich bearbeiten und bedrohen, bis sie mich kleinkriegten. Und so begann *Nju*. Czinners einzige Bedingung war, daß ich nie wieder in einen Projektionsraum gelassen werde, was ich nur zu dankbar akzeptierte. Und danach wurde ich ganz verträglich und manierlich. Mit der einzigen Ausnahme, daß ich sehr oft Fahrtaufnahmen verlachte, was Czinner wütend machte, weil man die damals noch nicht wiederholen konnte. Ich mußte immer lachen, wenn der Apparat so auf mich losgefahren kam, einmal sogar zum Fenster herein.

Dann passierte noch etwas Komisches: Emil und Conny nannten Czinner »Jrienooje« – Grünauge –, weil er so helle Augen hatte. Und meistens gingen die drei zusammen in die Kantine, in der Mittagspause. Ich blieb gewöhnlich allein in meiner Garderobe, wie ich das vom Theater her gewöhnt war.

Aber einmal kamen Emil und Conny in der Mittagspause zu mir, brachten sich Kaffee mit und schlossen meine Garderobentür ab. Ich fragte belustigt, was das wohl zu bedeuten hätte. Conny begann: »Du dummes Tier, wir wollen dich aufklären.«

»Weiß ich doch längst, woher die Kinder kommen und alles das.«

»Mach keine Witze und schau zu!« – Und jetzt holten sie ganz kleine Papierpäckchen hervor und staubten den Inhalt in die äußere Daumenvertiefung der linken Hand, auch ein Päckchen in meine linke Daumenvertiefung. Dann sagten sie: »Jetzt schau zu, wie wir das aufschnupfen, und mach es nach!«

Ich wußte natürlich, daß es sich um Kokain handelte, denn »Koksen« war jetzt die große Mode in Künstlerkreisen. Und es interessierte mich überhaupt nicht. So wenig wie trinken und alles das.

Aber bis man das verläßlich über sich selber lernt, das dauert.

Aber hier, diese beiden großen Kinder waren irrsinnig komisch, weil sie es sich so zum Sport gemacht hatten, mich zu verführen. Und jetzt gerade, wie sie mir vorzeigten, wie man das Zeug aufschnupft, hämmerte es ganz laut an meine Tür. »Jrienooje!« flüsterte Conny und legte den Finger auf den Mund. Wir hielten den Atem an. Das Klopfen wiederholte sich, und die Türklinke wurde heftig gerüttelt. Stille bei uns. Schließlich Czinners Stimme: »Wenn ihr nicht öffnet, trete ich die Tür ein!« Stille bei uns. Dann ganz großer Krach. Und Czinner fiel mitsamt der Tür ins Zimmer.

An diesem Tage wurde viel mehr gelacht als gearbeitet, und Czinner tat die Schulter tagelang weh.

Sonst weiß ich von der *Nju*-Geschichte nur noch zu erzählen, daß sich alle, Czinner inklusive, enorm wunderten, daß ich nie den geringsten Versuch machte, eine Vorführung zu sehen, also Czinners Verbot zu umgehen. Er war der Erstaunteste, als ich sein Angebot, mir zu zeigen, was ich sehen wollte, dankend ablehnte. Und so blieb es bis heute. Ich habe keinen meiner Filme jemals gesehen.

Mit Maria Bard, die wir inzwischen Migo nannten, und die damals die bescheidene Rolle des Kindermädchens spielte, verband mich bald sehr große Sympathie und gegenseitiger Respekt. Irgend etwas an ihr erinnerte an Viola. Ich möchte es Sauberkeit nennen. Ich fand sie absolut vertrauenswürdig. Hugo von Hofmannsthal würde sagen: eine vollendete Dame. Das war die Migo.

Als ich sie wiedertraf, viele, viele Jahre später, war sie Werner Kraußens zweite Frau. Und wir spielten beide in der »unvergeßlichen« Aufführung von *Gabriel Schillings Flucht* am Staatstheater im Jahre 1932. Und es war wieder ein Hauptmann-Geburtstag, diesmal der 70., der mich nach Berlin brachte.

Davon habe ich mehr zu erzählen. Diese beiden Hauptmann-Geburtstage, der 60., der mich aus München holte, und der 70., der mich für lange aus Deutschland vertrieb, diese beiden Geburtstage bilden den Rahmen meiner deutschen Karriere und meiner tiefen menschlichen und künstlerischen Verbundenheit mit Berlin.

Da ist kein einziger, mit dem ich in dieser Zeitspanne künstlerisch oder menschlich zu tun hatte, an den ich heute nicht mit Dankbarkeit und Liebe denke. Keiner. Wenn da andere, negative Begegnungen auch waren, muß ich sie vergessen haben. Das ist die Wahrheit, ich schwöre.

Sicher, ich hatte oft Streit mit Barnowsky, auch mit Dr. Klein, aber keiner von beiden hat mir Böses getan oder Böses tun wollen, das weiß ich heute ganz genau.

Sie wollten nur recht haben und ich halt auch. Und wir hatten nicht den gleichen Geschmack und nicht die gleichen Ideale.

Meine Kontroverse mit Dr. Klein hatte mit Eugen O'Neills *Seltsames Zwischenspiel* zu tun und enthält so viele komische Elemente, daß ich versuchen möchte, sie zu erzählen.

Es war das Jahr sowieso. Reinhardt war bereits ganz nach Wien übersiedelt. Edmund war ihm gefolgt oder vielleicht schon gestorben. Felix Hollaender und Direktor Rosen, einer nach dem anderen, hatten abgedankt, und auf einmal war da ein

Direktor Dr. Robert Klein, der meinen Vertrag mit dem Deutschen Theater »für eine Rolle« geerbt hatte. Da ich ihn nicht kannte, wollte ich den Vertrag lösen, aber er wollte nicht, und da es sich nur um eine Rolle handelte und ich mir Zeit und Stück aussuchen durfte, einigten wir uns über einen Rechtsanwalt so weit, daß ich nur noch das Stück und einen Regisseur vorzuschlagen hatte.

Ich hatte inzwischen das *Seltsame Zwischenspiel* im Originaltext und in einer Rohübersetzung kennengelernt und war so aufgeregt und so verliebt in dieses Stück und in diesen Autor und in diese Rolle, die so viel mehr von mir verlangte als alles, was ich bisher gespielt hatte, daß es für mich gar keinen Zweifel gab. Ich schlug das Stück also Dr. Klein vor und verlangte Heinz Hilpert als Regisseur. Dr. Klein lehnte das Stück und den Autor mit Verachtung ab, als eine Strindberg-Imitation, und schlug mir statt dessen *Die Fee* von Molnar vor. Ich hatte *Die Fee* schon zweimal abgelehnt, obwohl Molnar mich wiederholt hatte wissen lassen, er habe das Stück für mich geschrieben. Ich bestand auf O'Neill.

Dr. Klein nannte das Stück eine Wagner-Oper ohne Musik. »Und das läßt sich kein deutsches Publikum gefallen.«

Es war schon wahr, daß das *Seltsame Zwischenspiel* ungefähr vier Stunden dauerte und in New York mit einer einstündigen Dinnerpause gespielt wurde. Aber ich war überzeugt, man könne dieses Stück einem deutschen Publikum zumuten. Und Klein mußte es entweder akzeptieren oder meinen Vertrag lösen. Schließlich mußte er nachgeben.

Heinz Hilpert, dem das Stück Gott sei Dank auch sehr gefiel, wurde geholt, und eine ganz herrliche Besetzung kam zustande. Doll! Lucie Höflich, Rudolf Forster, Mathias Wieman, Theodor Loos, Erwin Faber und ich. Und alle liebten das Stück, wie ich es liebte.

Diese Arbeit war für mich ein unvergeßlicher Höhepunkt in meiner Karriere. Vor allem auch dadurch, daß ich mit Hilfe

Hilperts meine bis dahin unheilbare Probenscheu für immer überwand! Als ich Hilpert auf der ersten Probe ins Ohr flüsterte: »Du weißt doch, daß ich emotionelle Ausbrüche und Gefühle und solche Sachen nur mit Publikum spielen kann, nicht auf der Probe«, da antwortete er mir: »Geh, quatsch mich nicht an!« Und auf einmal konnte ich. Was Reinhardt nicht erreicht hatte mit mir -- Hilpert schaffte es: Ich konnte probieren. Mit Volldampf sogar.

Heute weiß ich natürlich, daß der Dramatiker O'Neill sehr viel mit dieser Entwicklung zu tun hatte: Die Tatsache, daß alle Charaktere in diesem Stück ihre Gedanken laut zu sich selber aussprechen, unabhängig von den Dialogen, die sie miteinander führen. Dieses Zu-mir-selber-sprechen-Können erlöste mich anscheinend von einer Art Geheimnistuerei, von der mich bis dahin nur das Publikum hatte erlösen können; von der zweiten Vorstellung an, heißt das. Und so kam es zur Premiere.

Als der Vorhang hochging, wußte ich noch nicht, was ich bald erfahren sollte. Nämlich: daß Molnar und Max Pallenberg in einer Parkettloge saßen, ganz nah an der Bühne. Da ich in einer Art Trance war von dem Augenblick an, wo der Vorhang hochging, und nie etwas anderes sah oder hörte, als was auf der Bühne passierte, dauerte es ziemlich lange, bis ich anfing zu bemerken, daß das Publikum lachte. An Stellen, wo niemand Lachen erwartet hatte. Auch Zwischenrufe gab es. Ich verstand sie nicht. Aber immer lauteres und längeres Lachen. Ich war wie vor den Kopf geschlagen. Mein neuer Autor. Mein neues Stück. Mein Berliner Publikum – was war da passiert?

Passiert war folgendes: Alle Zwischenrufe und alle Lacher kamen von den beiden Gästen in Dr. Kleins Loge, so daß das Publikum vor Vergnügen mitwieherte, weil die beiden in der Bühnenloge die gesprochenen Gedanken des Stücks sozusagen imitierten und beantworteten. Diese hörbar gesprochenen Gedanken, nach denen das Stück *Seltsames Zwischenspiel* heißt. Der ganze Abend wurde von den beiden einfach verhöhnt.

Wie dieser Abend zu Ende ging, weiß ich nicht mehr. Ich weiß nur, ich war »numb«, das heißt, ich konnte weder fühlen noch denken. Ich erinnere mich nur, daß Forster auf einmal mitten aus einer sehr ernsten Szene nach vorn ging zum Souffleurkasten und lange wortlos ins Publikum starrte. Er stand da, bis es ganz still wurde im Haus. Dann begannen ein paar Leute zu applaudieren. Erst dann kam er zurück zu mir, und die Szene ging weiter.

Das einzige, was Dr. Klein am Schluß der Vorstellung zu mir sagte, war: »Ist Ihnen jetzt leichter?« Ich dummes Tier habe ihm das nie verziehen und hole es jetzt endlich nach. Von ganzem Herzen. Die Geschichte dieser Premiere ist noch nicht beendet.

Am nächsten Morgen war die ganze Berliner Presse durchgefallen, in ihrem Urteil über O'Neill. In ihrer ersten Begegnung mit dem großen Dramatiker.

Wieweit Dr. Kleins Logengäste für dieses Fehlurteil verantwortlich waren, kann ich nicht sagen. Ich glaube aber, sehr verantwortlich. Ich sage das heute, weil ich ja inzwischen allen verziehen habe. Ich darf auch nicht verschweigen, daß das Urteil der Presse über die Aufführung, über Regie und Schauspieler sehr gut war. Und ganz besonders gut für mich.

Was mich so fasziniert hatte an dieser Rolle, war, daß diese Frau am Anfang des Stückes achtzehn Jahre alt ist und am Schluß siebzig. So eine Rolle hatte ich noch nie gespielt.

Wir waren natürlich alle überzeugt, daß dieses Stück sofort abgesetzt werden müßte nach einer so schändlichen Premiere und Presse. Um so größer war unser Erstaunen, als die Kasse schon am nächsten Morgen von einem wahren Run berichtete. Bald hatten ausverkaufte Häuser und ein mäuschenstilles, tief ergriffenes, begeistertes Publikum diese Premiere und diese Premierenbesucher abgelöst. Aus diesem Erlebnis und an dieser Rolle habe ich viel gelernt. Über mich selbst und über meine Reichweite. Ich fühlte mich jetzt künstlerisch erwachsen.

Aber da habe ich schon wieder einen Riesensprung gemacht. Ich war ja eben noch mit meinem ersten Film im Zoo-Atelier. Und Emil und Conny haben mich nicht zu Kokain verführen können, und der Film wurde ein großer Erfolg. Ich habe ihn nie gesehen, aber er hat allgemein gefallen. Er war auch ein Kassenerfolg. Czinner schrieb schon an einem neuen Bergner-Film. Er sollte *Der Geiger von Florenz* heißen.

Aber weil ich so viel herumspringe, das heißt: weil die Erinnerungen so ungeordnet in meine Feder fallen und weil ich den Leser vor falschen Informationen, soweit ich kann, beschützen möchte, habe ich soeben beschlossen, diesem Buch eine »Zeittafel« beizulegen, die den Leser ganz unabhängig von meinen Gedächtnissprüngen darüber unterrichten kann, welche Rollen ich wann und wo gespielt habe. Ich besitze nämlich solche Listen. Ich weiß sogar, in welchem Koffer sie sein müssen und wie ich zu ihnen kam.

Damals gab es nämlich Knaben und Mädchen, die für mich schwärmten und ganz genau Buch führten über jeden meiner Schritte und über meine ganze deutsche Karriere, Film und Theater. Das wurde mir erschütternd klar, als mich solche Sammlungen von Theater- und Filmprogrammen, von Zeitungsartikeln und Kritiken in England erreichten. Teils wurden sie mir persönlich gebracht, teils geschickt durch Vertrauenspersonen, teils sogar mir testamentarisch vermacht.

Meine ganze Vergangenheit war sorgfältigst gesammelt worden. Jetzt versteh' ich endlich, warum ich nie das Herz hatte, diese liebevollen Sammlungen zu verbrennen. Jetzt sollen diese Listen endlich ihren Zweck erfüllen, und ich werde bei meinem Herumspringen ein leichteres Gewissen haben. Und die, die das gesammelt haben, freuen sich auch, wo immer sie sein mögen, im Hier oder im Dort.

Viel früher als diese O'Neill-Aufführung gab es ja Shaws *Heilige Johanna*, meine erste Arbeit mit Reinhardt.

Und das kam so: Siegfried Trebitsch, der Shaw-Übersetzer,

war einer meiner großen Verehrerfreunde; er und seine Frau gaben immer einen Empfang für mich, wenn ich in Wien gastierte. Nur Berühmtheiten wurden dazu eingeladen, um mich hinzulocken. Dort hatte ich auch Schnitzler zum erstenmal getroffen und Alma Mahler. Werfel kannte ich schon aus Zürich; ich hatte ja die Kassandra gespielt in seinen *Troerinnen*.

Schnitzler sagte zu mir bei diesem ersten Treffen: »Ich küsse Ihnen, als Tischherr verkleidet, die Hand.« Manche Sätze hab' ich einfach nicht vergessen, und sie bringen immer ganze Epochen und Erlebnisse zurück. Schnitzler wurde bald ein guter Freund.

Aber jetzt muß ich bei Trebitsch bleiben, denn er führt mich zuerst zur *Heiligen Johanna* und zu Reinhardt. Trebitsch war auch von allen meinen Freunden derjenige, der am stärksten auf meine Lachdrüsen wirkte, und meistens ganz unfreiwillig. Er meinte immer alles ganz ernst, worüber ich mich krummlachte. Er nannte mich Mäderl.

Ich konnte nie daran zweifeln, daß seine Schwärmerei für mich Shaw beeinflußt hatte, als er Reinhardt die deutschen Uraufführungsrechte gab unter der Bedingung, daß ich die Johanna spielen müßte. Reinhardt hatte keine Wahl. Entweder mußte er mich akzeptieren oder die Uraufführung aufgeben. Er akzeptierte mich.

Ich wünschte, Trebitsch hätte mir nie erzählt, wie lange Reinhardt dafür gekämpft hatte, die Rolle mit Helene Thimig besetzen zu können. Wenn ich das nie gewußt hätte, hätte ich mir wahrscheinlich eingebildet, er habe mich aus künstlerischer Überzeugung für diese Rolle geholt. Dieses unnötige Geschwätz von Trebitsch hatte meine lächerliche Eifersucht wieder geweckt, mir die ganze Freude an der Arbeit verdorben und Reinhardt die Arbeit mit mir sehr erschwert.

Er war unglaublich gütig und geduldig mit mir und rührend bemüht, mir Vertrauen einzuflößen. Er lud mich zum Dinner ein, er traktierte mich mit Kaviar und Champagner, er sprach zu mir wie ein zärtlicher väterlicher Freund, über das Stück, über die Johanna, über das Theater und versicherte mir, wieviel Gutes er über mich gehört habe und wie er sich auf die Arbeit mit mir freue. Umsonst. Alles, was ich an diesem Abend wußte, war, daß er sich nicht daran erinnerte, daß wir uns doch schon in Zürich getroffen hatten und daß ich einen Vertrag mit ihm geschlossen und dann gebrochen hatte.

Daß er es überlebt hatte, das hätte ich ihm verzeihen können, aber daß er sich gar nicht mehr daran erinnerte, daß er gar nichts mehr davon wußte – was konnte ich da an künstlerischem Interesse erwarten! Ob ich damals wirklich so blöd war, wie es mir heute scheint? Was denn sonst!

Von dem Stück *Die Heilige Johanna* war ich auch gar nicht so hingerissen. Schiller gefiel mir viel besser. Alle solche Idiotien und meine Angst vor jeder neuen Rolle, zusammen mit der damals noch nicht kurierten Probenphobia, sind schuld daran, daß ich mich an keine Einzelheiten aus den Proben erinnere – nur daran, daß Max geduldig war wie ein Engel.

Ein kleines Beispiel meiner Probenmanie: Ich lernte und behielt Texte ganz schnell; ich konnte nicht nur die Johanna-Texte, sondern das ganze Stück auswendig, noch vor der ersten Probe. Aber bis zur Generalprobe hielt ich das Buch krampfhaft in den Händen, als wäre ich noch ganz textunsicher. Nur um nicht »spielen« zu müssen, nur um nichts »herzeigen« zu müssen oder weiß der Teufel, warum. Wie am Konservatorium, wo ich immer nur zuschauen und nie drankommen wollte.

Und noch so etwas Blödes: Um keinen Preis der Welt hätte ich auf einer Generalprobe eine Perücke aufgesetzt. Das war ein Aberglaube, ich weiß nicht mehr, wann er angefangen hatte. Und alle Fotografen kamen immer zur Generalprobe. Noch heute muß ich Fotos aus der Zeit unterschreiben, die auf Generalproben aufgenommen wurden, wo ich als Widerspenstige, als heilige Johanna, als Julia, als Porzia und so weiter zu sehen bin, im Kostüm, mit meiner zerzausten Privatfrisur. Entsetzlich. Auch die heilige Johanna hatte so eine Privatfrisur auf der Generalprobe, und ich bin gestraft, so oft ich ihr begegne.

Bei der Johanna-Premiere saß Reinhardt im dunkelsten Winkel hinten auf der Bühne. Vor Beginn kam er und drückte mir schweigend die Hand. Vor der Pause, nach dem Zeltbild, zwischen Warwick, Cauchon und Stogumber war sehr starker, lang anhaltender Applaus. Dann kam der lange Gefängnisakt, der ja der Höhepunkt des Stückes ist. Auf den warteten wir natürlich alle. Und auf den brausenden Applaus am Schluß.

Also, der Akt kam und ging, und keine Hand rührte sich.

Alle standen herum mit verdutzten Gesichtern. Ich hockte noch auf dem kleinen Schemel, auf dem ich immer saß, nachdem ich abgeschleppt worden war mit den Worten: »Ins Feuer mit der Hexe!« Da saß ich also bis zum Aktschluß und wartete auf den Applaus. Und er kam nicht. Totenstille.

»Das bin ich, das ist meine Schuld, ich hab' alles verpatzt« so ging es mir im Kopf herum. Da fühlte ich eine Hand in meiner. Es war Reinhardt, er stand neben mir. Ich sagte sofort »Das ist meine Schuld, ich hab' alles verpatzt.«

»Keineswegs«, sagte er. »Das ist der größte Erfolg, den wir uns nur wünschen können.«

Wie es dann zu Ende ging und wieviel Vorhänge wir hatten nach dem Epilog, das weiß ich alles nicht mehr. Aber diese kleine Szene, die nicht von Shaw war, im dunklen Hintergrund des Theaters, die habe ich nicht vergessen.

Die nächste Rolle mit Reinhardt war ein Jahr später, glaub' ich, die Hai-tang im *Kreidekreis* von Klabund.

Das war so gekommen. Eines Abends saß ich mit Viola und Granach im DT. Das DT war das Restaurant im Deutschen Theater. Und auf einmal sagte Granach: »Dort sitzt der arme Klabund.«

Ich sagte »Ist das der Klabund, von dem ich so wunderschöne chinesische Gedichte kenne? Warum ist er arm?«

Und jetzt erzählte uns Granach, daß Klabund an Kehlkopf-Schwindsucht leide und nur noch kurze Zeit zu leben habe, da er das Geld nicht hatte, um in ein Schweizer Sanatorium zu gehen, zur Behandlung.

Wir waren sehr erschrocken, Viola und ich. Und plötzlich sagte ich, Granach solle ihn an unseren Tisch holen.

Granach sagte »Er hat ja keine Stimme mehr, er kann gar nicht sprechen.«

Ich sagte »Er braucht ja nicht zu kommen, wenn er nicht will. Du kannst ihn doch einladen.«

Er ging und kam mit Klabund zurück. Klabund hatte wirklich keine Stimme und sah aus wie ein lebender Leichnam.

Etwas ging in mir vor. Ich weiß nicht, was, aber etwas ging vor in mir. Ich begann ihm zu erzählen, wie sehr ich seine chinesischen Übersetzungen liebte. Er schien sich zu freuen. Wenn man ihm auf den Mund sah, konnte man seine spärlichen einsilbigen Antworten gut verstehen. In mir ging etwas vor. Ich fragte ihn, ob er schon einmal ein Stück geschrieben habe. Er verneinte. Ich fragte ihn, ob er vielleicht das alte klassische chinesische Stück *Der Kreidekreis* kenne. Er verneinte. Ich erzählte ihm, daß es darin um das salomonische Urteil gehe zwischen einer falschen und einer wahren Mutter etc., etc. und daß Dr. Ehrenstein mir dieses Stück vor Jahren in Zürich zu lesen gegeben hatte. Auch Klabunds Gedichte hatte mir Xaverl zu lesen gegeben.

Ich fragte jetzt Klabund, ob er dieses Stück lesen wolle, ich hätte es zu Hause und könnte es ihm sofort schicken. Er sagte, er würde es gerne lesen. Ich sagte, wenn ihm dieses Stück gefalle und er Lust hätte, es zu bearbeiten, dann würde ich versuchen, ihm einen Vertrag zu verschaffen, der es ihm ermöglichen könnte, sich in ein Schweizer Sanatorium zurückzuziehen, zwecks gründlicher Behandlung, und ihm gleichzeitig erlauben würde, sich ungestört der Stückbearbeitung zu widmen.

Wir waren auf einmal alle sehr aufgeregt an diesem Abend im DT. Klabund gab mir seine Adresse, und am nächsten Morgen schickte ich ihm das Stück. Am selben Abend wußte ich schon, daß es ihm sehr gut gefiel und daß er glücklich wäre, wenn etc., etc. Jetzt ging alles ganz schnell. Ich rief Edmund Reinhardt an und bat um eine Unterredung. Er ließ mich kommen, ich erzählte ihm, was ich wußte, und verlangte einen Vertrag für Klabund, der ihm erlauben würde, sofort in die Schweiz zu reisen.

Wenn ich das heute erzähle, kann ich mich nur wundern, wie einfach das alles ging. In sehr wenigen Tagen reiste Klabund mit Vertrag und Vorschuß nach Davos.

Wenn Xaverl mir nicht diese schönen Gedichte zu lesen gegeben hätte, wäre ich doch nie auf die Idee gekommen, den kranken Mann an meinen Tisch zu bitten. Aber wenn Xaverl mir nicht diesen uralten *Kreidekreis* zu lesen gegeben hätte in Zürich, wäre ich doch nie auf die Idee gekommen, damit Klabund das Leben zu retten. Wenigstens noch für viele glückliche Jahre.

Von jetzt ab ist die Geschichte history. Klabund wurde gesund, er heiratete Carola Neher, und er erlebte den großen Erfolg des Stückes unter Reinhardts Regie, mit Eugen Klöpfer, Hans Thimig, Maria Koppenhöfer und mir.

Nicht genug damit: Dieser alte, von Xaverl entdeckte chinesische *Kreidekreis* gab auch noch Brecht die Idee, das ganze Stück auf den Kopf zu stellen, indem er die falsche Mutter mütterlich und die wahre Mutter unmütterlich umformte. Armer Salomon.

Aber was bedeutete der *Kreidekreis* für mich? Nicht nur eine neue Rolle, glaube ich. Reinhardt war längst endgültig nach Wien gezogen, Direktor Rosen führte jetzt das Deutsche Theater. Mein Vertragspartner war Direktor Rosen. Edmund war nur der geschäftliche Leiter. Was das bedeutete, hatte mich nie interessiert.

Aber als ich die Klabund-Bearbeitung erhielt und wunderschön fand und mir überlegte, wen ich für die Regie vorschlagen könnte, da ging ich wieder zu Edmund und bat ihn, das Stück zuerst Max zu schicken. Wenn es ihm gefiele, wäre ich sehr glücklich, wenn er usw., usw.

Es gefiel ihm. Und er kam. Und diesmal war ich ihm nicht aufgezwungen worden. Er hätte nicht zu kommen brauchen. Ich hatte ein bißchen mehr Hoffnung, und wir vertrugen uns noch viel besser. Anständig probieren konnte ich noch immer nicht. Diese Aufgabe wartete auf Hilpert. Aber Reinhardt hatte sich damit abgefunden. Einige Male auf der Probe sagte er »Ganz ausgezeichnet!«, wenn ich gar nichts besonders Ausgezeichnetes getan hatte, und ich war ganz sicher, er sagte das nur, um mich zu ermutigen. Und wieder hatte er übermenschliche Geduld mit mir, von Anfang bis Ende. Der *Kreidekreis* wurde also ein großer Erfolg für alle und lief und lief und lief.

Jetzt käme *Die Kameliendame,* die eigentlich ganz uninteressant war; als Stück, als Bearbeitung und als Aufführung; ich erinnere mich auch kaum. Brecht war auch beteiligt an der Bearbeitung und es gab Streit darüber. Das Schlimmste an dieser uninteressanten Aufführung war ganz bestimmt ich. Der arme Lothar Müthel.

Die *Heilige Johanna* lief noch immer. Die Idee für die *Kameliendame* war ursprünglich Edmunds Idee gewesen. Er und Direktor Rosen suchten etwas, das man gleichzeitig mit der Johanna auf den Spielplan setzen konnte und das nicht so erschöpfend und anstrengend für mich sein würde wie die *Heilige Johanna.* Die *Kameliendame* sollte nur zweimal in der Woche angesetzt werden und die anderen fünf Abende die *Heilige Johanna.* Damals war das En-suite-Spielen eines Erfolgsstückes noch nicht so selbstverständlich wie heute. Und so fand ich und die anderen auch, daß es zu anstrengend war für eine »so zarte Frau«, täglich die heilige Johanna zu spielen.

Die *Kameliendame* war also als Erleichterung gedacht. Ich

liebte weder das Stück noch die Rolle und war bestimmt ganz, ganz schlecht.

Die Erleichterung wurde eine arge Erschwernis und wurde zu meiner wirklichen Erleichterung bald wieder abgesetzt. Der arme Müthel, ich kann es nicht oft genug sagen. Am Tage nach der Premiere – Viola hatte ihn zum Lunch herbeigefleht, weil ich so verzweifelt war – sagte er: »Du hast den ganzen Abend nicht ein einziges Mal an der Stelle gestanden, die auf den Proben festgelegt worden war. Wenn ich auftrat, wußte ich nie, wo ich dich suchen oder finden würde. Du warst immer woanders.«

Von der zweiten Vorstellung an soll ich viel besser gewesen sein. Es kann natürlich auch sein, daß mich die Duse nervös gemacht hat in dieser Rolle. »Wer kann die Geheimnisse einer armen Menschenseele ergründen!« Das ist ein Satz aus Halbes *Jugend*. Das Annchen war meine erste Rolle gewesen in Zürich. Ich kann mich gar nicht mehr an das Stück erinnern, nur an den einen Satz. Ein anderer sagte ihn über einen anderen. Alles vergessen, nur den einen Satz nicht: »Wer kann die Geheimnisse einer armen Menschenseele ergründen?«

Ich gehe jetzt aber nicht zurück nach Zürich, obgleich da noch viel zu erzählen wäre.

Doch, ich muß zurück. Wegen der Blamauer. Lotte Blamauer war auch aus Wien und gleichzeitig mit mir in Zürich engagiert. Sie war dort Statistin und Choristin und meistens in der Oper und in der Operette beschäftigt. In dem kleineren Schauspielhaus am Pfauentheater gab es nur selten Stücke, für die Statisten gebraucht wurden. Aber ein- oder zweimal im Jahr doch. Dann saß die Blamauer immer neben mir in der einzigen Damengarderobe. Weil wir auch ziemlich gleichaltrig waren. Und sie interessierte mich ungeheuerlich. Sie wurde immer mit Offizieren gesehen und von Offizieren abgeholt, und immer von anderen, und der Tratsch um ihre Lasterhaftigkeit war enorm. Das Netteste an ihr war, daß sie immer vergnügt war, immer guter Laune. Und dann war um sie eine Atmosphäre von etwas Verbotenem, also sehr interessant. Das war also die Blamauer.

Und jetzt sind wir wieder in Berlin, fünf oder sechs Jahre später, und wir gehen zu einer Nachtvorstellung der *Dreigroschenoper*, Viola und ich. Und nach der unvergeßlich herrlichen Aufführung sind wir noch mit den Schauspielern zusammen, und Weigel und Brecht machen uns bekannt mit allen Mitgliedern, die wir noch nicht kannten, wie zum Beispiel Kurt Weill und Lotte Lenya.

Und ich muß immer die Lenya anschauen, sie war so phantastisch gewesen als Seeräuber-Jenny. Und sie muß es gemerkt haben, daß ich sie immer anschaue, und schließlich sagt sie zu mir »Ja, ja, ich bin's! Ich bin's, Sie irren sich nicht, ich bin die Blamauer!« Und sie war's! Ich war sprachlos. Große Freude, alte Bekannte!

Jetzt erzähle ich, auch wenn es chronologisch nicht stimmt, von *Romeo und Julia*, meiner dritten und letzten Rolle mit Reinhardt. Das kam so: Er war ein immer seltenerer Gast geworden in Berlin. Und eines Tages ließ er mich wieder bitten, und ich ging hin.

Jetzt hatte er mich endlich aus eigener Initiative gerufen. Zuerst war es Shaw gewesen, der ihn gezwungen hatte, mich zu akzeptieren. Dann kam der *Kreidekreis*, der schließlich eine theatralisch sehr verlockende Aufgabe war für einen Regisseur, obwohl das Stück an mich gebunden war. Aber dieses Mal hatte er mich gerufen, und ich wußte noch gar nicht, was er vorhatte. Also, es war *Romeo und Julia*. Ob ich Lust hätte? Mit ihm, ja! Ob ich einen Romeo im Sinn hätte? Nein. Es war auch wirklich keiner zu sehen, zur Zeit. Er sagte »Hans Thimig.« Ich sagte »Unmöglich! Viel zu jung!« Hans Thimig war entzückend und sogar bezaubernd gewesen im *Kreidekreis*, als der chinesische Märchenprinz. Aber Romeo? Ein feuriger Italiener – ich mußte lachen bei der Vorstellung von Hans Thimig als Romeo.

Schließlich sei es doch Romeo, der Julia erwecke, und nicht umgekehrt! Max sagte, ich wüßte nicht, wie jung ich selbst wirkte, und er stelle sich das Stück als Kindertragödie vor, wie ein *Frühlings Erwachen.*

Ich sagte, Romeo sei doch reifer als Melchior! Und schließlich fragte er ob ich Franz Lederer kenne. Franz Lederer spielte in einer Revue am Kurfürstendamm, und wir sahen ihn und fanden, er würde als Romeo ausgezeichnet aussehen und sehr sympathisch wirken. Reinhardt interviewte ihn am nächsten Tag und engagierte ihn.

Hier ist es, wo ich den Leser mit tausend Entschuldigungen daran erinnern muß, daß *Romeo und Julia* mindestens ein Jahr vor *Seltsames Zwischenspiel* stattfand; daß ich also noch nicht kuriert war von meiner Probenangst. Ich lief noch immer in meinen alten Schienen von »Genieren« und »Aberglauben«.

Der arme Professor hatte also wieder wenig Freude an mir, aber wieder Engelsgeduld. Nur ein einziges Mal war es anders. Da waren wir allein. Ohne Schauspieler, ohne Souffleuse, ohne Inspizient. Nur er, Lederer und ich. Und es war auf der kleinen Probenbühne, und niemand sonst, nur wir drei probierten die Balkonszene. Und auf einmal konnte ich probieren und war ganz frei. Und Max küßte mir die Hand und hatte Tränen in den Augen. Unvergessen, bis ins Jenseits.

Ich wünschte, ich könnte hier meinen Bericht über *Romeo und Julia* schließen. Ich habe kaum etwas zu erzählen aus meinem Leben, dessen ich mich mehr schämen müßte.

Es kam also zur Premiere von *Romeo und Julia.* Ich glaube, es war Professor Strnad, der das Bühnenbild entworfen hatte. Es war etwas, das man noch nie vorher gesehen hatte: eine einzige Dekoration für das ganze Stück. Ich kann nicht sagen, ob dieser Entwurf gut oder schlecht oder schön oder häßlich war. Damals interessierte mich nur meine Rolle, ich sah nichts anderes.

Ich glaube, ich war in meinem kläglichsten Zustand. Seit vielen Tagen konnte ich keine Nahrung zu mir nehmen, ohne alles zu erbrechen. Ich war entsetzlich abgemagert und schlaflos, die Kostüme hingen nur so an mir. Reinhardt hatte mir erlaubt, auf der Generalprobe zu »markieren« und mich ohne Perücke fotografieren zu lassen.

Viola war es nie erlaubt, auf eine Probe oder in eine Premiere zu kommen. Von mir verboten. Sie verstand das alles und fügte sich, wenn es mir half.

Ich kam also am Premierenabend sehr früh ins Theater und fand Reinhardt in einem Lehnstuhl sitzend vor der Tür, die zu den Damengarderoben führte. Wortlos reichte er mir ein Glas Champagner, das ich wortlos und dankbar trank. Wie ich mich geschminkt und angekleidet habe, weiß ich nicht mehr. Ich nehme an, daß der Champagner eine verheerende Wirkung auf meinen heruntergekommenen Zustand hatte. Ich weiß nur, daß ich nachher auf der Bühne meine Perücke verlor, weil ich vergessen hatte, sie mit Haarnadeln zu befestigen, und an einem Premierenabend weder eine Friseuse noch eine Garderobiere um mich herum duldete und alles lieber allein machte.

Dann weiß ich noch, daß ich mich in der Gartenszene mit der Amme neben die Bank auf die Erde setzte oder fiel. Das Schlimmste kommt erst. Das Schlafzimmer. Im Bett. Es war arrangiert und geprobt worden, daß Romeo-Lederer leise aufsteht, ans Fenster geht, es leise öffnet, auf die schlafende Julia schauend, ein Bein über die Brüstung schwingt und Julia plötzlich erwacht, mit »Willst du schon gehen? Der Tag ist ja noch fern!« aus dem Bett springt und ihn zurückholt.

Was wirklich geschah, war, daß ich in einem »Starrkrampf« dalag, nur an die Katastrophen denkend, die ich alle verschuldet hatte: die Perücke, die mir vom Kopf gefallen war, die Bank, neben die ich mich gesetzt hatte, und nichts weiter denken konnte als wenn es nur bald weiterginge, wenn nur der Abend schon vorbei wäre.

Inzwischen mußte mein armer Romeo, auf dem Fenstersims

wartend, schließlich sein Bein aus Mantua zurückholen, ratlos an mein Bett gehen, sich über mich beugen, mich auf den Mund küssen und so aus meinem Starrkrampf wecken. Ich fing natürlich sofort an »Willst du schon gehen? Der Tag ist ja noch fern!« Mir war, als hätte ich Lachen gehört aus dem Publikum, aber Lederer sagte später, das sei übertrieben.

Reinhardt war an dem Abend nicht mehr zu sehen. Ich glaube, er war schon in Wien. Danach habe ich ihn überhaupt nicht mehr gesehen. Erst in New York. – Die Presse am nächsten Morgen war verheerend. Ich erinnere mich an eine Überschrift »Romeo und Julia ohne Romeo und Julia«. Das war der schlimmste Durchfall meines Lebens. Der unnötigste. Der dümmste.

Das Unfaßliche war, daß schon die zweite Aufführung am nächsten Abend ganz anders gewesen sein muß. Und von da an wurde es immer besser. Siegfried Jacobsohn zum Beispiel, der immer nur zu den zweiten Aufführungen ging, schrieb sehr positiv und ganz ergriffen darüber. Ganz ähnlich hatte er nach der zweiten Aufführung der *Kameliendame* geurteilt. Die Premieren hatten es mir angetan.

Dann war da noch etwas: Das Bühnenbild gefiel niemandem. Und Reinhardt wurde die ganze Inszenierung wegen des Bühnenbilds verübelt.

Ein paar Tage später kamen Jessner und Kortner in die Vorstellung und nachher in meine Garderobe und begannen mir die Porzia aus dem *Kaufmann von Venedig* einzureden. Ich wollte nichts mehr von Shakespeare wissen, aber Kortner überzeugte mich schließlich, daß die Porzia die einzige Antwort wäre auf meinem Schuldkomplex. Und wenn ich mich richtig erinnere, wurde die Porzia meine nächste Rolle.

Ich sehe, daß ich bis jetzt meinen Filmen sehr wenig Raum und Zeit gebe in meinen Erinnerungen. Das finde ich sehr undankbar. Es muß daher kommen, daß Film wahrscheinlich nie so viel

Ich und meine Schwester.

Vorhergehende Seite: Kohlezeichnung von Georg Ehrlich. Widmung: »Meinem Freund E.B. zum ewigen Wiedersehen«. München, 7. Juni 21.

Links, von oben nach unten:
In Zürich 1916/17. Als Effie in Wedekinds »Schloß Wetterstein«. Alexander Moissi.
Rechts, von oben nach unten:
Auf dem Konservatorium. Stadttheater Innsbruck. Da ich kein Foto von Thomas besitze, hat mich dieses schöne Schillerbild immer an ihn erinnert (nach einem Gemälde von Jakob Friedr. Weckherlin. Staatsbibliothek, Berlin).

Links: Viola. *Rechts:* In Zürich mit »Félicien Rops«.

Rechts: Proben zu »Wie es euch gefällt«, 1923. *Oben:* Mit Victor Barnowsky, Tölle, Kortner, Dieterle, Ettlinger, Karchow. *Unten:* Mit Victor Barnowsky.

Heinrich George (und Fellow).

Unten: Als »Königin Christine« 1922.

Linke Seite:
Oben links: »Der lasterhafte Herr Tschu«, 1921. Mit Alexander Granach.
Oben rechts: »Der Widerspenstigen Zähmung«, mit Erika von Thellmann, 1922.
Unten: »Fräulein Julie«, mit Heinrich George, 1923.

Linke Seite:
Oben links: Paul Czinner.
Oben rechts: Aus dem Film »Donna Juana« (»Don Gil von den grünen Hosen«), 1928.
Unten: Aus dem Film »Der Geiger von Florenz«, 1926.

Rechts: Mit Paulus, Fellow – und dem Arm in der Binde.

Links: »Leberecht«.
Rechts: Das Haus Faradayweg 15 in Berlin-Dahlem.

Bernard Shaws »Heilige Johanna«, 1924.

»Der Kreidekreis«. Mit Eugen Klöpfer, 1925.

»Der Kaufmann von Venedig«. Mit Fritz Kortner, 1927.

Max Reinhardt.

Oben links: In dem Film »Ariane«. *Oben rechts:* Als Rosalinde in »Wie es euch gefällt«, Hamburg 1928. *Unten links:* »Amphitryon 38«, mit Ernst Deutsch, 1931. *Unten rechts:* »Romeo und Julia«, mit Franz Lederer, 1928.

»Fräulein Else«, Film nach Schnitzlers Novelle, 1929. *Oben:* Mit Albert Bassermann. *Unten links:* Mit Albert Steinrück.
Unten rechts: Im Film »Der träumende Mund«, 1932.

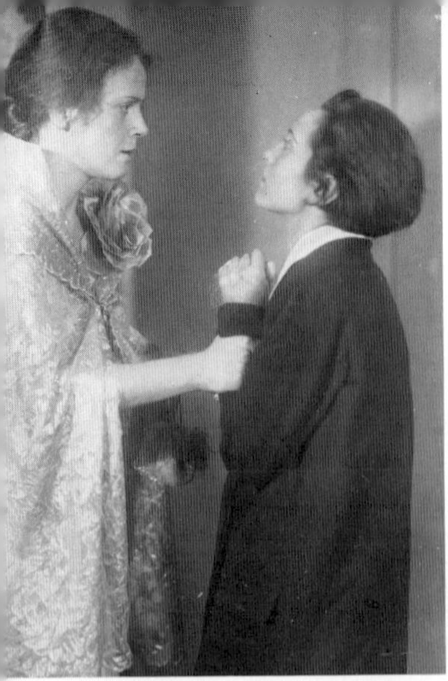

»Die treue Nymphe«, mit Johanna Hofer, 1927.

»Mrs. Cheneys Ende«, 1926.

»Die Kameliendame«, mit Lothar Müthel, 1925.

O'Neill-Inszenierungen 1930–1956.
Oben links: »Seltsames Zwischenspiel«, mit Theodor Loos, 1930.
Oben rechts: »Eines langen Tages Reise in die Nacht«, 1956.

Unten links: »Alle Reichtümer der Welt«.
Unten rechts: »Eines langen Tages Reise in die Nacht«.

Nach der Premiere von »Gabriel Schillings Flucht«, mit Gerhart Hauptmann und Werner Krauß, 1932.

Hans Otto.

für mich bedeutet hat wie Theater, besonders Stummfilm nicht. Filmen war einfach eine interessante Abwechslung und bedeutete schnelleres Geldverdienen; ich brauchte viel Geld. Mein Papa, meine Mama, meine Schwester, mein Bruder, meine Onkel und Tanten und Cousins und Cousinen – was Geld betraf, waren mir alle sehr nah. Ich fühlte mich wie ein Familienvater, und ich hatte eine ziemlich große Familie und hätte es auch nicht anders gewollt. Auch Gastspiele waren dafür gut.

Ein Gastspielerlebnis drängt sich jetzt vor. Hamburg. *Wie es euch gefällt*. Wenn ich nicht mit einem Ensemble gastierte, sondern nur als Einzelgast in einem fremden Ensemble, dann fuhr Viola immer ein paar Tage früher hin, um dort den Regisseur mit meinen Strichen und Stellungen bekanntzumachen und sozusagen als mein »Understudy« mit den anderen Schauspielern voraus zu probieren. Dieses Mal, als sie mich in Hamburg von der Bahn abholte, sagte sie »Es ist alles sehr anständig hier, nur an deinem Orlando wirst du keine Freude haben.«

»Warum? Ist er schlecht?«

»Nein, er ist sogar sehr gut, aber er ist ekelhaft.«

»Wieso? Was tut er?«

»Er ist herausfordernd und frech und widerlich. Sei gefaßt auf etwas.«

Ich ging also auf die Probe, und der junge Mann war tatsächlich ekelhaft. Unwillig, gelangweilt sprach er seine Sätze. Ich hätte ihn einfach für talentlos gehalten, wenn ich nicht zugehört hätte, wie er die Szenen mit den anderen Schauspielern spielte: einfach großartig. Der beste Orlando, den ich jemals hatte. Er hieß Hans Otto.

Nach der Probe bat ich ihn, mich ins Hotel zu begleiten. Er sagte, er habe zu tun. Ich bat ihn, trotzdem mit mir zu kommen. Ich ginge so gerne zu Fuß nach Hause nach einer so langen Probe, und ich fände den Weg nicht in einer fremden Stadt. Und überhaupt, ich wäre sehr froh, wenn er mir sagen könnte, was es sei, das ihn an mir so herausfordere oder ärgere und ihn so unfreundlich mache, wie ich ihn eben auf der Probe erlebt hatte. Er war zuerst ganz verlegen und versuchte nichts daraus zu machen. Aber wie wir so spazierten, änderte sich sein Benehmen, und er wurde ernster und antwortete intelligenter. Auf meine erste Frage reagierte er nicht. Ich fragte ihn nach seinen Plänen und war sprachlos vor Staunen, ihn sagen zu hören, er habe überhaupt keinen Ehrgeiz. Was er spiele oder wo – Theater interessiere ihn überhaupt nicht.

Ein junger hochbegabter Schauspieler, den das Theater und seine Karriere überhaupt nicht interessierten! Ich fühlte, er sprach die Wahrheit. Ich fühlte auch, daß er andere Interessen haben müsse. Aber da er nicht davon sprach, wollte ich nicht fragen. Es gab mir viel zu denken. Er gefiel mir.

Am nächsten Tag spazierte er mich wieder ins Hotel nach der Probe, ohne daß ich ihn darum zu bitten hatte. Und unterwegs gingen wir in ein Lokal für einen Drink. Jetzt erzählte er mir, er sei verheiratet, seine Frau sei aber nicht Schauspielerin.

Ich fragte »Teilt sie Ihre Interessen?«

»Vollkommen«, sagte er. Ich stellte keine Fragen mehr. Dann sagte er plötzlich: »Ich bin Kommunist. Und das ist mein Beruf und meine Berufung in dieser Welt. Für diesen Beruf lebe ich, und das Theater ist nur ein Dach über meinem Kopf und die Butter für mein Brot. Jetzt wissen Sie alles, was es über mich zu wissen gibt.«

Ich war inzwischen um zwei Köpfe kleiner geworden. Dinge fielen mir plötzlich ein, die ich total vergessen hatte. Wie Blitze schlugen sie in meine Erinnerung. Moissi hatte mich in Wien mit einem Argentinier namens Schweide bekannt gemacht, in einem Kaffeehaus. Und der war Kommunist gewesen. Ein kommunistischer Agent, glaube ich. Abend für Abend redete er auf uns ein, und wir wurden schließlich beide, Moissi und ich, Mitglieder der ersten Österreichischen Kommunistischen Partei. Xaverl, dem ich doch alles erzählte, lachte damals und sagte »Solange er dich zu solchen Sachen verführt, habe ich nichts dagegen.« Xaverl war natürlich auch Kommunist. Wer war damals nicht Kommunist?

Mir müssen diese Ideen damals sehr gut gefallen und viel bedeutet haben, denn ich ließ mich später, da war Moissi längst nicht mehr in Wien, mit Xaverls Einverständnis und mit Alfred Adlers Hilfe, nach Steinhof schicken. »Zur Beobachtung«. Als »mental gestört«. Steinhof war die österreichische Landesirrenanstalt, wo Béla Kun, der ungarische Kommunistenführer, damals von der Regierung gefangengehalten wurde.

Meine wirkliche Mission war, in Steinhof eine Verbindung und Korrespondenz herzustellen zwischen Béla Kun und der kommunistischen Partei. Tat ich tatsächlich alles, ein paar Tage lang oder ein paar Wochen lang. Ich erinnere mich heute an keine Begegnung mit Béla Kun, weiß auch nicht mehr, wie er aussah. Aber ich bin sicher, daß ich meine damalige Aufgabe durchgeführt habe.

Aber an eine andere Begegnung im Steinhofer Gelände erinnere ich mich heute noch mit zärtlicher Trauer: Mir war erlaubt, in den Gärten von Steinhof zu spazieren, und die waren sehr schön. Öfter hatte ich dort eine kleine Gruppe beobachtet: einen mittelgroßen dicklichen Mann mit ganz kahlem Kopf. Er war deutlich ein Patient, von einem oder manchmal zwei Wärtern begleitet.

Einmal sprach ich die Gruppe an. Der Patient hatte einen starken russischen Akzent und war mir schrecklich sympathisch. Es war Nijinskij, wie mir der Wärter versicherte. Es war einer der Momente, wo das Herz stillsteht.

Ich kannte Kokoschkas Porträt von Nijinskij so gut; ich hatte es in meinem Zimmer in Zürich mit Reißnägeln an die Wand geklebt.

Das alles brach plötzlich wieder auf mich ein, und ich erzählte es Hans Otto.

»Wie lange ist das her?« fragte er.

»Mindestens sechs Jahre.«

»Sind Sie noch?«

»Was?«

»Kommunistin?«

»Nein.«

»Wieso nicht, wenn Sie so überzeugt waren?«

»Ich weiß nicht. Vielleicht war ich doch nicht so überzeugt, wie ich damals glaubte. Wie hätte ich sonst alles so total vergessen können.«

Jetzt erzählte er mir, er leite ein Arbeitertheater in Hamburg. Ob ich einmal hinkommen wollte? Natürlich wollte ich. Es lebt keine besondere Erinnerung daran in mir.

Als das Hamburger Gastspiel zu Ende ging, waren wir beide entsetzlich traurig und wußten beide, warum. Wir wußten, daß wir kein Talent und kein Verlangen hatten nach Frivolitäten. Er war verheiratet mit einer Gleichgesinnten. Und ich inzwischen fast verheiratet mit Czinner, der gerade den Film *Ariane* vorbereitete, der mein erster Tonfilm werden sollte.

Das Buch *Ariane, jeune fille russe* von Claude Anet hatte Viola im Sanatorium in der Schweiz entdeckt. Es war ein großartiger Filmstoff, und Czinner und ich waren ganz entzückt davon. Es sollte also mein erster Tonfilm werden, und Carlchen Meyer und Czinner und ich arbeiteten zusammen am Skript.

Czinner war gerade in Zürich für die Außenaufnahmen. Als ich mit Viola von Hamburg nach Hause fuhr, sagte sie »Du bist verliebt. Er sowieso auch. Geschieht dir recht.«

Das »geschieht dir recht« bezog sich darauf, daß Viola sich leider verliebt hatte und daß ich absolut gegen ihre Wahl war. Es war unser Kamera-Assistent, ein Ungar namens Laszlo, ein sehr sympathischer und intelligenter Bursche, ich mochte ihn ganz gern, aber nicht für Viola. Czinner mochte ihn auch ganz gern, aber auch nicht für Viola. Ich hatte Czinner ins Kreuzverhör genommen; er möge mir schonungslos die Wahrheit sagen, ob er glaube, daß ich aus Eifersucht gegen Laszlo wäre, weil ich

Viola nur allein für mich behalten wollte. Er beruhigte mich vollkommen darüber.

Ich wußte oder glaubte zu wissen, daß ich jedes, jedes Opfer hätte bringen können für Violas Glück. Warum war ich so verzweifelt über ihre Wahl? Ich sollte es bald erfahren.

Aber zuerst muß ich etwas nacherzählen, was der Leser noch nicht weiß. Viola und ich wohnten jetzt nicht mehr in einer möblierten Wohnung, sondern in einem eigenen Heim, in einer sehr hübschen Villa in Dahlem, am Faradayweg.

Der Züricher »Stadtvater«, Herr Schoeller, war inzwischen unser bester Freund geworden. Er besuchte uns und begann richtig teilzunehmen an unserem Leben, kam zu meinen Premieren und war in reger Korrespondenz mit uns. Wir liebten ihn beide und freuten uns wie Schulkinder auf die Ferien mit ihm. Er lud uns jetzt jeden Sommer zu zwei bis drei Wochen Urlaub ein, meistens nach Zermatt, das wir alle liebten.

Es war in Zermatt, wo er einmal sagte, ich sei doch jetzt Großverdienerin geworden – ob es da nicht an der Zeit wäre, daß wir, Viola und ich, ein eigenes Heim hätten. Am besten ein kleines Haus, eine Villa. Er wollte die Hälfte des Preises bezahlen, sozusagen Violas Hälfte, und das Haus sollte uns beiden zu gleichen Teilen gehören und in beider Namen gekauft werden. Wir waren begeistert.

Viola hatte das Suchen und Finden übernommen und suchte und fand und machte alle Arrangements für außen und innen, und es dauerte ziemlich lange und war irrsinnig teuer, aber schließlich war es soweit, und wir wohnten.

Einen schönen großen Garten hatten wir auch. Und eine herrliche Dänendogge. Diese Dogge hieß Fellow. Der Name war ihr von Herrn Schoeller gegeben worden. Herrn Arthur Schoeller nannten wir beide schon lange Leberecht, ich weiß nicht mehr, warum. Wahrscheinlich, weil er immer recht hatte. Er unterschrieb sogar seine Briefe an uns mit »Leberecht«, also muß ihm der Name gefallen haben. Er hatte auch herrlich viel

Humor. Wenn er nach Berlin kam oder mit uns in die Ferien fuhr, brachte er immer einen Diener mit, einen Urschwyzer, er hieß Spätzli, den wir auch sehr mochten und der auch wirklich zu uns gehörte.

Herr Schoeller ging nie ohne Stock und sehr langsam und nie lange und hatte viele verschiedene Brillen. Er erzählte uns alles über seine Familie, und wir erfuhren, daß seine Frau nichts von unserer Existenz wußte.

Viola und ich rasten in den Bergen herum wie Edelwild. In diese wunschlos glückliche Idylle platzte nun das völlig Unerwartete: Viola verliebte sich in diesen Kameraassistenten Laszlo. Wenn ich da jetzt nur richtig weitererzählen kann . . .

Wir sind also auf dem Heimweg von Hamburg nach Berlin, und Viola hat eben zu mir gesagt »Das geschieht dir recht.« Czinner ist mit Vorbereitungen zu *Ariane* beschäftigt in Zürich, und Leberecht hat sich etwas ganz Neues ausgedacht für unsere Ferien. Er will uns zur Abwechslung einmal per Schiff von Hamburg nach Spitzbergen mitnehmen. Nach Spitzbergen und in die Fjorde wollten wir schon lange, und wir hatten es Leberecht erzählt. Jetzt hatte er alles arrangiert, und das Datum der Abreise stand fest.

Was gibt es da noch? Ja, natürlich: Eine Sekretärin hatten wir jetzt auch, Frau Lübbert; von der werde ich noch mehr zu erzählen haben. Jeder kannte sie, sie war einmal Edmund Reinhardts Sekretärin gewesen. Jeder, der uns kannte und liebte, kannte und liebte sie auch. Und einen italienischen Chauffeur hatten wir, den ich von den Außenaufnahmen zum *Geiger von Florenz* aus Italien mitgebracht hatte und der auch sehr gut zu uns paßte.

Wir rüsteten also für die Reise nach Spitzbergen. Auf dieser Reise wollten wir Leberecht von Laszlo erzählen und seine Meinung erfahren.

Unsere Sorge war jetzt: Was sollte mit Fellow geschehen während der Spitzbergen-Reise? Wir hatten zwar ein sympathisches Ehepaar im Haus mit einem ganz kleinen Baby. Die Frau war unsere Köchin, und der Mann war unser Gärtner. Einmal fiel ich mit dem Kind im Arm eine ganze Treppe herunter. Das Kind merkte gar nichts, weinte nicht einmal, gluckste nur vergnügt, während ich den Arm zwei Wochen in der Schlinge tragen mußte, weil er so aufgeschunden war von dem Fall und weil ich im Sturz nur daran gedacht hatte, das Baby zu schützen. Damals war ich sehr stolz auf meinen Arm in der Schlinge.

Dieser so reizende Gärtner-Koch-Baby-Haushalt kümmerte sich gar nicht um den großen Hund, wenn wir nicht aufpaßten. Sie mochten ihn nicht, das hatten wir beobachtet. Frau Lübbert konnte diesen Riesenhund in ihrer kleinen Stadtwohnung unmöglich haben. Jetzt kamen Viola und ich auf den gleichen Gedanken: George! George liebte Fellow, obwohl er mich nicht mehr liebte. Ich rief an und fragte, ob er Fellow während unserer Spitzbergen-Reise übernehmen wolle. Und ob er wollte! Er wußte wohl schon, was ich noch nicht wußte: daß ich ihn nie wieder zurückbekommen würde.

Gleichzeitig spielte sich auch noch der Kampf um *Amphitryon 38* ab. Reinhardt wollte *Amphitryon* für Helene Thimig, Barnowsky wollte *Amphitryon* für mich. Dr. Feist, der Übersetzer, hatte Giraudoux bearbeitet, wie damals Trebitsch Shaw bearbeitet hatte. Giraudoux gab das Stück Barnowsky. Das Datum war so festgelegt, daß die Proben beginnen sollten, wenn die Aufnahmen für *Ariane* beendet waren.

Alles das erledigt, fuhren wir also wieder nach Hamburg, aufs Schiff, wo uns Leberecht und Spätzli erwarteten. Alles war herrlich und liebevoll arrangiert.

Als das Schiff majestätisch hinausfuhr und Viola und ich auf Deck den schönen Hamburger Hafen bewunderten, wie er langsam kleiner wurde, sagte Viola plötzlich »Du, schau, ob ich richtig sehe!« Und sie reichte mir ihr Riesenfernglas. Ich guckte durch und sah: Ein kleines Motorboot schien uns zu folgen.

Lange. Ein Mann stand darin, und ein Hund saß an seiner Seite. George und Fellow.

Hab' ich es deutlich genug gesagt, was für ein geliebter Freund mir Heinrich George gewesen ist? Nicht lange, leider. Wir waren zu verschieden. Aber ich möchte ihn nicht missen in meinem Leben.

»Mensch.« Er nannte mich nie bei meinem Namen, immer nur »Mensch«. In allen Tonarten, zärtlich oder böse, »Mensch«! Noch so ein Wort hatte er: »Schnauze«! In allen Tonarten »Schnauze«! Ich nannte ihn, wie sein Bruder mich gelehrt hatte, »Orcher«. Das war ostpreußisch für Georg. Ich erinnere mich an phantastische Spargelorgien: Orcher, sein Bruder, Rudi, Viola und ich. Wer konnte die meisten Spargel essen? Ich! Spargelchampion war ich! Mensch! Schnauze!

Ich hatte argen Streit mit Brecht in New York wegen George*. In der grauenhaften Zeit, der auch Hans Otto zum Opfer gefallen war. Alle diese Dinge wußte ich ja nur von Brecht. Er hatte unterirdische Verbindungen und erzählte mir. Ich sagte immer »Warum George? Warum ist George schuld? Warum nicht Gründgens? Gründgens ist ein geschickter, geriebener, einflußreicher Geselle. George ist ein Kind, ein ratloses, verzweifeltes, hilfloses Kind!«

Die ganze Wahrheit über Hans Ottos Martyrium erfuhr ich erst viel später, in Ost-Berlin. Von Freunden, die mit ihm zusammen eingesperrt gewesen waren und es überlebt hatten.

Über Georges herzzerbrechendes Ende erfuhr ich auch erst viel später, erst aus Berta Drews' Buch.

Jetzt standen wir da und renkten uns die Arme aus mit Win-

* In der Emigration in Amerika hatte Brecht in einem Offenen Brief an Heinrich George ihn beschuldigt, an Hans Ottos gewaltsamem tragischen Ende schuldig zu sein. Die Wahrscheinlichkeit, daß George davon nichts gewußt habe, verschärfte nach Brechts Meinung diese Anklage nur: Keiner habe ein Recht, nichts zu wissen.

ken. Aber er winkte nicht. Er stand nur da mit Fellow. Das Motorboot wurde immer kleiner, wir heulten beide, Viola und ich. So schön hat mir nie einer Lebewohl gesagt. Mensch!

Dreißig Jahre später oder so besuchte ich Berta Drews, Georges Witwe, in ihrem Haus in Berlin. Da begrüßte mich ein großer Däne, laut heulend und bellend. Und er hieß Fellow. Und mein Lehmbruck-Porträt hing an der Wand. Ich fühlte mich sehr willkommen und zu Hause mit der Frau und dem Hund in dem Haus.

Die Spitzbergen-Reise war himmlisch. Ich hatte beide Rollen mit, Ariane und Alkmene, und kam nie zum Lernen.

Als das Schiff dann in Spitzbergen angekommen war und alle 'raus mußten, stand auf einmal Czinner da. Wir nannten ihn schon lange Bimbo. Das war so gekommen: Es gab einmal einen entzückenden Film in Berlin über einen kleinen Albinoaffen, der hieß Bimbo und war ganz voll von albinoblonden Haaren und hatte albinohelle Augen. Und weil Czinner auch so voll bewachsen war mit den blondesten Haaren, die ganzen Hände bis an die Finger, und auch so helle Augen hatte, nannten wir ihn Bimbo. Viola nannte ihn zuerst so, ich übernahm es dann auch, weil er nichts dagegen hatte.

Also jetzt stand er auf einmal da in Spitzbergen.

Wir stellten ihn Leberecht vor, der ihn Gott sei Dank gerne mochte. Aber jetzt konnten wir dem armen Leberecht nicht auch noch Laszlo versetzen, und wir verschoben es.

Wenn ich heute von diesen Dingen berichte, von dem ersten Abschied aus Hamburg, über den Viola sagte: »Geschieht dir recht«, und dem zweiten Abschied von Hamburg, durch das Fernglas gesehen, und Bimbos plötzlichem Erscheinen in Spitzbergen, stehen mir die Haare zu Berge. Ich muß ein ahnungsloses Ungeheuer gewesen sein.

Die Reise muß dann ganz harmlos und harmonisch zu Ende gegangen sein, denn ich erinnere mich an nichts anderes mehr als an die Schönheit der Fjorde.

Ariane war mein erster Sprechfilm oder Tonfilm und nahm eine ganz besondere Stellung ein in meinem Leben, so etwas wie eine Erfüllung. Schon die Arbeit am Drehbuch mit Meyerlein, dem Filmautor, und Bimbo, dem Regisseur, war sehr aufregend gewesen, weil beide mich so ermutigten, mitzuarbeiten, und weil manche meiner Vorschläge sich als sehr brauchbar erwiesen hatten.

Am deutlichsten erinnere ich mich an Rudolf Forster im Nachtklub. Er war eine absolute Idealbesetzung für diesen überlegenen Weltmann, aber er konnte keinen Schritt tanzen. Und da waren Tanzszenen in einem Nachtklub, deshalb mußte ein Tanzlehrer für Rudi engagiert werden. Und er übte und übte und fluchte und fluchte, es war zwerchfellerschütternd, das zu sehen und zu hören. Viel mehr Szenen mußten meines Lachens wegen wiederholt werden als aus technischen Gründen. Immer wenn er aus dem Takt geriet und sich selbst oder mir auf die Füße trat, kam dieses »Zitürken«, das mich so hilflos zum Platzen brachte. »Zitürken« war eine Abkürzung des guten alten österreichischen Fluchs »Kruzitürken« aus der Zeit der Türkenbelagerung.

Der Film wurde trotzdem ein großer Erfolg für uns alle.

Noch vor unserer Abreise nach Spitzbergen hatte mich Barnowsky zu Rate gezogen, wer Amphitryon spielen sollte. Ich wußte niemand. Er auch nicht. Ernst Deutsch sollte den Jupiter spielen, Hermann Thimig den Merkur, Lil Dagover die Leda, also eine ganz tolle Starbesetzung. Aber kein Amphitryon! Er fragte nach Hans Otto. Er habe gehört, der sei so gut. Ich sagte, ja, der ist sehr gut, aber er will nicht nach Berlin und er hat keinen Ehrgeiz. Barnowsky sagte: »Man kann es ja versuchen.« Ich sagte: »Natürlich, Sie können es versuchen, aber ich weiß, er kommt nicht.«

Sehr groß war mein Erstaunen, als Barnowsky mir gleich nach unserer Rückkehr nach Berlin erzählte, er habe Hans Otto engagiert für *Amphitryon*.

Ich hatte mich auf meinen ersten Tonfilm zu konzentrieren und gleichzeitig auch mit den *Amphitryon*-Texten bekanntzumachen. Ich konnte mir jetzt nicht leisten, mich auch nur eine einzige Minute über Hans Otto zu wundern. Barnowsky hatte die Daten so gefixt, daß der Probenbeginn und die letzten Aufnahmetage sich gefährlich nahe kamen, wie sich bald herausstellen sollte.

Giraudoux war zu den Proben aus Paris gekommen, und ich stand noch immer im Atelier, konnte also die ersten Proben nicht mitmachen. Da Giraudoux bestimmte Striche und kleine Änderungen vorschlagen mußte und mich und meine Stellungnahme zu seinen Vorschlägen kennenlernen wollte, kam er ins Studio, wo ich noch für letzte Nachaufnahmen festgehalten war.

Eine solche Nachaufnahme spielte in einem Gartenrestaurant, wo viele Leute an verschiedenen Tischen saßen. Das waren Statisten. An einem dieser Statistentische saß jetzt Giraudoux. Zwischen den Aufnahmen saß ich bei ihm, mit dem Skript von *Amphitryon*. Für die Aufnahmen saß ich an einem anderen Tisch. Als der Film fertig war, konnte man Giraudoux erkennen, als einen der »Statisten«, allein an einem Tisch sitzend. Czinner hatte ihn sehr geschickt in den Film hineingeschwindelt. Für uns zum Spaß. Ein paar Tage später konnte ich dann endlich zur Probe ins Theater.

Giraudoux verstand und sprach ganz gut Deutsch und war sehr hilfreich auf den Proben. Er hatte viel besseren Geschmack als Barnowsky, und zwischen Barnowsky und mir waren es meistens Geschmacksfragen, die zu Geplänkel führten.

Daß ich auf einmal Hans Otto wieder als Partner hatte, machte mich sehr glücklich, glaube ich. Und sehr vorsichtig. Ihn auch, glaube ich. Barnowsky machte bald Witze darüber, wie vorsichtig er sich anstellte. Einmal sagte Barnowsky: »Ihr umarmt euch, als ob ihr Angst hättet voreinander.« Hatten wir auch, aber das wußten nur wir.

Am Tage der Premiere, nach einer kurzen Durchsprechprobe am Morgen, sagte ich plötzlich zu Hans Otto »Komm ein bißchen spazieren mit mir, mir ist so mies.« Mir war immer sehr mies vor einer Premiere. Aber ich glaube, an dem Tag war mir ganz besonders mies. Wir fuhren nach Dahlem, dort schickten wir den Wagen weg, und wir gingen spazieren, bis tief in den Grunewald hinein. Dann brachte er mich zurück bis an meine Tür, und wir reichten uns die Hand.

Wir hatten kein Wort gesprochen. Nicht ein einziges Wort, den ganzen Weg. Die ganzen zwei Stunden.

Amphitryon war ein Riesenerfolg. Für alle. Hans Otto wurde ziemlich sofort ans Staatstheater engagiert. Ich war sehr stolz auf ihn, aber auch erstaunt, daß er akzeptierte. Weil er doch keinen Ehrgeiz hatte. Wenig ahnten wir beide, was in Berlin auf ihn wartete.

Bald darauf hatte auch *Ariane* Riesenerfolg. Beide, *Ariane* und *Amphitryon*, liefen jetzt gleichzeitig und lange. Und das Laszlo-Problem ungelöst mittendrin.

Nach Schluß des *Amphitryon*-Runs fuhren Viola und ich allein nach Zermatt. Für eine Woche oder so, um ein bißchen auszuruhen und uns für eine *Amphitryon*-Tournee vorzubereiten. Und um über Laszlo zu reden. Sie sprach nämlich plötzlich von Heiraten. Ich hatte ihr schon einige Male klarzumachen versucht, daß wir doch nicht mehr in einer Zeit lebten, wo sie erst heiraten müsse, um mit Laszlo glücklich sein zu dürfen. Daß sie ihn doch später heiraten könne, wenn sie ganz sicher wäre, sich nicht geirrt zu haben. Sie sagte »Ich habe auch kein Talent für Liebschaften, und von dir habe ich es nicht gelernt.« Czinner hatte auch schon versucht, ihr das Heiraten auszureden. Es war alles umsonst. Sie wollte partout heiraten. Ich dachte damals, daß die Tatsache, daß sie selbst ein uneheliches Kind war, etwas damit zu tun hatte; ich glaube es heute noch.

Jetzt waren wir also in Zermatt, sie und ich, um diese Nuß

zu knacken. Und plötzlich hatte ich eine Idee und sagte »Laß doch bitte Laszlo hierherkommen. Ich will einmal ganz allein und ungestört mit ihm sprechen. Vielleicht beruhigt mich das und nimmt mir alle Zweifel.«

Er konnte nur übers Weekend kommen und kam. Und ich ging mit ihm allein spazieren. Und mochte ihn gar nicht. Ich fand ihn herausfordernd und arrogant. Er wußte natürlich von Viola, daß ich gegen ihn war. Das war zwar eine verzeihliche Erklärung für seine Haltung, aber kein Trost für mich.

Ich fing also ganz vorsichtig an: »Sie wissen natürlich, daß Viola Sie liebt, und ich weiß es auch. Aber was ich noch nicht weiß, ist, ob Sie Viola lieben.«

»Ich habe Viola sehr gern«, war seine Antwort.

»Jeder, der sie kennt, hat Viola sehr gern«, sagte ich. »Ich habe gefragt, ob Sie sie lieben.«

»Nein«, sagte er ganz ruhig.

Ich dachte, mich laust der Affe. Ich dachte: Gott sei Dank, daß ich keine Schußwaffe habe. Ich weiß nicht, was ich noch alles dachte. Lange Pause. Ich wollte eigentlich nichts mehr wissen und nichts mehr fragen. Aber schließlich habe ich doch gefragt: »Warum wollen Sie sie dann heiraten?«

Die kältesten Augen und die ruhigste Stimme antworteten mir. »Sie ist es doch, die heiraten will. Mir wäre das ganz egal. Aber sie ist der einzige Weg für mich, der Frau näherzukommen, die ich liebe.«

Dieser Kitsch kann doch nicht wahr sein! Dieser freche Hund macht sich lustig über uns beide.

Wie dumm und erschrocken und humorverlassen ich damals gewesen sein muß! Es war ein Sonntag, und er mußte noch denselben Abend abreisen. Ich bat ihn, ohne mich ins Hotel zurückzugehen, wo Viola auf ihn wartete. Und er ging. Ich versuchte, aus einem anderen Hotel Czinner anzurufen, aber er war nicht da.

Als ich viel später in unser Hotel kam, war Viola nicht da,

Gott sei Dank. Sie hatte ihn an den Zug gebracht, und so konnte ich ohne weitere Unterhaltung ins Bett.

Am nächsten Tag spazierten wir auf dem Gorner Grat herum, Viola und ich, und sie war sehr guter Laune. Ich nicht. Sie fragte mich, ob er mir jetzt besser gefalle. Ich sagte, ich wüßte noch immer nicht, ob er sie liebte. Sie sagte »Bitte, laß mich endlich in Ruh mit diesem Quatsch, sonst werd' ich wirklich böse.«

Jetzt bekam ich Mut und sagte »Also, was würdest du sagen, wenn einer zu dir käme und sagte, er wisse ganz genau, daß Laszlo dich nicht liebt?«

Sie blieb stehen und sah mich mit einem richtig drohenden Gesicht an, das ich gar nicht an ihr kannte. »Diesen Menschen würde ich bis an mein Lebensende hassen und verfluchen, jetzt weißt du's.«

Ja, jetzt wußt' ich's. Nämlich daß ich dieser Mensch nie sein werde. Das änderte meine ganze Einstellung und half mir enorm. Ich begann sofort ganz anders zu denken: Und wenn schon alles schiefgeht, wird sie sich halt scheiden lassen. *Ich* bin es doch, die soviel hermacht wegen heiraten. Das braucht doch nicht so schwergenommen zu werden. »Also schön. Vorwärts. Wann wird geheiratet?«

Wir besprachen alles. Das Haus gehörte uns beiden. Wo werden Herr und Frau Benedek wohnen? Ich möchte nicht mit dem Ehepaar zusammen leben. Ob sie weiter mit mir reisen würde? Natürlich wird sie. Sie wird eine kleine Wohnung finden, ganz nah bei unserem Haus, und alles wird unverändert bleiben wie immer. Und das Gescheiteste wäre, ich würde gleichzeitig Bimbo heiraten, und wir hätten eine Doppelhochzeit. Dazu hatte ich vorläufig gar keine Lust. Aber Violas Hochzeit wollte ich bestimmt nicht länger im Weg stehen.

Als nächstes fuhren wir dann nach Zürich, um Leberecht mit dieser Entwicklung bekanntzumachen. Wir hatten es ihm schon verschiedentlich angedeutet, und er war nicht zu arg überrascht. Und bat mich, sozusagen alles Praktische zu übernehmen.

Auch er schlug eine Doppelhochzeit vor, ich lehnte ab.

Wenn ich dieses Buch überlebe, schreibe ich sofort ein anderes, nur über alle Charaktere, die ich viel interessanter finde als mich und denen ich jetzt nicht genug Zeit und Raum gönnen kann. Da kommt vor allem mein Papa dran, Moreno, Thomas, Viola, Eleonora und Bimbo. Und andere, die ich noch gar nicht vorgestellt habe.

Aber jetzt haben wir erst Violas Hochzeit. Bimbo und ich waren die Trauzeugen. Mit Hochzeitsmahl und allem, was dazu gehört. Sie hatten gottlob ein wunderhübsches kleines Appartement gefunden, in einem Haus in derselben Straße, am Faradayweg in Dahlem, schräg gegenüber von unserem Haus. Ich erinnere mich nicht, daß ich jemals wieder auch nur fünf Minuten mit Laszlo allein war. Seine Erwartungen bei dieser Eheschließung hatten sich bestimmt nicht erfüllt. Violas leider auch nicht. Am ehesten noch meine.

Ungefähr acht oder zehn Jahre später waren Bimbo und ich wieder Trauzeugen, bei Violas zweiter Eheschließung in Zürich, wo sie den Anwalt Dr. Irminger heiratete, einen ehemaligen Schulkollegen, der sie von Laszlo geschieden hatte. Lebrecht gab es damals nicht mehr. Bimbo und ich waren zu dieser Hochzeit aus London gekommen, wo wir inzwischen auch geheiratet hatten.

Aber soweit sind wir noch lange nicht. Wir sind erst noch in Berlin. Und Viola ist vorläufig sehr glücklich und den ganzen Tag in unserem Haus.

Wir haben jetzt vier Hunde, zwei Dänen, zwei Scotch, und Viola hat von Bimbo einen kleinen Terrier bekommen, der Peggy heißt und den sie heiß liebt und der mit ihr und Laszlo in der Wohnung lebt.

Nach dem großen Erfolg unseres ersten Tonfilms war es selbstverständlich, daß Czinner sich schon sehr damit beschäftigte, zusammen mit Carl Meyer den nächsten Stoff zu finden und auf die Beine zu stellen. Dieser nächste Film wurde schließlich *Der träumende Mund* und wurde zweisprachig in Paris gedreht. Und bringt mich fast ans Ende meiner deutschen Karriere. Und in die neue Ära.

Da muß ich erst noch ein bißchen aufräumen.

Ich muß noch etwas über Barnowsky erzählen. Was jetzt erst chronologisch richtig wäre, habe ich schon längst erzählt, wo es gar nicht hingehörte: die O'Neill-Premiere vom *Seltsamen Zwischenspiel.* Also jetzt zu Barnowsky:

Es darf kein Zweifel bleiben, daß ich ihm unendlich viel zu danken habe. Unendlich viel. Es muß aber auch ausgesprochen werden, daß ich überzeugt bin, heute noch, daß er nie wirklich an mich geglaubt hat. Zu seiner Verteidigung möchte ich es gern anders ausdrücken: Ich glaube wirklich, daß er mich weder künstlerisch noch menschlich verstand. Ich ihn bestimmt ebensowenig. Es war die Ironie des Schicksals, daß gerade wir einander brauchten. Ich ihn und er mich.

Sehr wahrscheinlich waren meine ersten Erfahrungen mit ihm damals, als ich aus Zürich nach Berlin kam, um ihm vorzusprechen, und das zweite Mal, wo er mich aus München kommen ließ und wieder zurückschickte – wahrscheinlich waren diese Begegnungen schuld an meiner merkwürdigen, ungewollten, inneren Reserve ihm gegenüber. Als hätte ich ihm diese frühen, so kränkenden Erfahrungen nie verzeihen können.

Wie dem auch sei, Barnowsky hat mir unendlich viel Gutes getan. Ich wünschte, ich hätte ihn nicht so entsetzlich enttäuscht, später in London. Es hat mir schwer auf der Seele gelastet, lange. Immer noch.

Das war in London. Er war Emigrant. Ich auch. Ich hatte allerdings schon einen großen Bühnen- und Filmerfolg gehabt, und Papi, wie ich Barnowsky schon lange nannte, kam mit einem merkwürdigen Anliegen zu mir. Er habe ein Angebot erhalten von einem Verleger, ein Buch zu schreiben über mich. Aber der Verleger verlangte meine Zustimmung.

Und ich erbärmliche, eitle, selbstsüchtige Kreatur sagte nein. Ich bot ihm alles Geld an, das so ein Buch für ihn bedeutet hätte, aber er lehnte ab und reiste kurz darauf weiter nach Amerika. Er hat es mir nie verziehen – ich mir selbst auch nicht. Ich habe das gleiche Anliegen auch anderen abgelehnt, auch Alfred Kerr. Jetzt muß ich das Buch zur Strafe selbst schreiben.

Ich bin eine dieser unglücklichen Naturen, die geneigt sind, ihre Fehler und Irrtümer lebenslänglich im Hinterkopf herumzutragen und alles, was sie jemals Gutes oder Richtiges getan haben, total zu vergessen. Die Arbeit an diesem Buch erinnert mich wieder an beides.

Da ließ mir ein gütiges Geschick erst kürzlich eine verschlossene Schatulle in die Hände fallen, die ich nicht zu kennen glaubte. Und da keiner meiner vielen anonymen Schlüssel sie öffnen konnte, gab ich sie unserem Portier zum Öffnen und fand darin eine Zeitungsnotiz, die hierher gehört.

Ich hatte einmal längere Zeit nicht Theater gespielt in Berlin und nur gefilmt. Oder »gastiert«. Jetzt war ich gerade wieder auf einer sehr großen Tournee mit *Wie es euch gefällt*. Und auf einmal las ich in einer Berliner Zeitung, daß Barnowsky bankrott sei, daß das Lessingtheater geschlossen würde, daß die Bühnenarbeiter seit soundso langer Zeit keinen Pfennig erhalten hätten und daß ein neuer Pächter da sei etc. etc.

Das muß mir einen Riesenschock gegeben haben. Ich unterbrach meine Tournee, kehrte mit meiner ganzen Truppe nach Berlin zurück, ins Lessingtheater, wo wir *Wie es euch gefällt* so lange vor vollen Häusern spielten, bis die Pacht, die Bühnenmannschaft und alles, was da in Gefahr war, in Ordnung gebracht war. Die Schauspieler wurden von mir bezahlt, und alles, was einging, gehörte dem Theater. In meiner Schatulle nun fand ich die Zeitungsnotiz, die mich erinnerte:

Elisabeth Bergner spielt für ihre Kollegen. Wie wir hören, kommt Elisabeth Bergner mit ihrem Tournee-Ensemble nach Berlin. Sie wird hier gastieren, und zwar unter Verzicht auf jede Gage. Die Bergner stellt die Einnahmen dieses Ensemble-Gastspiels den Bühnenarbeitern der Barnowsky-Bühnen zur Verfügung, die unter den größten persönlichen Opfern geholfen hatten, ihren Direktor über schwere Zeiten hinwegzubringen. Es ist eine schöne Tat von der Bergner, zumal wenn man weiß, daß sie selbst nicht ihr ganzes Geld für ihre letzten Berliner Vorstellungen bekommen hat.

So, jetzt muß ich mich ein bißchen beeilen, daß ich aus Berlin wegkomme, nach Paris.

Czinner dreht einen Film in zwei Sprachen, in Paris. *Der träumende Mund,* so wird der Film heißen. Nach einem Stück von Henri Bernstein, das *Melo* heißt. Gaby Morley wird die Hauptrolle spielen in der französischen Version, ich in der deutschen.

Aber zuerst fahren wir, Czinner, Carl Meyer und ich, nach Bad Gastein, um dort in aller Eile und Abgeschiedenheit innerhalb von drei Wochen ein Skript und eine deutsche Besetzung auszuarbeiten.

Statt dessen wurden wir alle drei krank, ich als erste. Ich hatte im überheizten Schlafwagen die Fenster aufgerissen und kam in Gastein mit hohem Fieber und einer doppelseitigen Mittelohrentzündung an. Rasende Schmerzen und stocktaub. Meine beiden Kumpane waren verzweifelt, keiner konnte an Arbeiten denken. Ich erinnere mich an keine Einzelheiten – nur, daß Czinner auch krank wurde.

Kaum daß es mir besser ging und ich wieder anfing zu hören, lag Czinner mit Fieber da und einem garstigen Geschwür am Rücken, in Achselhöhe. Er mußte sogar geschnitten werden.

Und kaum ging's Czinner besser, lag Meyerlein da, mit hohem Fieber und Grippe und ich weiß nicht mehr, was noch.

Inzwischen waren zwei von den drei Wochen vergangen. Das Skript mußte in einer Woche fertig sein, oder die Produktion mußte aufgegeben werden. Verschieben konnte man nicht, da die Ateliers in Paris alle »gebucht« waren. Unser französischer Partner war »Pathé-Nathan«. Und die telegraphierten jeden Tag nach dem Skript, damit es ins Französische übersetzt werden konnte.

Was tun? Ich war schon wieder auf den Beinen, die anderen zwei lagen noch im Bett. Jetzt sagte ich »Ich fange einfach an. Wir werden ja sehen, was dabei herauskommt. Ich werde jeden Tag arbeiten, und abends lese ich euch vor. Wir werden ja sehen.« Und so geschah es.

Wenn ich heute daran denke – es war ein Wunder, glaubet mir! Ich hatte einmal das Grimmsche Märchen *Die Sterntaler* auf eine Platte gesprochen. Das Märchen endete so: »Und wie sie so stand und gar nichts mehr hatte, da fielen auf einmal die Sterne vom Himmel und waren lauter harte blanke Taler.«

So war es damals, als ich ganz allein das Skript schrieb für den *Träumenden Mund* und jeden Abend meinen beiden kranken Kumpanen vorlas, die stumm vor Staunen zuhörten. Ich war in einer Woche fertig, und wir fuhren nach Hause.

Ich hatte verlangt, daß mein Name nicht erwähnt werden dürfe als Skriptautor, und Meyerlein zeichnete und kassierte. Das war mein größter Stolz, daß Meyerlein für mein Skript zeichnete.

Henri Bernstein, der Autor von *Melo*, war hingerissen von der Filmbearbeitung und hörte nicht auf, Meyerlein zu danken. Ebenso Gaby Morley und die beiden männlichen französischen Stars, Victor Francen und Pierre Blanchard. Alle liebten das Skript und meine deutschen Starkollegen Forster und Edthofer auch, alle schwärmten. Und keiner wußte.

Die Filmarbeit war sehr interessant und harmonisch, trotz der vielen Stars.

Eines Tages besuchte uns Alexander Korda im Studio und sah

uns den ganzen Tag bei der Arbeit zu. Abends gingen wir, Czinner und ich, mit ihm in ein Restaurant, und Korda erzählte uns, daß er im Begriff sei, eine neue Filmgesellschaft zu gründen, in London, und fragte, ob wir Lust hätten, einen Film für ihn und für die neue Gesellschaft, in Deutsch und Englisch, zu drehen. In London. Wir könnten uns den Stoff aussuchen usw., usw. Wir überlegten, Czinner und ich, die Idee gefiel uns, und da ich kein Stück hatte, das mich besonders interessierte, schlossen wir einen Vertrag mit Korda für den Herbst. Das war im Jahre 1932. Dieses Datum habe ich mir gemerkt, trotz meiner sonstigen Unzuverlässigkeit mit Daten und Jahreszahlen.

Wir hatten in Paris in deutschen und französischen Zeitungen von der »braunen Pest« gelesen, und obgleich wir das keinen Augenblick ernst nahmen, gingen wir, nach der Dreharbeit in Paris, lieber in die Schweiz als nach Berlin zurück, um uns ein wenig auszuruhen für die neue Arbeit. Viola war mit Laszlo in Budapest, und so war Berlin für mich sowieso verwaist.

Ende August flog Czinner nach London, um mit Korda die Vorarbeiten zu beginnen. Ich wollte noch für ein bis zwei Wochen nach Reichenhall und Salzburg und dann nachkommen.

Frau Lübbert, meine Sekretärin, die das Haus und alle meine Angelegenheiten verwaltete, rief mich in Reichenhall an und fragte, ob sie Werner Krauß meine Telefonnummer in Reichenhall geben dürfe. Er habe sie dringend darum gebeten. Kurz darauf rief er mich in Reichenhall an, sehr aufgeregt, und sagte »Elisabeth, du mußt mit mir am Staatstheater zu den Hauptmann-Geburtstags-Festspielen die Hanna Elias spielen in *Gabriel Schillings Flucht*.«

»Werner, ich kann gar nicht, auch wenn ich wollte. Ich hab' einen Vertrag abgeschlossen für einen Film in London. Czinner ist bereits dort, und ich muß in einer Woche auch dort sein.«

»Elisabeth, du mußt, du mußt, du mußt.«

»Warum muß ich denn, Werner?«

»Elisabeth, du mußt!«

»Sei doch kein Kind, Werner. Ich kann nicht. Ich hab' einen Vertrag abgeschlossen.«

»Elisabeth, du mußt mir helfen, du mußt. Ich werde alles tun, was ich kann, damit du nur eine Woche probieren mußt und nur drei Wochen spielen. Achtzehn Vorstellungen. Du mußt das für mich tun, du mußt, Elisabeth.«

»Werner, ich werde Czinner anrufen und ihn fragen, ob so etwas möglich ist. Ich sage dir morgen Bescheid.«

Ich rief Czinner an und erzählte ihm und fragte ihn um Rat. Er sagte »Möchtest du das machen?« – Ich wußte nicht, ob ich wollte oder nicht. Ich machte mir nicht viel aus dem Stück. Allerdings, mit Werner Krauß – das machte die Sache viel interessanter. Ich hatte noch nie mit Werner Krauß gespielt, und er war in meinen Augen – und ist es heute noch – der größte Schauspieler aller Zeiten. Ein dämonisches Genie.

Und er hatte mir eine Woche Proben und achtzehn Vorstellungen versprochen.

Czinner sagte schließlich »Also denk noch ein bißchen darüber nach, und wenn du weißt, daß du wirklich willst, dann sag mir das, und ich werde es hier mit Korda in Ordnung bringen. Und wenn du nicht wirklich willst, dann sag ihm, ich hätte gesagt, es sei unmöglich. Die Daten seien nicht mehr zu ändern.«

Ich weiß nicht, ob ich schon erwähnt habe, daß Czinner ein verkleideter Engel war. Ich hätte natürlich besser warten sollen, bis der Leser selbst drauf gekommen wäre.

Am nächsten Morgen war Werner wieder am Telefon, und ich sagte »Also Czinner läßt dich grüßen und sagt, wenn du hundertprozentig dafür garantieren kannst, daß ich mit vorgelerntem Text nur eine Woche proben muß und nur für achtzehn Vorstellungen verpflichtet bin, dann würde er helfen, meine Daten in London für zwei Wochen zu verschieben.«

Werner jubelte, dankte, schickte mir sofort das eingestrichene Buch, und ich begann sofort zu lernen. Eine Woche vor der Premiere war ich in Berlin auf der Probe. Eine große Freude war es für mich, Migo Bard wiederzutreffen. Sie war das Kindermädchen gewesen in meinem ersten Film *Nju*. Jetzt war sie Werner Kraußens zweite Frau und spielte in *Gabriel Schillings Flucht* mit uns. Sie erzählte mir auch eine sehr lustige Geschichte, wie Hilpert sich geärgert hatte, als Werner ihm erzählte, er wolle sich von seiner ersten Frau scheiden lassen, um Migo Bard zu heiraten. Hilpert habe gesagt: »So ein Blödsinn! Wenn's noch die Bergner wäre!«

Ich erinnere mich absolut nicht, wer Regie führte damals, Jessner oder Fehling, einer von den beiden. Aber an etwas anderes erinnere ich mich. Die Zeitungen hatten gebracht, daß ich in *Gabriel Schillings Flucht* mitspielen würde und zu den Proben in Berlin eingetroffen war.

Plötzlich rief mich Gussy Holl an, Emil Jannings' Frau. Und sie erzählte mir, Emil sei krank und im Bett und ob ich ihn nicht besuchen könne, wenn auch nur für ein paar Minuten, er sei so deprimiert. Sie wohnten im Hotel Kaiserhof.

Am Tag nach der Probe ging ich in den Kaiserhof, und sowie ich zur Tür hereinkam, winkten mir beide warnend zu, den Zeigefinger auf den Mund gelegt, und deuteten auf eine Nachbartür, durch die man undeutliche Stimmen hörte. Dann winkte mich Gussy an die Tür, guckte durchs Schlüsselloch und bedeutete mir, auch durchzugucken. Ich sah sechs oder sieben uniformierte Herren. Zwei schienen mir bekannt durch Zeitungsfotografien.

Gussy und Emil erzählten mir, nebenan sei ein Nazi-Hauptquartier. Und an dieser Geschichte sei »durchaus nichts zu lachen«. Ich lachte sie trotzdem aus und verabschiedete mich bald.

Es kam zur Premiere, und das Haus war auf einmal wie im Fieber. Es machte mich direkt ruhig, alle anderen so aufgeregt zu sehen. Gewöhnlich war ich immer die Aufgeregte bei einer

Premiere. Alle Schauspieler standen auf der Bühne vorm Guckloch und zeigten einander bestimmte Gäste im Zuschauerraum: Dort sitzt Hitler, dort sitzt Göring, dort sitzt Goebbels, Hauptmann ist in der Hitler-Loge – und solches Zeug. Ich konnte es nicht glauben, aber ich ging an kein Guckloch. Da sitzt Kerr, hörte ich auf einmal, dort sitzt Theodor Wolff. Solche Ausrufe – das kann doch unmöglich alles wahr sein. Hitler und Theodor Wolff, Hauptmann in der Hitler-Loge und Kerr und Goebbels – Gespenster!

Wie die Vorstellung war, weiß ich nicht. Die Presse war, glaube ich, sehr gut. Die Hanna Elias war eine der sehr wenigen Rollen in meinem Leben, vor denen ich mich nicht halbtot gefürchtet hatte. Vor der hatte ich mich überhaupt nicht gefürchtet, ich weiß nicht, warum.

In der Pause kam Hauptmann auf die Bühne und ließ sich mit Werner und mir fotografieren. Ich hatte das Gefühl, er war etwas kühl und höflich zu mir, und bildete mir ein, er sei vielleicht noch immer etwas beleidigt, weil ich »damals« die Soundso nicht spielen wollte, ich habe vergessen, wie das Stück hieß.

Der Leser muß viel Geduld haben mit mir: dieses ewige »ich habe vergessen«, »ich kann mich nicht erinnern«. Ich könnte ja nachschlagen oder nachfragen, aber es widersteht mir so. Es will ja auch kein historischer Bericht sein. Ich erzähle halt im Zwielicht der Erinnerung, und manchmal ist es dort sehr dunkel. Also jetzt zum Beispiel war es entweder *Das Friedensfest* oder *Die Jungfern vom Bischofsberg*:

Es war am Deutschen Theater angesetzt gewesen für Helene Thimig, und dann auf einmal hieß es, die Thimig würde es nicht spielen, und ich sollte es spielen. Ich sagte, ich müßte es erst lesen, und sie sollten mir das Buch schicken.

Am selben Nachmittag läutete es. Ich war gerade unten und öffnete die Tür, und da stand Hauptmann vor mir. Auto und Chauffeur warteten vor dem Haus. Ich stand da, als wäre mir die Decke auf den Kopf gefallen. Goethe persönlich! In meiner niederen Hütte! Ich war so verdattert – ich lud ihn nicht einmal ein, hereinzukommen und Platz zu nehmen. Er sagte so etwas wie, er wolle mir nur das Buch bringen und mir sagen, wie sehr es ihn freuen würde, wenn ich usw. Ich sagte nur »Danke, danke und vielen Dank!« Und weg war er.

Es dauerte eine ganze Weile, bis ich zu mir kam. Dann begann ich zu glauben, ich hätte das geträumt, es sei gar nicht wirklich gewesen. Aber ich hatte ja das Buch in der Hand, das mußte doch einer gebracht haben. Und dann kriegte ich eine Wut und begann zu lesen, und das Stück gefiel mir gar nicht und die Rolle überhaupt nicht. Ich erinnere mich heute auch gar nicht mehr, warum sie mich plötzlich dafür haben wollten. Und warum hatten sie Hauptmann zu mir geschickt nach Dahlem, mit dem Buch? Das war doch durchsichtig, daß sie ihn geschickt hatten. Sie dachten wahrscheinlich – sie, das waren Hollaender oder Edmund Reinhardt oder Kahane oder alle zusammen –, sie dachten, ich würde so überwältigt sein von diesem Besuch und seiner Gegenwart, von dieser Auszeichnung und dieser Ehre, daß ich ohne zu fragen, ohne zu prüfen – es stimmte ja auch alles. So überwältigt war ich auch. Ich versteh' heute noch nicht, warum oder worüber ich mich damals so ärgerte.

Aber ich sagte natürlich ab. Ich sagte, wie leid es mir täte, aber ich fände, ich sei eine falsche Besetzung und könnte dieser Aufführung bestimmt nicht nützen. Irgend so was sagte ich. Schließlich spielte es dann doch die Thimig. Aber das Stück fiel trotzdem durch, soweit ich mich erinnere. In allen Ehren natürlich.

Aber jetzt sind wir im Oktober 1932 bei der Premiere von *Gabriel Schillings Flucht*, und es ist ein stürmischer, erfolgreicher Premierenabend. Und ich bin mit Migo und Werner Krauß verabredet, nach der Vorstellung mit ihnen nach Hause zu fahren zum »Nachher«-Feiern.

Und wie ich mich abschminke in meiner Garderobe, da geht

auf einmal die Tür auf, und Hans Otto* steht da. Totenblaß steht er da. »Elisabeth, hau ab, mach, daß du fortkommst! Ich bitte dich! Ich bitte dich, mach, daß du fortkommst!«

Ich sage »Bist du verrückt?«

Er sagt wieder »Elisabeth, ich bitte dich. Ich bitte dich, mach, daß du fortkommst. Ich bitte dich, ich bitte dich. So schnell du kannst, ich bitte dich!«

Ich sage »Wenn du nicht sofort hinausgehst, rufe ich Werner Krauß. Bitte geh!«

Er ging. Ich verstand diesen ganzen Auftritt überhaupt nicht. Ich dachte, er spinnt, erzählte aber Werner und Migo nichts darüber.

Ich hatte so viele Freunde in Berlin, die Tage vergingen sehr schnell. Und ich hatte umzupacken für London. Hans Otto zeigte sich nicht mehr.

Nach der vierten Vorstellung, eines Morgens, ist Werner Krauß da und will mich dringend sprechen.

»Was gibt es?«

»Elisabeth, du mußt vier Vorstellungen zugeben. Du mußt! Ich bitte dich, frag nicht viel, du mußt das für mich tun.«

»Nein, Werner, ich muß nicht, und ich werde bestimmt nicht.«

»Elisabeth, du mußt, ich sage dir, du mußt. Ich sag' dir auch, warum. Wenn du noch vier Vorstellungen zugibst, wird das Stück danach abgesetzt. Wenn du nicht vier Vorstellungen zugibst, muß ich es mit der Soundso weiterspielen und noch einmal anfangen, und ich will nicht, ich kann nicht. Ich bitte dich, du mußt. Du mußt. Vier Vorstellungen. Du mußt.«

Ich sage »Werner, wenn du mir die Garantie bringst vom Theater, daß ich nach weiteren vier Vorstellungen wirklich frei

* Hans Otto, vielversprechender Schauspieler, antifaschistischer Widerstandskämpfer, geb. 10. August 1900, von den Nationalsozialisten am 24. November 1933 ermordet. In Ost-Berlin ist eine Straße nach ihm benannt.

bin abzureisen und daß sie das Stück dann absetzen, rufe ich inzwischen Czinner an und bitte ihn um Erlaubnis für diese weitere Verschiebung.«

»Bring ich dir alles! Gott segne dich, Elisabeth, ich bin in einer Stunde zurück.«

Er geht, ich rufe Czinner an. Der sagt »Wenn es jetzt wirklich bei den vier Vorstellungen bleibt und keine weiteren Forderungen kommen, dann in Gottes Namen.«

Kaum ist das Gespräch zu Ende, ist Werner zurück. Ein ganz veränderter Werner. »Elisabeth, Elisabeth, ich ersticke an dem, was ich dir jetzt zu sagen habe. Sie wollen dich nicht!«

»Wer will mich nicht, was meinst du?«

»Sie wollen dich nicht verlängern. Sie wollen dich nicht vier weitere Vorstellungen spielen lassen. Ich ersticke! Ich möchte mit dir am Herrnfeld-Theater* spielen. Ich ersticke, ich ersticke!«

»Beruhige dich, Werner! Ich bin ganz zufrieden. Aber sag mir, wer sind die ›sie‹, von denen du immer sprichst? Du sagst immerfort ›Sie wollen dich nicht!‹«

»Ich weiß es nicht. Das sind lauter neue Herren. Sie wollen dich nicht. Ich ersticke. Ich will mit dir am Herrnfeld-Theater spielen.«

Es brauchte lange, ihn zu beruhigen und wegzuschicken.

Die folgenden Abende hoffte ich Hans Otto wiederzusehen. Die Szene in meiner Garderobe hatte ein neues Licht bekommen. Aber er ließ sich nicht mehr blicken. Und vier Tage später reiste ich ab, nach London.

Das war also mein Abschied von Deutschland, Ende 1932.

Habe ich erzählt, daß Reinhardt zu mir sagte »Sie sind so eigensinnig wie die Sorma« – und ein anderes Mal »Sie sind selbst ein ausgezeichneter Regisseur« und wieder ein anderes Mal »Sie haben sehr originelle Einfälle«? Habe ich erzählt, daß

* Das Herrnfeld-Theater in Berlin war ein jüdisches Theater.

Kerr einmal geschrieben hat »Das große Verdienst der Bergner wird es einmal gewesen sein, das Publikum von der Orska zur Sorma zurückgeführt zu haben«?

Was habe ich zu erzählen vergessen? Gibt es noch Menschen, die mir viel bedeutet hatten bis hierher?

Habe ich erzählt, wie stolz, wie gerührt, wie dankbar ich war, als der sterbenskranke Rilke, dankbar für meinen vorüberreisenden Besuch, einen Kirschbaum pflanzte am Morgen meiner Weiterreise – nach einer Nacht, in der er mir unermüdlich in zunehmender Schwäche vorlas?

Wer noch? Ich glaube Schnitzler. Ich hatte so eine große Verehrung und Liebe für Arthur Schnitzler, den Menschen. Unter seinen Stücken war leider gar nichts, was ich hätte spielen wollen oder können. Einmal bat er mich, den *Gang zum Weiher* wiederzulesen. Ich tat es auch und wußte lange nicht, wie ich ihm sagen könnte, daß das Stück mir nicht gefiel. Nach wochenlangem Nachdenken flog ich schließlich nach Wien, nur in der Hoffnung, daß es gesprochen nicht so brutal wirken könnte wie schwarz auf weiß. Wir aßen zusammen, und dann spazierten wir lange auf der Straße, auf dem Weg zu meinem Hotel. Als wir uns gute Nacht sagten beim Abschied, sagte er »Ich danke Ihnen, daß Sie mir die Wahrheit gesagt haben und keine Ausreden gebrauchten.«

Als ich am nächsten Morgen nach Haus flog, hatte ich das Gefühl, daß ich ihn wahrscheinlich enttäuscht, aber sicher nicht beleidigt hatte.

Ich liebte es, ihn in seinem Haus in der Sternwartestraße zu besuchen, wenn ich in Wien war, während eines Gastspiels. Wir saßen dann meistens in seinem Garten, und ich brachte ihn zum Lachen, manchmal sogar unabsichtlich. Einmal, bei so einem Besuch – die Wiener Presse hatte soeben sehr freundlich und positiv über mein Gastspiel berichtet, und er gratulierte mir – beklagte ich mich darüber, daß einige Kritiker sich darüber lustig machten, daß ich immer »Wrum« sagte anstatt

»Warum«. Ich sagte »Wrum sagen alle immer, daß ich ›Wrum‹ sage anstatt Wrum? Das ist doch gar nicht wahr?« Damals fiel er fast von der Gartenbank vor Lachen. Und ich war immer sehr glücklich, wenn er lachte.

Anläßlich so eines Besuches hörte ich zum erstenmal Strawinskys *Petruschka*, der mir wunderbar gefiel. Schnitzlers Sohn Heini spielte sehr schön Klavier.

Unvergeßlich ist mir noch immer der Kummer, als die Zeitungen von dem so tragisch-törichten Selbstmord seiner Tochter in Venedig berichteten. Er war sofort hingeflogen, hatte sie aber nicht mehr lebend angetroffen. Das war eine entsetzliche Tragödie für ihn.

Diese Tochter war ganz bestimmt auch das Modell gewesen für *Fräulein Else*.

Gott sei Dank, mit *Fräulein Else* war es mir gelungen, ihm Freude zu machen. Zuerst in Berlin, bei der ersten Vorlesung anläßlich seines 60. Geburtstags. Damals las ich im Plenarsaal des Reichstags zum erstenmal *Fräulein Else*. Es waren lauter geladene Gäste, lauter Berühmtheiten. *Fräulein Else* war eben neu erschienen und ein ungeheurer literarischer Erfolg. Das war vor dem Selbstmord seiner Tochter. Er sah glücklich und zufrieden aus an dem Abend. Aber er war ein schrecklich einsamer Mann.

Ich besitze ein kleines, schwarzes, goldgerahmtes »Poesiealbum«, das mir einer der Veranstalter geschenkt haben muß, und in das mir viele der anwesenden Berühmtheiten Verse und schöne Worte geschrieben hatten. Als erster Schnitzler. Dann folgten Walter von Molo, Julius Elias, Ludwig Fulda, Theodor Wolff, Hermann Sudermann, Leopold Jessner, Alfred Kerr und noch viele andere.

Einmal gingen wir in Berlin spazieren, und da fragte er mich »Wenn Sie nicht wüßten, daß ich Autor bin – wofür würden Sie mich halten?« – Ich sagte »Für einen Analytiker, für einen Seelenarzt.« – »Nicht schlecht«, sagte er. Dann wollte er wissen, warum ich *Fräulein Else* für sein Meisterwerk hielt. Ich versuchte ihm zu erklären, daß *Fräulein Else* so ein erschreckendes Beispiel dafür sei, wie unser Denken unser Leben formt. »Auch nicht schlecht«, sagte er.

Der Stummfilm von *Fräulein Else* war natürlich eine ziemlich verkitschte Version des Buches. Wir waren zu ungeduldig gewesen; zwei oder drei Jahre später hätten wir einen viel intelligenteren Sprechfilm daraus machen können. In meiner Erinnerung an diese Filmarbeit war Albert Steinrück das schönste. Das war überhaupt ein herrlicher Schauspieler.

Jeder kennt die Geschichte der Nachtvorstellung von *Marquis von Keith* nach Steinrücks Tod, ich brauch' sie hier nicht wieder zu erzählen.

Was habe ich noch vergessen? Es scheint, ich kann mich nicht trennen von dieser Epoche . . .

II.
Bewundert viel und viel gescholten

Und jetzt bin ich eben in London angekommen, Ende November 1932, und erzähle Czinner von dem unwahrscheinlichen »Unfug« im Staatstheater in Berlin. Und wir beide sind ganz überzeugt, daß dieser Spuk in zwei bis drei Wochen spätestens vorbei sein muß.

Korda ist sehr zufrieden, daß ich endlich da bin, und wir beginnen mit den Stoffkonferenzen. Alle möglichen Stoffe werden vorgeschlagen, aber sie müssen nicht nur für England richtig sein, sondern auch für Deutschland. Der deutsche Verleihvertrag ist es ja, der unser Engagement für Kordas neue Firma so wünschenswert gemacht hatte.

Die Zeitungsmeldungen werden immer verrückter. Hindenburg wird aus dem Kyffhäuser geholt und krönt Hitler zum Reichskanzler von Deutschland. Unser deutscher Verleihvertrag wird gekündigt. Korda steht vor der Wahl, unseren zweisprachigen Filmvertrag zu lösen, wozu er legal berechtigt ist, oder sich zu einem nur englischen, einsprachigen Film zu entschließen.

Hier muß ich den Leser daran erinnern, daß Czinner und ich und unsere in Deutschland so erfolgreichen Filme in England so gut wie unbekannt waren. Die finanzielle deutsche Rückendeckung war auf einmal verloren. Man konnte sich das nicht ernsthaft vorstellen. Dazu diese entsetzlichen Zeitungsmeldungen von Verhaftungen, von Überfällen auf der Straße, diese neue Angst und Sorge um andere, was tun? was tun? Gott sei Dank, Österreich schien in Ordnung. Meine Mama war bei meiner Schwester in Prag. Meine Schwester hatte einen tschechischen Ingenieur geheiratet, den ich sehr mochte, und Mama war jetzt viel bei ihr. Mein Papa hatte wieder geheiratet und lebte mit seiner neuen Frau, die ich nicht kannte, in Schönbrunn. Wo mein Bruder war, wußte niemand, aber das waren wir gewohnt. Viola war noch immer in Budapest. Ich hatte lange nichts von ihr gehört. Ich wußte nur, sie war unglücklich. Ich wußte das schon lange. Jetzt hätte ich sie gern bei mir gehabt.

Wir hatten es so erwartet und so arrangiert, daß wir von Kordas Vorauszahlungen leben würden, bis zum aktuellen Arbeitsbeginn. Auf einmal war alles in Schwebe. Aus Deutschland, von den Banken und unseren Konten war nichts herauszukriegen, wie meine Sekretärin, Frau Lübbert, uns wissen ließ. Und Korda hatte sich noch nicht entschieden.

Zum Glück hatte ich ein ganz geringes Schweizer Extraaccount in Zürich, das ursprünglich nur für Ferienreisen gedacht und gehalten war. Das konnten wir jetzt kommen lassen. Und Meyerlein konnten wir kommen lassen.

Endlich, kurz vor Weihnachten, hatte Korda sich entschlossen, einen einsprachigen englischen Film mit uns zu wagen.

Mein Englisch war sehr mangelhaft. Ich hatte zwar am Konservatorium in Wien englischen Unterricht gehabt, aber was lernt man da schon? Theodor Wolff hatte mir einmal von einer wunderbaren Schule in England erzählt, wo seine Tochter Lilly sehr schnell und sehr gut Englisch gelernt hatte. Seit damals hatte ich immer mit einem bestimmten Gedanken gespielt, und als Czinner vor einigen Jahren einen Stummfilm mit Pola Negri in Cornwall drehte, wollte ich die Gelegenheit benutzen, auch nach England zu reisen, und ließ mich schließlich durch Theodor Wolff an Lillys Schule anmelden, für einen Sommerkursus. Unter strengster Diskretion natürlich. Niemand durfte auch nur ahnen, daß ich etwas anderes war als eine Sommerschülerin. Aber diese amüsante Idee funktionierte nicht wirklich. Die meisten Schülerinnen waren auf Ferien, die meisten Lehrer auch. Der Sommerkursus bestand hauptsächlich aus Tennis und Reiten, mir noch fremder als Englisch und viel weniger interessant.

Ich ließ mich also sehr bald von Viola abholen, und wir gesellten uns zusammen nach Cornwall, um Czinner bei der Arbeit zuzuschauen. Cornwall gefiel uns sehr, ungeheuerlich sehr. Zuschauen gefiel uns weniger, weil es ja ein Stummfilm war und eine deutsche Mannschaft. Pola sprach auch nur deutsch. Nur fluchen tat sie englisch oder polnisch, und da verstand ich sowieso kein Wort.

Das ganze Abenteuer tat sehr wenig für mein Englisch. Czinner sprach und verstand viel besser als ich, aber er stotterte auch genug.

Kordas Stoffwahl fiel endlich nach monatelangem Suchen auf *Katharina die Große*, eine deutsche Prinzessin. Douglas Fairbanks junior wurde engagiert für die männliche Hauptrolle und noch viele andere sehr große Stars, wie Gerald du Maurier, Flora Robson etc. Eine englische Lehrerin wurde gefunden für mich, von der ich noch viel erzählen werde. Czinner und ich hatten inzwischen beschlossen zu heiraten. Taten wir auch, im Januar 1933, und zogen in ein möbliertes Haus.

Und jetzt beginnt so viel gleichzeitig zu passieren, daß ich wieder einmal nicht weiß, wie ich das alles ordentlich oder unordentlich unter ein Dach bringen soll.

Dazu die täglichen Briefe und Telegramme aus Deutschland. Fast alle beginnen mit den Worten »Kannst du«. Kannst du Geld? Kannst du Visa? Kannst du Ausreise? Kannst du Einreise? Kannst du bürgen? Kannst du helfen? Kannst du Durchreisevisa?

Wir waren längst, Czinner und ich, tief verbunden mit all den Komitees, die sich inzwischen in London gebildet hatten.

Ich hatte schon Ansprachen gehalten und viele Helfer gefunden.

Gleichzeitig hatte ich aber auch schon mit Kostüm- und Perückenproben begonnen und angefangen Texte zu lernen.

Zuckmayer schrieb in seiner Autobiographie, ich hätte ihn telegraphisch gefragt, ob er Geld brauche. Ich hatte das längst vergessen, weil er ja nicht der einzige war, dem wir so ein Telegramm geschickt hatten; es gab so viele, die uns damals ähnliche Sorgen machten und denen wir hinaushelfen wollten aus Deutschland.

Jetzt muß ich von meiner Englischlehrerin erzählen. Sie hieß Flossie. Flossie ist eine Verkürzung von Florence. Sie war eine englische, sehr kleinbürgerliche alte Jungfer von ungefähr fünfzig Jahren, eine berühmt gute Lehrerin, besonders empfohlen für ausländische Künstler. Sie lebte in einem Studio-Apartment mit einem Pekinesen-Hündchen. Sie hielt Klassen und gab hochbezahlten Einzelunterricht.

Zu der führte mich jetzt mein guter Engel. Was diese Frau für mich wurde und was sie für mich tat – mein Buch reicht nicht aus, genug von ihr zu erzählen.

Sie gab ihre Klassen und alle anderen Privatschüler auf, sie war den ganzen Tag mit mir im Atelier, sie paßte auf jedes Wort auf, sie war unermüdlich, sie war ein Engel.

Sie liebte mich und liebte Czinner ebenso.

Viola kam endlich aus Budapest, blieb aber nur kurz in London und fuhr weiter nach Zürich, wo sie endlich die Scheidung von Laszlo einleitete. Sie erzählte mir schauderhafte Geschichten, die sie mit Laszlo durchgemacht hätte, aber die erzähl ich hier nicht. Das war ja Gott sei Dank vorbei.

Aber etwas anderes erzähle ich jetzt. Etwas ganz Tolles! Jetzt, wo ich es niederschreibe, fünfundvierzig Jahre später, kann ich es noch immer nicht glauben oder verstehen. Es war wie ein böser Traum.

Die Zeitungen meldeten plötzlich, daß Werner Krauß, der

berühmte deutsche Schauspieler, nach London kommen würde, um in einem englischen Ensemble, in englischer Sprache, die Hauptrolle zu spielen, in Gerhart Hauptmanns *Vor Sonnenuntergang*. Ich hatte ihn in Berlin in dieser Rolle gesehen. Er war hinreißend gewesen. Unvergeßlich.

Als wir uns vor einem Jahr in Berlin verabschiedeten – der Leser erinnert sich »Elisabeth, ich ersticke, sie wollen dich nicht, ich ersticke, ich möchte mit dir am Herrnfeld-Theater spielen, ich ersticke, ich ersticke« – damals konnte er noch kein Wort Englisch und bewunderte meinen Mut, einen zweisprachigen Film zu unternehmen.

Was war geschehen? Will er auswandern?

Man hatte mir leider in der Zwischenzeit die fürchterlichsten Geschichten erzählt über Werners charakterlosen Gesinnungswechsel. Sogar amerikanische Zeitungen hatten darüber mit Bedauern berichtet. Ich hatte ihn ja nie für ein Geistes- oder Kirchenlicht gehalten, nur halt für ein Genie, was immer das sein mag.

Jetzt regte mich das alles furchtbar auf. »Zwei Seelen wohnen, ach, in meiner Brust.« Ich will nicht, daß ein Nazi in London Erfolg hat! Ich will nicht, daß der größte Schauspieler aller Zeiten nicht erkannt wird, als das dämonische Genie, das er ist. Ich will nicht, ich will nicht, ich will nicht.

Czinner sagte »Wenn Werner sich nicht bei uns meldet, dann dürfen wir keine Notiz nehmen von der Sache und nicht in die Premiere gehen.« Wir gehen also nicht. Aber wir schicken alle Freunde und Kollegen, wir schicken mindestens fünfzig Leute.

Korda war auf einer Probe gewesen und erzählte mir, er habe den Eindruck gehabt, Krauß verstünde gar nicht, was er sprach. Ich wartete noch immer, ob Werner oder Migo sich melden würden, sie meldeten sich nicht.

Die Premiere kam also und war ein schwerer Durchfall. Ein Flop, wie man hier sagt. Mit kalter Höflichkeit für Hauptmann und Krauß. Mich erklärten alle, die ich hineingeschickt hatte, für verrückt, weil ich so viel hergemacht hatte von Werner.

Ich weiß heute noch nicht, was ich mehr war: wütend oder zufrieden. Ich glaube, ich war beides, hol ihn der Teufel. Aber warum hatte er sich in ein so halsbrecherisches Abenteuer eingelassen?

Jetzt hielt ich es nicht länger aus und meldete mich. Migo rief zurück. Wir verabredeten uns für Sonntag. Sonntag fuhren wir mit ihnen nach Maidenhead an die Themse.

Wir sprachen kaum im Auto. Wir waren alle bedrückt. Er sagte nur: »Ich weiß, ich hätte das nicht machen sollen. Der Mann hat mich breitgeschlagen und überredet. Migo war auch dagegen. Ist ja nicht so wichtig.«

In Maidenhead angekommen, nahmen wir ein Motorboot und fuhren die Themse hinauf, wo es herrlich schön ist. Jetzt fing ich langsam an: »Sag einmal, Werner, was sind das für schauderhafte Geschichten, die man von dir hört? Sind die wahr? Du sollst das und das getan und das und das gesagt haben und das und das, und die Zeitungen haben es gebracht. Du sollst dich ja benehmen wie ein ganz gesinnungsloses Schwein. Das kann doch unmöglich alles wahr sein. Sag mir, ob das wahr ist!«

Da sagte er: »Meine liebe Elisabeth, ich werde dir auf englisch antworten: My home, my country. Große Pause. My home, my country.« Er wiederholte das. Wieder eine lange Pause.

Dann ich: »Kannst du schwimmen, Werner?«

»Leider nein, aber schön ist es hier.«

Jetzt sprang ich auf und fing an, das Boot zu schaukeln mit aller Kraft, von einer Seite auf die andere, mit aller Kraft.

Zuerst wußte niemand, was los war. Dann fing Migo an zu schreien. Czinner ließ das Steuer los und versuchte, mich niederzuringen. Ich schien Riesenkräfte zu haben. Migo mußte ihm helfen. Schließlich zwangen mich beide nieder, und Migo hielt mich schraubend fest und ließ mich nicht mehr los. Czinner drehte das Boot um und brachte es schnellstens nach Maidenhead zurück. Werner grinste nur die ganze Zeit.

Ich erinnere mich an keine weiteren Gespräche. Wir brachten sie dann in ihr Hotel zurück und sahen uns nicht wieder. Das Stück lief nur ein paar Tage, ich glaube, eine Woche.

Czinner sagte dann später zu Hause: »Das tollste war, daß du total vergessen hast, daß du selbst nicht schwimmen kannst.«

Ich war sehr zufrieden, als ich viel später in Amerika, während des Krieges, hörte, Migo hätte Werner verlassen. Aber wenn der Leser bei mir bleibt, wird er doch noch erfahren, wie meine alte Liebe für Werner wieder auflebte nach dem Krieg.

Inzwischen hatte ich auch einen ungarischen Freund in London getroffen, Sandor Inze. Er war der Herausgeber einer ungarischen Theaterzeitung, der immer sehr aufgeregte Feste arrangierte, wenn ich in Budapest gastierte. Jetzt war er zufällig auch in London und machte mich mit Sir Charles B. Cochran bekannt.

Ich war noch im Filmstudio, als Charles B. Cochran mich eines Tages um einen Besuch bat. Sir Charles Cochran war einer der ganz großen Manager, die es damals in England und Amerika gab. In Deutschland kannte man diesen Typ von internationalem Impresario nicht. Cochran hatte Sarah Bernhardt und die Duse nach England gebracht, ebenso Yvonne Printemps und Sacha Guitry; er hatte Noel Coward und Gertie Lawrence in London durchgesetzt, ihm gehörte alles, was gut und teuer war im Theater. Jetzt wollte er mich sprechen. Sehr aufregend.

Sowie die Filmarbeit zu Ende war, meldete ich mich bei ihm, und wir verabredeten Tag und Stunde. Ich wußte damals nicht, daß er mich wiederholt in Berlin gesehen hatte. Jetzt erzählte er mir das und sagte, er würde mich gerne dem Londoner Publikum vorstellen und ob ich ein Stück hätte. Ich hatte keines. Er schlug vor, wir sollten beide suchen.

Inzwischen war es schon in allen Zeitungen zu lesen gewesen, daß ich nach England gekommen war, um *Catherine the Great* zu filmen, und daß ich jetzt in London »gestrandet« war und nicht mehr nach Deutschland zurück könne wegen Hitler und daß C. B. Cochran nach einem Stück suche für mich.

Jetzt beginnt wieder etwas Unbeschreibliches: Es fielen wieder einmal die Sterne vom Himmel und waren lauter liebevolle offene Arme. Es war wie das Ansichtskartenalbum, als ich zehn Jahre alt war. »Die ganze Welt« nahm Anteil. Stücke wurden angeboten von Autoren und von Verlegern. In solchen Mengen, daß Cochran spezielle Leser und Berater engagieren mußte.

John Gielgud meldete sich als einer der Ersten und schlug mir ein neues Stück vor von Emlyn William. Es hieß *Sixteen-hundred* und handelte von einem Mädchen, das einer Shakespeare-Truppe angehörte, als Knabe verkleidet. Es war ein sehr hübsches Stück. Emlyn William schrieb darüber in seinen Memoiren, wie sehr er damals hoffte, ich würde sein Stück wählen.

Ein Verleger, der Verleger von Margaret Kennedy, schrieb an mich direkt. Er wußte, daß ich *Die treue Nymphe* von Margaret Kennedy mit großem Erfolg in Berlin gespielt hatte und mir damals dafür den englischen Regisseur Basil Dean hatte nach Berlin kommen lassen. Jetzt schrieb er und riet mir, den Kennedy-Roman *The fool of the Family* zu lesen. Darin gäbe es »ein Nebenmotiv« und einen bestimmten Charakter, den er für sehr gegeben hielt für mich. Und wenn ich derselben Ansicht wäre, dann würde er mit Margaret Kennedy sprechen und sie auffordern, diesen Charakter für mich zu entwickeln und zu dramatisieren.

Ich las das Buch, fand es ausgezeichnet, und in ganz kurzer Zeit hatte ich ein Skript. Und Margaret Kennedy kam und las es mir selbst vor. Ich sandte das Skript an Cochran, und er war begeistert. Paulus der Czinner war auch begeistert. Der einzige, der dagegen war, war Meyerlein. Er fand es schauderhaft und warnte.

Er war auch verzweifelt dagegen gewesen, daß wir heirateten, Czinner und ich. Er weigerte sich, Trauzeuge zu sein. Wir mußten noch in letzter Minute den Taxichauffeur, der uns zum Standesamt gefahren hatte, als Trauzeugen mitnehmen, weil Meyerlein auskniff. Er erwartete uns dann zum Lunch im Restaurant, nach der Trauung.

Ich hatte mir Austern bestellt und fand in der ersten Auster eine Perle. Ehrenwort! Eine ganz kleine natürlich. Ich hatte sie lange im Trauungsdokument. Schließlich ist mir beides verlorengegangen, das Dokument mit der Perle drin.

Aber jetzt sind wir ja schon bei dem Stück *Escape me never*, das Margaret Kennedy für mich geschrieben hat, nach dem Roman *The fool of the Family*. Der etwas kitschige Titel *Escape me never* ist in Wahrheit ein Zitat aus einem Gedicht von Robert Browning.

Cochran fragte, ob ich den gleichen Regisseur wolle, den ich für die *Treue Nymphe* hatte nach Berlin kommen lassen, Basil Dean, weil ich ihn kannte und er mich. Aber Czinner hatte ein oder zwei Jahre früher eine Aufführung in London gesehen, von einem russischen Regisseur, Fjodor Kommissarjewsky, und war sehr beeindruckt gewesen von der Regie. Er riet mir jetzt, Cochran um diesen Regisseur zu bitten. Ich tat es, und wieder fielen die Sterne vom Himmel, so phantastisch sprachen wir künstlerisch und menschlich dieselbe Sprache, Kommissarjewsky und ich – er mit russischem Akzent, ich mit deutschem.

Nie vorher oder nachher hatte ich mich so aufgehoben und verstanden gefühlt von einem Regisseur. Außer von Czinner.

Daß diese Aufführung schließlich so ein Sensationserfolg wurde, hat mir bestätigt, wie wichtig es ist für einen Schauspieler, keine Angst vor dem Regisseur haben zu müssen.

Daß ich mörderische Angst hatte vor der neuen Sprache, vor

der neuen Presse, vor dem neuen Publikum, vor den neuen Kollegen, vor der neuen Garderobiere – vor allem, allem mörderische Angst, das brauche ich wohl nicht extra zu erzählen, das versteht der Leser.

Was für eine himmlische Gnade es war, Fjodor Kommissarjewsky als Regisseur zu finden, selbst ein Flüchtling aus einer neuen Unfreiheit! Er hatte dem Stanislavskij-Theater angehört. Daß er meine künstlerische ebenso wie meine menschliche Situation verstehen und respektieren konnte, das versteht auch jeder.

Nicht lange nach *Escape me never* fand auch die Premiere von *Catherine the Great* statt. Als große Charity-Aufführung. Unter Royal Patronage. Für eines der verschiedenen Flüchtlingskomitees, deren Mitglieder wir waren. Die englische wie auch die amerikanische Presse wetteiferten in Huldigungen.

Die Zeitungen waren unerschöpflich und unermüdlich: »the toast of the town« und »Germanys loss is Englands gain«, und solche Sachen, mit denen ich meinen Leser jetzt nicht langweilen möchte. Interviews gab ich nicht. Nur einmal, da stand ein Journalist vor meiner Garderobentür und sagte: »Ein einziges Wort, Miß Bergner: What does it feel like to wake up in the morning and find yourself the ›toast of the town‹ and ›the greatest, the most talked about woman on earth‹?«

Dem habe ich geantwortet: »I am afraid I don't remember. It happened so long ago.«

Bimbo fand das lächerlich arrogant, als er es in der Zeitung las. »Hast du das wirklich gesagt?«

Cochran war auch sehr erstaunt: »It is not like you at all.«

Ich glaube, ich wollte damit nur sagen, daß ich nicht vom Himmel gefallen war und daß ich schon entdeckt war, ehe ich nach London kam. Aber wahrscheinlich war es doch blöd und arrogant.

Die amerikanischen Journalisten gaben mir ein Festessen, etwas noch nicht Dagewesenes, behauptete Cochran. Cochran hielt dabei eine Rede, in der er erzählte, daß Leon Quartermaine, einer der angesehensten englischen Shakespeare-Darsteller, ihm geschrieben hätte, ihn doch bitte in *Escape me never* mitspielen zu lassen, ganz egal, was für eine Rolle oder was für ein Honorar; er wolle nur absolutely bei »Miß Bergners English Debut« dabeisein. Mir kamen die Tränen, als ich das hörte. Dear Leon. Ich hatte keine Ahnung gehabt.

Etwas Merkwürdiges fällt mir jetzt zum erstenmal auf. Als ich dieses Buch anfing, gab ich mir das feste Versprechen, keine Namen zu nennen. Jetzt sehe ich, daß es überhaupt nur aus Namen besteht. Was ist da geschehen? Was ist mir da mit mir passiert?

Könnte es sein, daß mein Leben nur aus diesen Namen besteht? Daß ich gar nichts zu erzählen hätte, wäre ich diesen Namen nicht begegnet? Daß sie die notwendigen Zeugen sind für meine Existenz? Seltsam, seltsam. Sie waren alle so unfaßlich gut zu mir, so engelsgut, ich muß es immer wieder sagen. Alle. Alle.

Ich glaube, ich war nicht gut zu allen.

Leon Quartermaine spielte später in fast allen meinen Stükken und Filmen mit. Er war Jacques in *Wie es euch gefällt*, er war Ophir in *The Boy David*. Er gab eine herrliche, für ihn geschriebene Rolle auf in einer Noel-Coward-Premiere in New York, mit Alfred Lunt und Lynn Fontanne, um die lächerlich geringe Rolle in *Escape me never* weiterzuspielen, als wir damit ein Jahr später nach New York gingen. Noel und die Lunts haben mir das nie verziehen.

Noel Coward, den ich noch gar nicht kannte, war in der Premiere gewesen und hatte mir in der Pause durch Cochran ein Briefchen geschickt »You are phantastic! Noel.«

Ich erinnere mich wieder einmal an gar nichts, was die Premiere selbst betrifft. Nur an meinen ersten Auftritt. Oder sogar nur an den Tritt, den mir Kommissarjewsky aus der Kulisse gab, der mich bis in die Mitte der Bühne fliegen ließ.

Er war hinter der Bühne gewesen und mußte meine Angst vor diesem ersten Auftritt beobachtet haben. Er bestritt später, mich mit einem Fußtritt befördert zu haben.

Wie sollte ich sie nicht alle beim Namen nennen, wenn sie alle so gut waren zu mir und wo sie alle nicht mehr da sind. Ich hoffe, wir sehen uns alle wieder. Ich möchte keinen verloren haben.

Wir sagen so oft »unglaublich« zu Dingen, die in Wirklichkeit ganz leicht glaublich sind. Aber was ich jetzt erzähle, ist wirklich heute noch ziemlich unglaublich. Nein, die unglaublichen Geschichten erzähle ich später. Jetzt erzähle ich von meiner ersten Visite bei Shaw. Eigentlich war es nicht meine erste Visite. Meine erste Visite hatte ja schon vor Jahren stattgefunden, gleich nach dem Run der *Heiligen Johanna*. Er hatte mich damals wiederholt aufgefordert, ihn zu besuchen, da er »zu alt« sei, um zu reisen. Schließlich fuhr ich hin, mit Zug und Schiff. Es war meine erste England-Visite, und ich kam mir sehr klein und ängstlich vor. London sowohl wie Shaw hatten mich damals gleichermaßen bedrückt und entzückt. Beide schienen mir so turmhoch überlegen, allem, was ich bisher gesehen und gehört und gekannt hatte. Aber dieses Mal fühlte ich mich ja schon bedeutend erwachsener.

Shaw fing sofort an, mich zu sekkieren, zu uzen; er grüßte mich mit »Heil Hitler«, dann sang er »Deutschland, Deutschland über alles« und begleitete sich dazu auf dem Klavier und lachte und lachte sehr vergnügt über seine eigenen Witze.

Schließlich, weil ich nicht einstimmen konnte oder wollte in seinen Humor, sagte Mrs. Shaw zu mir: »Dont let him tease you, Elizabeth. You know, he is arish.«

Ich denke, ich fall' vom Stengel. »He is what? He is arish?«

»Didn't you know?«

»Now, I didn't.«

Nicht nur meine Augen waren niedergeschlagen, als ich mich

sehr bald wieder verabschiedete. Ich versprach zwar, zum Lunch zu kommen, aber ich hatte durchaus nicht die Absicht, es zu tun.

Anschließend hatte ich ein Meeting mit Sir Charles Cochran. Und ich erzählte ihm von meiner Visite bei Shaw und von Mrs. Shaw und daß sie gesagt hätte, er sei arisch.

Cochran bekam so einen Lachkoller und so ein rotes Gesicht, daß er Wasser trinken mußte. Nachdem er sich erholt hatte, begann er mir zu erklären, daß Mrs. Shaw mich nur daran hatte erinnern wollen, daß Shaw Ire war, weil doch die Iren so berühmt wären für ihren bissigen Humor. Aber auf englisch wird irisch »eirisch« ausgesprochen, und wenn eine Irländerin wie Mrs. Shaw »eirisch« sagt, dann klingt das wie »arisch«.

Ich fürchte, diesen Satz wird der Leser noch einmal lesen müssen. Vielleicht sogar zweimal. Ich war Cochran sehr dankbar für diese Aufklärung. Andere haben später auch so gelacht wie er, wenn ich ihnen die Geschichte von »arisch« erzählte. Ich war einfach wieder einmal die Dumme gewesen. Diese dumme Geschichte hatte auch stattgefunden vor meiner englischen Premiere, ebenso wie die Krauß-Geschichte. Ich muß das dem Leser ganz deutlich machen, denn was jetzt anfängt und was ich jetzt erzählen werde, das steht sehr stark im Zeichen des Erfolgs.

Da schrieb also eines Tages meine Berliner Sekretärin, die berühmte Frau Lübbert, sie habe ein Visum erhalten, uns zu besuchen. Wir waren sehr erstaunt und glücklich darüber. Da waren unzählige Dinge, die wir mit ihr zu besprechen hatten. Man hatte nämlich unser Dahlemer Haus mit allem Bestand darin mit Beschlag belegt, wegen einer ungeheuren Steuerschuld, die es in Wirklichkeit gar nicht gab. Eine Steuerschuld, die es nie gegeben hatte. Niemand wußte das besser als Frau Lübbert, denn Steuerangelegenheiten und alle solche Sachen waren ihre Aufgabe, und sie war das Vorsichtigste, Ängstlichste und Pünktlichste, das man sich nur wünschen konnte. Wir waren also sehr froh über diesen Besuch und sehr neugierig, was sie uns zu erzählen hatte.

Sie sah elend aus und konnte lange nicht aufhören zu weinen. Schließlich erzählte sie uns, wie sie in dieser Beschlagnahmeangelegenheit, mit meiner schriftlichen Autorität ausgestattet, von den zuständigen Behörden in Berlin zu einem sehr angesehenen Nazi-Anwalt geschickt worden war. Ich glaube, er hieß Dr. Schmidt. Der sei sehr ernst und sehr freundlich gewesen, habe sich eingehend über alles berichten lassen, auch über ihr persönliches Verhältnis zu uns und über ihre eigenen Familienangelegenheiten, und schließlich habe er ihr zu seinem größten Bedauern erklärt, daß die Versteigerung des Dahlemer Hauses leider nicht aufzuhalten sei. Die Steuerschuld sei viel zu hoch angewachsen. Frau Lübberts Quittungen und Papierbeweise habe er dabei mit bedauerndem Achselzucken in eine Schreibtischlade geschoben.

Als sie gehen wollte, habe er sie eingeladen, sich wieder hinzusetzen: Eine einzige Möglichkeit gebe es, das Haus zu retten und die Sache in Ordnung zu bringen: Frau B. müßte nach Deutschland zurückkehren, hier arbeiten und in ihrem Dahlemer Haus wohnen.

»Wenn sie damit einverstanden ist, dann bin ich befugt«, sagte er, »Ihnen zu versprechen, daß unsere Regierung Frau B. mit arischen Papieren auszustatten willens ist.« – »Auszustatten willens ist« hatte sie sich wörtlich gemerkt.

Weder Czinner noch ich konnten diese Geschichte glauben. Frau Lübbert weinte und schwor, sie habe Dr. Schmidt sofort erklärt, an so etwas sei überhaupt nicht zu denken. Nie und nimmer würde Frau B. etc.

Er habe gesagt »Wenn Sie meinem Rat folgen wollen, Frau Lübbert, können Sie ein Besuchsvisum für einige Tage haben und Ihr Glück versuchen mit diesem Angebot. Ich bin ja selbst einer von Frau Bergners größten Verehrern«, soll er zum Abschied gesagt haben.

Ich erinnere mich nicht, daß wir viel über diese Geschichte diskutiert haben.

Wir schlugen Frau Lübbert vor, bei uns zu bleiben und nicht zurückzugehen nach Berlin. »Und Evchen?« sagte sie, »und meine Mutter und meine Schwester?« Evchen war ihre kleine achtjährige Tochter. Ein liebes, süßes Kind.

Sie fuhr also zurück, und unser stolzes Dahlemer Haus wurde versteigert. Das Interieur zuerst. Zu diesem Zweck kam Viola aus Zürich, und sie und Frau Lübbert steigerten mit und ersteigerten, was sie konnten oder von dem sie wußten, daß wir es behalten wollten. Zum Beispiel unsere Bücher und manche Bilder, unser Silber, auf das wir so stolz waren wegen des Monogramms: das schöne große »B«. Violas Name war Bossardt gewesen, meiner Bergner, und das große »B« diente uns beiden als Monogramm. Der kleinere Buchstabe »e« in der oberen Schlinge des »B« war für Elisabeth und das »v« in der unteren Schlinge war für Viola.

Dieses Monogramm war unsere eigene Idee und unser eigener Entwurf gewesen. Wir liebten es, und deshalb setze ich es hierher.

Einige wertvolle Bilder kamen nicht mit auf die Auktion. Sie waren spurlos verschwunden. Viola hatte dann alles, was sie ersteigert hatte, mitgenommen nach Zürich und von dort an mich nach London geschickt. In London kam es dann ins Storage und blieb im Storage bis nach dem Krieg.

Man hatte sich daran gewöhnt, möbliert zu wohnen. Das berühmte eigene Heim – einmal so sinnlos verloren –, man hatte alles Vertrauen in das Konzept »Heim und Heimat« eingebüßt. Man hatte auch so viele andere Sorgen und Interessen.

Noch etwas: Eines Tages meldete sich ein Herr von der Österreichischen Botschaft und wünschte mich zu sprechen im Namen eines mir bekannten Wiener Rechtsanwaltes. Er kam und erzählte mir mit ernster Feierlichkeit, daß das Burgtheater mich gerne engagieren würde, wenn ich mich taufen ließe. Ich weiß nicht mehr, was ich ihm antwortete. Er sagte, als er sich verabschiedete, er wollte es nur ausgerichtet haben.

Jetzt komme ich zu viel wichtigeren Dingen. Ich lernte Sir James Barrie kennen und Lady Nancy Astor. Ich erzähle zuerst von Lady Astor, weil das schneller geht. Bei Barrie werde ich lange bleiben. Lady Nancy Astor war eine sehr berühmte, sehr intelligente Dame der allerhöchsten englischen Gesellschaft. Sehr politisch interessiert und informiert. Sie war das erste weibliche Member of Parliament, und das, obwohl sie von Geburt Amerikanerin war. Ihre Aussprüche im Parlament wie in der Gesellschaft wurden in den Zeitungen zitiert und besprochen, und ihr Bild erschien fast täglich in irgendeinem Zusammenhang in den Zeitungen. Ihr Landsitz an der Themse, Cliveden, war weltberühmt. Ich glaube nicht, daß es ein gekröntes oder ungekröntes regierendes Haupt gab in der Zeit, das nicht in »Cliveden on Thames« zu sehen war. Von Churchill aufwärts bis zum Ribbentrop abwärts.

Mir war die Dame nach allem, was ich gehört und gelesen hatte, verdächtig und unsympathisch. Sie war natürlich auch mit Shaws befreundet. Sie war mit ihnen bei *Escape me never* gewesen, und jetzt wollte sie mich kennenlernen. Shaws wußten bereits, daß ich Lunches haßte, aber da ich abends nie konnte, mußte ich zum Lunch antreten.

Zuerst war ich ganz überrascht, wie attraktiv, fast zart und klein diese Lady aussah, wie brillant und lebendig ihre Konversation war und wie unermüdlich bemüht sie schien, mich zu unterhalten. Sie erzählte mir also eine Geschichte, wie Sarah Bernhardt zum erstenmal nach London gekommen war und wie ganz London ihr zu Füßen lag. »Not unlike they are today about another great Lady«, sagte sie. Und wie ein ganz besonders verliebter Lord Sarah nach Leeds hinausfuhr, um ihr dort ein Cricket Game zu zeigen. Der nationale Stolz, ein Cricket Game.

Aber kaum waren sie in Leeds angekommen, da vergaß der Lord alles über Sarah, die im Wagen saß, und über sich selbst, kletterte auf den Wagen und begann aus Leibeskräften zu brüllen und zu protestieren und zu applaudieren und seinen Hut zu schwenken. Die im Wagen vergessene Sarah schaute ihm eine Weile zu, dann schaute sie auf das Cricket-Feld und versuchte vergeblich, das Spiel zu verstehen, dann schaute sie wieder auf den verrückt gewordenen Lord, und schließlich sagte sie kopfschüttelnd »You English and your football.«

An dieser Stelle kriegten Shaw und Mrs. Shaw und die Lady einen ungeheuren Lachanfall, und ich wußte nicht, warum. Als sie sich schließlich etwas erholt hatten, fragte ich, was denn eigentlich an dieser Geschichte so komisch sei? Da fielen alle drei noch einmal fast von den Stühlen vor Lachen und lachten noch länger und noch lauter als das erste Mal.

Endlich erklärte mir G. B., daß ich ebenso ignorant sei, wie Sarah gewesen war, als sie den Unterschied nicht kannte zwischen Cricket und Football, hahaha.

Und jetzt kommt Sir James Matthew Barrie. Aber da muß ich mit Peter Scott anfangen.

Peter Scott war ein Bergner-Fan. »Fan« ist eine Abkürzung von Fanatic, glaube ich. Auf deutsch ein Schwärmer. Peter Scott war also ein Bergner-Fan von ungefähr fünfundzwanzig Jahren. Ein besonders entzückender Bursche, den ich sehr mochte. Ein Freund, der mir viel Spaß machte und der viel vor und in meiner Garderobe herumlungerte. Seine Mutter, Lady Hilton-Young, war auch ein Bergner-Fan und nannte Peter meinen Page Boy. War er auch. Lady Hilton-Young hatte ihre Freundin oder Verwandte, Lady Glenconner, dazu überredet, ihr wunderschönes Stadthaus, das Admiralshaus in Hampstead, an uns zu vermieten. Und da die Dame gerade in Scheidung begriffen war, schien es ihr gut zu passen.

So wohnten Czinner und ich schon einige Monate in dem herrlichen Haus und waren sehr zufrieden. Wenn der Leser jetzt vielleicht den Eindruck bekommen hat, daß ich unter lauter Lords und Ladys gefallen bin, so irrt er nicht; es war so. Aber zurück zu Peter Scott.

Seine Mutter, Lady Hilton-Young, war in ihrer ersten Ehe mit dem Südpolforscher Captain Robert Falcon Scott verheiratet gewesen, der die tragische Enttäuschung nicht überleben konnte, nach übermenschlichen Schwierigkeiten endlich auf dem Südpol anzukommen, dort die norwegische Flagge Amundsens vorzufinden, der sie wenige Tage früher dort aufgestellt hatte. Auf der Rückreise erfror Captain Scott und erlag den Strapazen eines gebrochenen Herzens. Mein Freund Peter war damals fünf Jahre alt gewesen. Seine Mutter hatte später wieder geheiratet und hieß jetzt Lady Hilton-Young. Peter war inzwischen Maler und Segler geworden. Wenn er nicht wilde Vögel malte, segelte er. Abends war er gewöhnlich im Theater, oder, wie ich schon sagte, er lungerte vor meiner Garderobe herum.

Eines Tages sagte Peter zu mir »Guess who is in the theater tonight« – Rate, wer heute im Theater ist.

»Wer?« frage ich.

Peter sagt »Sir James Barrie.«

»Wer ist denn das?« frage ich.

»Ja, kennst du nicht *Peter Pan?*«

»Ja, natürlich kenne ich *Peter Pan*, du meinst den Autor von *Peter Pan?* Lebt der noch?«

»Sir James Barrie ist heute im Theater, und das heißt etwas; er war seit sechzehn Jahren nicht mehr in einem Theater und hat seit sechzehn Jahren nicht mehr geschrieben. Ich bringe ihn in der Pause.«

Und er brachte ihn. Wir sahen uns an, Barrie und ich, und wir lachten. Ohne jeden Grund. Es war Liebe auf den ersten Blick. Ich weiß es.

Peter erzählte mir später, er habe Sir James noch nie so herzlich lachen sehen. Er lachte nämlich nie. Seit sein kleiner Adoptivsohn beim Schwimmen in Eton ertrunken war, hatte Barrie nie wieder gelacht, nie wieder geschrieben, war nie wieder in Gesellschaft oder ins Theater gegangen. Dann erzählte mir Peter noch, daß sein Vater ein Freund Barries gewesen war und daß er in dem Tagebuch, das man bei ihm gefunden hatte, Barrie gebeten hatte, sich um Peter zu kümmern und um Peters Mutter. Und so war mein Freund Peter auch einer von Barries Adoptivsöhnen und hatte ihm so viel von mir erzählt, daß Barrie mich schließlich sehen wollte. So war er ins Theater gekommen.

Ich war sehr gerührt und entzückt von ihm und von allem, was mir Peter über ihn erzählt hatte. Nach Schluß der Vorstellung kam er wieder in meine Garderobe und bat mich, ihn am nächsten Tag zum Tee zu besuchen. Peter sollte mich hinbringen. Als Barrie und Peter sich verabschiedeten, kam gerade Cochran, um mich abzuholen. Czinner war zu der Zeit in Paris, wo er einen Film mit Gaby Morley vorbereitete, und Cochran hatte ihm versprochen, mich nach dem Theater immer nach Hause zu bringen, während seiner Abwesenheit. Jetzt begann Cochran, mir ganz begeistert von Barrie zu erzählen. Ich kannte ja nur *Peter Pan*, ein Stück, das ich wunderschön und sehr poetisch fand. Ich erfuhr also jetzt, daß Barrie der am meisten gespielte, der geliebteste »british playwright« gewesen war und den englischen Spielplan vollkommen beherrscht hatte, bis er plötzlich vor sechzehn Jahren sich zurückgezogen und aufgegeben hatte, am Leben teilzunehmen. Als teilweise Erklärung erzählte Cochran mir noch, daß Barries Frau ihm mit seinem Sekretär durchgegangen war und daß, wie schon erwähnt, der kleine Adoptivsohn in der Schule in Eton beim Schwimmen ertrunken war, und lauter solche Dramen, mit denen dieser schwerblütige Schotte nicht hatte fertig werden können. Jetzt lebte er allein mit einer Köchin und einem Butler.

Cochran konnte sich nicht genug darüber wundern, daß er ins Theater und in meine Garderobe gekommen war. »Das ist ein great conquest, Elizabeth. Eine große Eroberung«, sagte er.

Ich sagte, ich hätte immer nur gehört, Shaw sei der größte britische playwright. Cochran erklärte mir, daß Shaws große Karriere gerade angefangen hatte, als Barrie gerade aufgehört hatte zu schreiben.

Am nächsten Morgen bestellte ich mir alle Barrie-Stücke, die ich noch nicht kannte. Am Nachmittag holte mich Peter und brachte mich zu Barrie. Kaum waren wir angekommen, schickte er Peter weg. Er wolle mit mir allein Tee trinken. Peter schien gar nicht überrascht und machte sich davon. Ich hatte einen Mordsschreck und rief ihm nach: »Um Himmels willen, du mußt mich abholen fürs Theater, ich muß um sieben Uhr in der Garderobe sein.« – No problem, er wird mich um halb sieben abholen.

Barrie gab mir Tee und zündete sich seine Pfeife an. Das große Zimmer, das drei große Fenster hatte, hatte auch eine Nische, die so groß war wie ein kleines Zimmer. Diese Nische hatte einen Steinboden, auf dem lag ein Riesenhaufen Asche, ein ganzer Berg von Asche. Und auf diesem Berg von Asche lagen eine Menge brennender Holzscheite. Das war der fireplace, der Kamin, und rechts und links von diesem ganz offenen fireplace standen zwei Lederbänke, auf denen saßen wir und tranken Tee. Barrie sagte »Tell me.«

Ich sagte »Was, was soll ich erzählen?«

»Anything.«

»Das kann ich nicht. Sie müssen fragen, was Sie wissen wollen.«

Jetzt fragte er, was meine liebsten Rollen gewesen waren. Und ich erzählte ihm, wie sich mein Rollengeschmack und mein Rollenhunger langsam entwickelt hatten, von der *Versunkenen Glocke* über Schiller und Shakespeare zu O'Neill. Von Hauptmann wußte er so wenig, wie wir in Deutschland von James Barrie wußten. Aber was ich ihm von *Hanneles Himmelfahrt* erzählte, gefiel ihm ganz besonders gut. Dann fragte er, ob es Rollen gäbe, die ich gerne gespielt hätte, aber aus irgendwelchen Gründen nicht gespielt hatte oder spielen konnte. Ich verneinte das und erzählte ihm, ich hätte alles gespielt, was mich interessiert hätte. Und nach dem *Seltsamen Zwischenspiel* hätte ich eigentlich das Gefühl, daß ich aus den kindhaften Rollen hinausgewachsen sei. Jetzt wollte ich Charakterrollen spielen. Er sah mich etwas ungläubig an, schien mir.

Er fragte mich, ob es eine Rolle oder einen Charakter gäbe, der mich besonders interessiere. Ich verneinte. Er fragte, ob ich in den letzten Jahren ein Buch gelesen hätte, das mich besonders interessierte, oder ob ich mich an besondere Reiseeindrücke der letzten Jahre erinnern könne. Da fiel mir ein, daß ich vor zwei Jahren im Haag eine Rembrandt-Ausstellung besucht hatte, die mich mehr erregt und erschüttert hatte als alles, was ich in den letzten Jahren gehört, gesehen oder gelesen hatte. Und ich erzählte ihm, daß ich vier Tage lang jeden Tag wieder hin mußte in diese Ausstellung. Jetzt wollte er, daß ich ihm von den Bildern erzähle, die ich gesehen hatte, und sie ihm beschreibe. Und schließlich wollte er wissen, welches der Bilder nach vier Tagen immer noch am stärksten auf mich gewirkt hätte. Und jetzt sagte ich, es sei das Bild »David schlägt die Harfe vor Saul«.

Seine Pfeife war ausgegangen. Er zündete sie an und wollte wissen, was mich an diesem Bild so zu erschüttern schien. Ich mußte ihm das ganze Bild beschreiben, und versuchte zu erklären, was mich so erschüttert hatte: wie Saul auf den Harfe spielenden David mit dem Wurfspieß zielt und sich gleichzeitig mit der anderen Hand die Tränen abwischt mit dem Zeltvorhang. Und das verzweifelte, verhärmte Gesicht Sauls und das unschuldige strahlende Gesicht Davids.

Barrie war aufgestanden. Die Pfeife war wieder ausgegangen. Er legte sie weg und sagte »That's my play.«

Ich verstand nicht, was er damit meinte, und sowieso kam in

diesem Augenblick Peter, um mich abzuholen, und es war halb sieben Uhr geworden.

Als wir uns schon verabschiedet hatten und im Lift standen, Peter und ich, holte mich Barrie wieder heraus und flüsterte mir ins Ohr »Good bye, David.«

Ich verstand nicht, was er meinte, aber ich erzählte niemandem davon. Außer Bimbo.

Von da an mußte ich immer öfter zu Barrie. Mußte auch Bimbo hinbringen, den er Gott sei Dank gerne mochte.

Ich lernte auch seine Sekretärin kennen, Lady Cynthia Asquith, die Schwiegertochter des berühmten Prime-Ministers Lord Asquith, die mit dem ältesten Sohn Herbert verheiratet war.

Auch ihn lernten wir kennen und ihre beiden Söhne. Cynthia, wie sie mich bat, sie zu nennen, war noch immer sehr schön, obwohl sie gewiß schon an die fünfzig war, was mir damals ein sehr hohes Alter schien. »Eine typische englische Rose«, sagte Czinner, »und ein sehr harter Mund.«

Shaw befahl mich auch every other day. Wenn ich nicht zu dem einen mußte, mußte ich zu dem andern. Aber zu Barrie ging ich viel lieber. Das lustige war, daß sie buchstäblich um die Ecke voneinander wohnten. Von Barries höhergelegenen Fenstern konnte man in die tiefergelegenen Shaw-Fenster gegenüber schauen. Shaws Hauseingang war um die Ecke. Aber seine Fenster gingen in diese kleine Robert Street, in der Barrie wohnte. Beide sprachen mit größter Hochachtung voneinander, was mir sehr angenehm war.

Barrie erzählte mir bald, daß er ein Stück für mich schrieb über David und Saul und über Goliath und den Propheten Samuel und Jonathan. Alles, was er mir darüber erzählte, war wunderschön, aber es machte mich auch ängstlich. Einmal fragte ich ihn, wie alt sein David sein würde. Er sagte dreizehn Jahre. Ich sagte ganz schüchtern »Ich werde bald sechsunddreißig, und ich fühle, es wäre bald Zeit für mich, aus den Kinderrollen herauszuwachsen.« – »Don't worry about that«, sagte er.

Czinner sagte, er hätte mich gar nicht richtig verstanden. »Er glaubt, du hast Angst, du seist zu alt für diese Rolle. Er versteht ganz bestimmt nicht, daß die Rolle zu jung für dich ist.« Czinner hatte ganz recht. Andere Gründe für meine Besorgtheit konnte sich Barrie ganz bestimmt nicht vorstellen.

Cochran, dem ich schließlich auch davon erzählte, war unbeschreiblich aufgeregt darüber, daß Barrie ein Stück schrieb für mich und daß er, Cochran, es präsentieren wird. Er nannte es die »crowning glory of his life«.

Aber inzwischen gab es noch eine andere Aufregung. Eines Morgens rief mich Cochran an und sagte: »Wir haben a command performance tonight.« Ich fragte, was das sei, eine kommandierte Vorstellung? King George und Queen Mary wollten *Escape me never* sehen, und mit ihnen würde Princess Marina kommen, Prinz Georges neue Braut. Und die Pause müsse verlängert werden, er habe den Auftrag, mich in der Pause in die königliche Loge zu bringen und den Majestäten vorzustellen. Und da ich in meiner Rolle sehr armselig und schmuddelig angezogen war, müßte ich mir vorher ganz schnell ein »decent dress« anziehen.

Am Abend waren also alle sehr aufgeregt. Auch das Publikum, glaube ich, als es sah, wer in der Loge saß. Cochran hatte mich auch unterrichtet, wie ich mich zu verbeugen hatte, und ich verbeugte mich ganz korrekt. Queen Mary, eine sehr lebendige gütige alte Dame, empfing uns stehend, reichte mir sofort die Hand und sagte vorwurfsvoll lächelnd: »You make me cry, Miss Bergner.« King George lächelte nur, reichte mir die Hand und sagte: »Enchanté.« Prinzessin Marina, die wunderschöne griechische Prinzessin, zeigte auf mein schwarzes Kleid und sagte auf deutsch: »Das ist ein Molyneux, stimmt's?« Queen Mary sprach jetzt auch deutsch und fragte, woher sie das wisse. Die Prinzessin sagte, sie habe das Kleid in der Modenschau von

Molyneux gesehen. Die Königin fragte »Hast du es auch?« Und die Prinzessin sagte »Leider nein, aber vielleicht hat er es noch. Oder ist das das Modell?« Ich sagte, ich wüßte es nicht. Dann sagte Cochran »Wir müssen gehen, wenn das Stück weitergehen soll.« Wir gingen also, und das Stück ging weiter.

Cochran erzählte mir später, Queen Mary habe am Schluß der Vorstellung noch einmal nach ihm geschickt und ihn nach meinem Alter gefragt und habe absolut nicht glauben wollen, daß ich fünfunddreißig Jahre alt war. Er müsse sich irren, ich könne unmöglich mehr als fünfundzwanzig sein. Das gab Cochran eine verhängnisvolle Idee, unter der ich heute noch zu leiden habe. Aber das kommt später.

Kurz darauf rief mich Barrie zum Lunch. Ich versuchte vergeblich, ihm den Lunch auszureden. »Just this once«, sagte er, »dieses einzige Mal nur.« Und ich mußte antreten. Zu meiner Überraschung gab er mir aber nichts zu essen, als ich ankam, sondern packte mich in einen sehr eleganten Rolls-Royce und lehnte ab, mir zu sagen, wohin er mich führte. Schließlich kamen wir vor einem sehr eleganten Palais an. Ein galonierter Diener wartete vor dem Haus, ein anderer drinnen. Und wer begrüßte uns in der Halle? Lady Nancy Astor, die ich seit dem Lunch bei Shaws nicht gesehen hatte. Sie hatte, wie ich später erfuhr, wiederholt durch Shaw versucht, mich einzuladen, aber der wußte, daß ich nicht wollte, und hat es mir gar nicht erzählt. Jetzt hatte sie es durch Barrie geschafft.

Diesen Lunch habe ich nie bereut.

Aber der Leser wird wieder warten müssen, bis er es versteht. Vorerst war ich froh zu sehen, daß niemand sonst da war, nur wir drei. Und wir saßen an einem kleinen Tisch, nicht an dem großen. Und ich hatte ihr gleich bei der Begrüßung gesagt, daß ich nur eine ganz kurze Stunde Zeit hätte. Soweit ich mich erinnere, sprach ich kaum ein Wort, aber ich hörte sehr aufmerksam zu, was da geredet wurde. Zum Beispiel, als Barrie sein Glas hob und mit heimtückischem Grinsen, das ich gar nicht an ihm kannte, sagte: »Du weißt, Nancy, ich komme nicht deiner guten Küche wegen, ich komme deines Kellers wegen.« Worauf sie ihm ihre Serviette an den Kopf warf mit dem Ausruf »You brute«, was ungefähr heißt »Du brutaler Hund«. Er lachte, trank sein Glas leer und reichte es dem Butler zum Nachfüllen.

Ich war ganz fasziniert und versuchte zu erraten, was sie wohl im Keller hatte und warum sie Barrie »a brute« genannt hatte. Ich konnte es kaum erwarten, ihn zu fragen, als wir endlich gingen und er mich in Lady Astors Rolls-Royce nach Hause brachte.

Und das war es, was er mir erzählte »She is a Christian Scientist.«

Ich sagte »Was ist das?«

Er sagte »Das ist eine Sekte, deren Mitglieder keinen Alkohol trinken dürfen.«

»Warum nicht?«

»Da mußt du sie selbst fragen«, sagte er, »das weiß ich nicht.«

»Und was hat sie im Keller? Warum war sie so böse wegen dem Keller?«

»Weil man in England sagt, jemand hat einen guten Keller, wenn er gute Weine hat. Weil man die Weine im Keller hält, du dummes Kind. Und weil es ihr als Christian Scientist eigentlich nicht erlaubt ist, einen guten Keller zu haben.«

Alles lauter neue, hochinteressante Informationen für mich. Lady Astor gefiel mir nach der zweiten Begegnung nicht viel besser als nach der ersten. Sie imponierte mir, aber ich mochte sie nicht.

Nicht sehr viel später erfuhr ich aus den Zeitungen, daß der neue Nazi-Botschafter und der englische Prime-Minister sich in Lady Astors Haus getroffen hatten. Und noch später waren Fotos von Ribbentrop in den Zeitungen mit Lady Astor. Mit Lord und Lady Astor auf ihrem berühmten schönen Landsitz

»Cliveden on Thames«. Ich dachte bei solchen Gelegenheiten immer nur Aha! Aha!

Dann, eines Tages, mit meiner Morgenpost, war ein Buch gekommen. Als ich es öffnete, fiel eine Karte heraus, auf der stand: »Mit Lady Astors compliments.«

Jetzt schaute ich mir das Buch an. Der Titel war: *Science and Health with key to the Scriptures* by Mary Baker Eddy. Jetzt sagte ich nicht mehr Aha. Jetzt sagte ich: »Eine taktlose Person!« und schmiß das Buch weg.

An diese Begebenheit werde ich den Leser in ungefähr fünfzehn Jahren erinnern. Oder noch besser, ich sage es gleich. Für den Fall, daß der Leser vielleicht vor der Endstation des Buches aussteigen will, wie ich es selber auch oft tue – und weil ich nicht erlauben darf, daß er das bisher Gesagte für meine endgültige Beurteilung dieser Dame hält. Ich muß also hier feststellen, daß mein Urteil über Lady Nancy Astor sich bis zu Liebe und Dankbarkeit geändert hatte, als ich sie nach dem Krieg wiedertraf. Mehr kann ich hier noch nicht verraten.

Ich war inzwischen von dem London-Play-Run und allem, was ich vor und nach dieser Premiere erlebt hatte, so erschöpft und überanstrengt, daß man ernstlich besorgt wurde. Ich konnte nicht mehr essen und schlafen und war erschreckend abgemagert. Wir mußten uns schließlich schweren Herzens entscheiden, Mr. Cochran und ich, den London Run zu beenden. Die letzte Woche von *Escape me never* war so ausverkauft wie die erste. Cochran konnte mir das nicht oft genug versichern. »Any time, any time we like, we can put it on again.«

Jetzt mußte ich einen kleinen Urlaub haben, während Paulus die Filmproduktion von »Escape me never« vorbereitete, und fuhr zu Viola nach Zürich. Dr. Irminger, ihr Schul- und Kindheitsfreund und Anwalt, war gerade dabei, seine eigene Ehe zu scheiden, um Viola zu heiraten. Ich war etwas erstaunt über diese Entwicklung. Auch über Viola. Sie schien mir sehr verändert und viel härter geworden. Sie hatte sehr viel durchgemacht. Dr. Irminger gefiel mir ausgezeichnet. Ich war dankbar dafür, daß Violas zweite Wahl mir keine Angst machte. Dr. Irminger wurde mein guter Freund und ist es heute noch. Viola gibt es nicht mehr. Czinner auch nicht mehr.

Und jetzt in Zürich verspreche ich Viola, mit Bimbo zur Hochzeit zu kommen. Um wie beim erstenmal, nur viel glücklicher, Brautmutter und Brautvater zu sein. Taten wir auch.

Aber jetzt kam erst der Film, der in London und in Italien gedreht werden sollte. Ich erinnere mich dabei hauptsächlich an Cortina d'Ampezzo. Die Außenaufnahmen spielten alle in Venedig und in Cortina. Venedig kannte ich schon. Jetzt verliebte ich mich in Cortina. So sehr, daß wir beschlossen, Czinner und ich, uns in Cortina anzubauen. Es kam anders.

Cochran hatte inzwischen ein Gastspiel von *Escape me never* in New York abgeschlossen, das kurz nach Beendigung der Filmarbeit stattfinden sollte. Cochran und Paulus hatten die Daten miteinander sorgfältig festgelegt.

Noch etwas darf ich nicht vergessen. Noch während des Runs im Theater hatte ich eine Nachricht von meinem Papa aus Wien. Eine Nachricht, die uns beide sehr beunruhigte. Seine schöne Handschrift war ganz verändert. Er schrieb, er sei krank. Ich kann mich nicht erinnern, daß mein Papa jemals krank war. Der Arzt hatte Krebs festgestellt. Papa schrieb, er wisse noch nicht, ob er operiert werden müsse oder ob die verschiedenen anderen Behandlungsmethoden, die er schon seit geraumer Zeit über sich ergehen lassen müsse, ihm helfen würden. Jedenfalls habe er das dringende Bedürfnis, uns zu danken für alle Liebe und Zärtlichkeit, die wir ihm erwiesen hätten in so vielen Jahren etc. Wir waren sehr erschrocken.

Ich war verzweifelt, daß ich nicht wegkonnte, und zwei Tage später fuhr Bimbo nach Wien. Ich weiß nicht mehr, wie lange er dort blieb, aber jetzt, wo ich notgedrungen in alten Papieren wühlen muß, fand ich so viele Liebes- und Dankesergüsse Papas nach Pauls Besuch in Wien, über Pauls Güte und Fürsorge.

Das alles nach fünfundvierzig Jahren wieder zu lesen war ein herrlicher Trost für mein chronisch schlechtes Gewissen. Diese letzten Briefe von Papa sind erschütternd, und alles, was er über Paulus sagte. Und diese arme schöne Handschrift, die ich so bewundert hatte als Kind; sie war so gebieterisch gewesen wie seine Stimme. Zuerst schien es, er würde sich erholen nach Pauls Besuch. Aber nicht lange. Er starb dankbar und voller Segenswünsche für uns, wie uns seine Frau schrieb.

Mit seiner Frau, die ich noch immer nicht kannte, war ich dann bis Kriegsausbruch in sehr sympathischer Korrespondenz. Als dann Österreich auch unters Hakenkreuz kam, war ich froh zu wissen, daß sie »arisch« war und ungefährdet. Ungefähr zwölf Jahre später, nach dem Krieg, als ich aus Amerika zurückgekommen war, konnte ich sie nicht mehr finden.

Nach Beendigung der Filmarbeit reiste ich mit Sir Charles und Lady Cochran nach New York. Per Schiff, damit ich ein paar Tage Erholung haben konnte. Ich hatte bis zum letzten Augenblick mit Nachaufnahmen nach der Filmarbeit in Italien zu tun, im Londoner Atelier. Sogar noch die ganze letzte Nacht, bis zum Morgen. Die Schiffsreise war eine Gnade, so müde war ich wieder. Das Ensemble war schon in New York. Die Dekoration auch. Alles wartete in New York.

Wir hatten ein paar Proben und eröffneten in einer gesegneten Stunde. Große Wärme und Begeisterung und ein Meer von Blumen. Das ganze Theater duftete nach Marlenes Tuberosen und tausend anderen Zärtlichkeiten. Marlene war viel hinter unseren Kulissen, zum Entzücken des ganzen Ensembles. Wir hätten uns ja lange vorher in Berlin gekannt. Da war sie zuerst noch Anfängerin gewesen auf der Reinhardt-Schule und spielte nur manchmal in stummen oder kleinen Rollen mit. So traf ich sie zuerst als stumme Bridgepartnerin von Gülstorff und Johanna Terwin, wo sie nur mit dem Rücken zum Publikum saß und gar nicht gesehen wurde in ihrer strahlenden jungen Schönheit. Ich selbst saß nicht an diesem Bridgetisch. Ich spielte die sogenannte Hauptrolle in dem Stück. Es war *Der Kreis* von Somerset Maugham. In meine Garderobe kam Marlene gern und oft.

Später dann, im Großen Schauspielhaus, in *Der Widerspenstigen Zähmung*, da trug sie meine Schleppe bei der Hochzeit und kam immer, jeden Tag, in meine Garderobe, weil mein Garderobenfenster gerade dahin sah, wo Rudi Sieber sie immer abholen kam. Später nannte sie ihre erste und einzige Tochter Maria Elisabeth, zu meinen Ehren, wie sie mir versicherte.

Nicht viel später wurde sie von Sternberg entdeckt, sehr geräuschvoll entdeckt. Sie verschwand auch bald nach Hollywood, wo sie aufging wie eine Sonnenrakete.

Ich war sehr gerührt, wie starken Anteil sie nahm an meinem englischen und amerikanischen Schicksal. Jetzt war sie zum Beispiel aus Hollywood nach New York gekommen und fast täglich bei uns hinter den Kulissen.

Kurz nachdem mein erster englischer Film in Amerika erfolgreich angekommen war, telegraphierte sie mir und fragte, ob ich etwas dagegen hätte, wenn auch sie einen Film über Katharina die Große drehen würde. Ich tröstete sie und versicherte ihr, diesen Charakter könne man von sehr vielen verschiedenen Seiten anpacken, und wünschte ihr viel Glück.

Shaw oder Barrie, einer von den beiden, ich weiß nicht mehr, welcher es war, hatte mir befohlen, unbedingt einen Freund in New York anzurufen und ihm Grüße zu überbringen. Der Mann hieß Edward Sheldon, und den Namen werde ich nie vergessen. Den Mann auch nicht. Ich rief gehorsam an. Erst antwortete eine Dame, dann wurde ich mit Mr. Sheldon verbunden und richtete ihm die Grüße aus. Er war sehr erfreut und bat mich, ihn zu besuchen. Er fühle sich nicht wohl genug, um mich zu besuchen. Seine Stimme klang ein bißchen dick, und ich fragte ihn, ob er eine Erkältung habe. Ich hätte nämlich nicht gerne eine Erkältung bekommen, wo ich doch so einen anstrengenden Job hatte. Er beruhigte mich, er habe keine Erkältung, und ein paar Tage später ging ich hin.

Eine Krankenschwester öffnete mir die Tür und nahm mir den Mantel ab und führte mich zu Mr. Sheldon. Was ich da sah, ließ mich versteinert still stehen. Ich hatte noch nie einen Toten gesehen oder einen in einem Sarg Aufgebahrten. Da lag einer aufgebahrt. In der Mitte des Zimmers. Bewegungslos. Mit einer schwarzen Binde vor den Augen. Es war kein Sarg, in dem er lag, aber es war auch kein Bett. Es war etwas Hartes. Etwas wie eine Bahre, nur ziemlich breit. Der Mann, der da lag, war vollkommen angekleidet mit Kragen und Krawatte und mit dieser entsetzlichen schwarzen Binde. Ich weiß nicht, wie lange ich dastand, steingefroren. Schließlich sagte die dicke Stimme »Wie gütig von Ihnen, mich zu besuchen. Bitte, haben Sie keine Angst, kommen Sie näher, nehmen Sie Platz, hier neben mir.«

Ich war froh zu sitzen und dankbar, daß er mich nicht sehen konnte. Nicht sehen konnte, wie ich zitterte. Die Krankenschwester brachte mir jetzt Tee. Ich war sehr böse auf sie. Diese dumme Kuh hätte mich vorbereiten können. Für den Tee war ich dankbar, den brauchte ich. Mr. Sheldon trank keinen Tee, wie könnte er. Jetzt begann er mich zu fragen über Barrie oder Shaw oder beide. Jetzt glaube ich mehr und mehr, daß es Barrie war, der mich geschickt hatte.

Mr. Sheldon schien erstaunlich informiert über alles, auch über mich. Dann begann er mir von seiner Krankheit zu erzählen. Ich wußte auch den Namen, ich habe ihn vergessen. Sie soll verflucht sein, diese Krankheit. Es soll diese Krankheit nicht mehr geben. Niemand soll sie bekommen. Sie soll verflucht sein.

Er war langsam an allen Gliedern abgestorben. Dann oder gleichzeitig hatte er das Augenlicht verloren. Sein armer Kopf war noch da – ohne Augen, nur mit einer schwarzen Binde. Was da noch funktionierte an dem versteinerten Leib, oder wie er ernährt wurde, wollte ich gar nicht wissen.

Als ich mich schließlich verabschiedete, hörte ich mich sagen »Darf ich wiederkommen?« Seine Freude darüber werde ich auch nie vergessen.

Spätere Erkundigungen über Edward Sheldon informierten mich dann darüber, daß er ein sehr erfolgreicher Dramatiker gewesen war, ehe er krank wurde. Und daß die berühmte amerikanische Schauspielerin Katharine Cornell ihn gespielt und geliebt hatte und daß sie noch immer eng befreundet war mit ihm, Gott segne sie dafür. Und daß er von seiner reichen Mutter mit unzähligen Ärzten und Krankenschwestern versorgt wurde und daß jeder, den er kommen ließ, ihn gerne besuchte.

Unser Gastspiel dauerte nur noch ein paar Wochen, und ich besuchte ihn noch einige Male. Ich glaube nicht, daß er wußte, wie theatralisch er von seiner Mutter aufgebahrt und präsentiert wurde.

Wenn ich in ein paar Jahren, nach Kriegsausbruch, wieder nach New York komme und Edward Sheldon besuche, wird der Leser wissen, daß ich von einem alten Freund spreche.

Mister Joe Schenk, der Präsident der 20th-Century-Fox-Film-Corporation, war schon ziemlich lange nicht nur an mir, sondern auch an meinen künftigen Filmen interessiert. Paulus war ihm sehr im Weg, ich wußte das. Er war jetzt auch aus Hollywood nach New York gekommen, und alle möglichen und unmöglichen Pläne wurden geschmiedet. Zu den unmöglichen gehörte meine Idee, einen Film zu machen aus *Wie es euch gefällt*. Er rang die Hände, er beschwor mich, die Idee aufzugeben. Es ist schon wahr, daß sich bis dahin noch nie ein Shakespeare-Film bewährt hatte. Aber das mußte doch nicht ewig so bleiben. Viele solche Gespräche fanden da statt in New York. Nicht nur Mister Schenk, alle rieten ab.

Mein nächster Film wurde schließlich *Wie es euch gefällt*, und die 20th-Century-Fox-Film-Corporation war der Verleihpartner.

Aber jetzt fahren wir erst alle, nach glorreich beendetem

Gastspiel in New York, nach Hause. Nach Hause ist jetzt London.

Sir James, ja, es war Barrie gewesen, war entsetzt, als ich ihm von Sheldon erzählte. Er hatte keine Ahnung gehabt von dieser Entwicklung. Er hatte gedacht, Sheldon würde mir behilflich sein können, wenn ich Hilfe oder Rat brauchen würde, weil ich doch zum erstenmal nach Amerika gefahren war.

Inzwischen hatte es sich auch schon herumgesprochen, die Zeitungen hatten es gebracht, daß Barrie ein neues Stück schreibt für Elisabeth Bergner und daß es *The two Farmers* heißen wird und daß der Inhalt streng gehütetes Geheimnis war. Daß der Titel *The two Farmers* eine Tarnkappe war – niemand außer Cochran war in dieses Geheimnis eingeweiht.

Shaw war sehr verändert. Er sprach gar nicht mehr nett oder respektvoll über Barrie. »Are you going to play another *Peter Pan*? Or a *Mary Rose*?« Das waren die beiden berühmtesten Stücke von Barrie. »Barrie can't write for you.« Ein anderes Mal sagte er »Nobody is a true playwright who cannot write a short play.« Niemand ist ein wirklicher Dramatiker, der nicht auch Einakter schreiben kann. Ich sagte, davon verstünde ich nichts, aber ich hätte ein paar wunderschöne Einakter gelesen von Barrie. Er schien ganz überrascht und wollte die Titel wissen. Ich gab sie ihm, und er schlug sich an die Stirn, als erinnere er sich »Quite true, quite true.«

Dann begann er mich zu fragen, ob es eine Rolle gäbe oder einen Charakter in der Geschichte oder Literatur, der mich besonders interessierte. Ganz genau wie vor einem Jahr Sir James. Ich antwortete ihm, wie vor einem Jahr Sir James, daß ich alles gespielt hätte, was ich hatte spielen wollen, und daß ich jetzt in ein Charakterfach wachsen wollte. Von Rembrandt, Gott behüte, erzählte ich nichts.

Ein anderes Mal fragte er, ob eine Mary Stuart mich interessieren würde. Ich sagte, Schiller habe eine wunderschöne Mary Stuart geschrieben, und in dieser Mary Stuart interessiere mich

Elisabeth von England viel mehr. Wieder ein anderes Mal fragte er, ob ich Marie Antoinette eine interessante Gestalt fände. Ich sagte, über die hätte ich noch nie nachgedacht, aber jetzt würde ich über sie nachdenken. Am nächsten Tag rief er an »You are quite right, Elizabeth, she is a silly goose.« – »Who? – Wer ist eine dumme Gans?« – »Marie Antoinette, you are quite right.« Und hängte ein.

Aber jetzt fällt mir eine wirklich lustige Shaw-Geschichte ein. Sir Charles und Lady Cochran hatten die beiden Shaws und die beiden Czinners in ihre Loge eingeladen zur Premiere eines Stückes von James Bridie. Bridie war einer der außergewöhnlich talentierten jungen Dramatiker, ein Schotte wie Barrie, und Shaw lancierte ihn.

Cochrans Loge war eine Doppelloge, nur durch einen gemeinsamen winzigen Salon im Hintergrund verbunden. Von vorne gesehen sah die Doppelloge aus wie zwei Nachbarlogen.

Was ich noch nicht erzählt habe, ist, daß Paulus sehr unpünktlich war und mich mit dieser gräßlichen Ungezogenheit oft fast zu Tode quälte. Tatsächlich habe ich es ihm zu verdanken, daß ich aus schierem Protest penetrant pünktlich geworden bin. Hätte er gar keine Fehler gehabt, wäre er kein Sterblicher gewesen; ich hatte viel mehr.

Da wir wußten, daß Mr. und Mrs. Shaw an dem Abend Cochrans andere Gäste waren und in der anderen Logenhälfte sitzen würden, hatte ich schon am frühen Morgen angefangen, Paulus auf Shaws Geschimpfe vorzubereiten, wenn wir, Gott behüte, zu spät kommen würden. Schließlich kamen wir mit Ach und Krach und mit knapper Not in letzter Minute in Cochrans Loge an, der sofort alle Entschuldigungen abwinkte und mich neben Lady Cochran an die Brüstung setzte. Im selben Moment brach das ganze Haus in Applaus aus. Ich schaute herum, wem es galt oder wer da gekommen war. Da sagte Cochran zu mir »It is you, Elisabeth. They recognize you.« Ich erschrak fürchterlich und lief in den Hintergrund. Ich hatte so etwas in Deutschland nie erlebt. Da kam Cochran und wisperte mir zu »Schnell, schnell, komm, look, Elisabeth, quickly, come. G. B. is acknowledging your applause.« Das heißt: Shaw verbeugt sich für deinen Applaus. Er zog mich nach vorne, und ich konnte sehen, wie Shaw in der Nebenbrüstung huldvoll lächelnd den Applaus akzeptierte, den meine Erscheinung hervorgerufen hatte, wie Sir Charles Cochran behauptete.

Später erklärte er mir noch deutlicher, daß Shaw schon längst sichtbar dagesessen habe und das Premierenpublikum schon lange Shaw und die Loge durch Operngucker beobachtet hatte. Meine Erscheinung hatte dann die neugierige Spannung unterbrochen und den bekannten und geliebten Lärm hervorgerufen, den Shaw mit vollster Berechtigung auf sich bezog. Das lustige war nämlich, daß er keine Ahnung hatte, daß ich inzwischen gekommen war. In der Pause fing er sofort an, mich zu beschimpfen, weil ich zu spät gekommen sei, und ob das vielleicht eine deutsche Premierensitte sei, nach dem Anfang zu erscheinen?

Paulus sagte, es wäre seine Schuld, daß wir nicht in time da gewesen wären, und Cochran sagte, wir wären absolut in time gewesen und gar nicht zu spät. Shaw sagte, Paul suche jede Gelegenheit, sich für Elisabeth zu opfern, und hörte nicht auf, mich zu beschimpfen, bis ich ihm die Geschichte von Pauls Unpünktlichkeit erzählte. Und weil es eine wirklich interessante Geschichte ist, erzähle ich sie auch dem Leser.

Paulus war, wie ich schon anfänglich erwähnte, Wiener und war als kleiner Junge in dieselbe Schule und Klasse gegangen wie Sigmund Freuds Sohn. Die beiden waren Schul- und Klassenfreunde und machten ihre Hausarbeiten gewöhnlich zusammen in Freuds Haus. Papa Freud gesellte sich oft zu den beiden Jungen mit Fragen oder Antworten, mit Rat oder Tat, und sehr oft schon hatte er sich geärgert über Pauls Unpünktlichkeit. Eines Tages, als Paul wieder ganz besonders unpünktlich kam, sagte Papa Freud zu ihm »Paul, frag doch einmal deine

Mama, ob du nicht zu früh geboren bist.« Paul fragte seine Mama, und sie sagte »Ja, woher weißt du?«

Shaw sagte, ich hätte diese Geschichte erfunden. Wenn sie wahr wäre, hätte diese Aufklärung Paul heilen müssen von seiner Unpünktlichkeit. Ich sagte, ich hätte diese Geschichte nicht erfunden, und Paul sei nicht geheilt.

Dann ging die Vorstellung weiter. In der nächsten Pause hatten sich unzählige Fotografen vor unserer Loge versammelt. Damals beobachtete ich zum erstenmal, wie Mrs. Shaw sich sofort in die dunkelste Logenecke zurückzog, und ich verstand, warum man noch nie ein Foto von den beiden Shaws zusammen gesehen hatte.

Er sagte sofort »No, not I, thank you. If Elisabeth likes to be photographed, she can have it all alone.«

Elisabeth hatte kein Verlangen und setzte sich in die dunkle Ecke zu Mrs. Shaw. Paul führte Lady Cochran an die Bar. Cochran war schon längst hinter die Bühne gegangen, und sowie wir alle versorgt waren, ging G. B. hinaus und stellte sich den Fotografen ganz allein. Fast alle Zeitungen brachten sein Foto am nächsten Tage mit dem Premierenbericht. Ich war sehr dankbar, daß er nie erfahren hat, daß ich rechtzeitig im Theater war.

Wenn jetzt der Leser den Eindruck hat, ich erzähle lauter garstige Geschichten über Shaw, dann habe ich sie nur garstig erzählt. Und das ist meine Schande. Er war ein herber Brocken für mich, das ist wahr. Die großen Kräche kommen ja erst. Aber er war mein Freund, das wußte ich auch. Er und Barrie und Cochran und Flossie waren meine großen Freunde. Diese vier korrigierten auch mein Englisch ununterbrochen. Jedes Wort, die ganze Zeit. Und jeder von ihnen glaubte, er sei der einzige. Ich kriegte es von allen. Alle anderen Freunde und Bekannte sprachen immer nur von meinem charmanten Akzent – »Please, don't ever lose your charming accent« –, diese vier Engel kämpften darum, ihn mit auszutreiben. Von Flossie hatte ich alle Konsonanten und alle Vokale, in Worte und sinnlose Verse gekleidet, zu lernen bekommen. Es kostete mich jede freie Minute.

Eine neue Sorge hatte sich entwickelt. Cochran hatte sofort nach dem großen Erfolg von *Escape me never* die englischen Rechte erworben für Giraudoux' *Amphitryon 38*. Es war für meine nächste Rolle vorgesehen. Bis Sir James mir vom Himmel fiel mit dem David!

Jetzt meldeten sich die Lunts aus New York und fragten bei Cochran an, ob er nicht die englischen Rechte von *Amphitryon* freigeben könnte für sie, da doch die Zeitungen in England und Amerika berichteten, Miß Bergners nächste Rolle werde ein Stück von James Barrie sein. Cochran fragte mich, was er antworten solle. Da war guter Rat teuer. Die Lunts waren ein Schauspieler-Ehepaar in New York von solcher Popularität, daß es fast egal war, was sie spielten. Einzigartig, großartig waren sie in modernen Stücken wie von Noel Coward oder Molnar. Und *Amphitryon 38* war ein richtiges Festessen für die Lunts – und die Lunts ebenso für das Stück.

Ich sagte Cochran, er müsse ihnen die Rechte freigeben. Ich würde nach Paris fahren und es Giraudoux erklären. Ich würde ihm von Barrie erzählen und daß es sich um einen ziemlich alten Mann handele, der sechzehn Jahre lang nicht mehr geschrieben hatte, und daß man ihn unmöglich warten lassen könne. Alles das tat ich auch. Diese Reise ließ einen merkwürdigen Nachgeschmack in mir zurück.

Ich hatte schon einige Male gehört, Giraudoux sei ein Nazi. Ich hatte das immer wütend bestritten mit der Begründung, Giraudoux sei viel zu intelligent für solchen Unsinn. Als der österreichische Gesandte Baron Frankenstein es auch behauptete, wurde ich unruhig und wollte es wissen. Ich fuhr also zu ihm.

Das Gespräch mit Giraudoux war sehr merkwürdig. Er schien sehr verändert. Kühl und distanziert. Was ich ihm über

Barrie erzählte, schien er vollkommen zu verstehen. Auch, daß ich *Amphitryon* jetzt nicht spielen konnte. Auch, daß die Lunts es wahrscheinlich nach London bringen müßten, nachdem sie es in Amerika gespielt hatten. Schien ihm alles sehr recht. Ich hatte ganz vergessen, daß Giraudoux von Beruf Diplomat war. Jetzt hatte er seine Diplomatenwürde an.

Schließlich fragte ich ihn ganz plump »Ist es wahr, daß Ribbentrop Ihr Freund ist?«

»Ja«, antwortete er zynisch, »warum nicht?«

»Weil alle in London, die ihn kennen, behaupten, er sei ein Idiot.«

»Was macht das?« sagte er. »Alle meine Freunde sind Idioten.«

Wieder was gelernt. Ich erinnere mich nicht an viel mehr über diese kurze Reise.

Zurück zu Barrie. Alles, was ich von ihm weiß. So gut ich kann. Und so schwer es mir fällt.

Er kam aus dem ärmsten, kleinsten, verträumtesten schottischen Bergnest, das man sich denken kann. Er hatte als Knabe, ich weiß nicht, wie weit und wie lange, in die Schule zu laufen. Er fiel bald auf als ein lebendiger Geist. Bekam Freiplätze und Schulplätze und schließlich Universitätserziehung in Edinburgh. Sein Erzählertalent zeigte sich früh in Kurzgeschichten. Sein dramatischer Erfolg war dann ungeheuer, ganz riesengroß. Wie ich schon erzählte, beherrschte er das englische Theater vollkommen. Bis dann einige private Tragödien, die ich auch schon erwähnte, ihn zwangen, den Vorhang fallenzulassen. Aus dem darauffolgenden Winterschlaf von sechzehn Jahren schien die Begegnung mit mir ihn aufgeweckt zu haben. Er war damals ungefähr fünfundsechzig Jahre alt.

Für mich war er eine Märchengestalt. Ein Troll. Ein Rapunzel. Ein Gnom. Ein Rübezahl. Wenn ich zu ihm ging, ging ich wie Schneewittchen zu den Sieben Zwergen, in eine andere Welt. Es war die Welt meiner Kindheit.

Hätte Barrie mich in gesellschaftlichem Rahmen getroffen, wäre er höchstwahrscheinlich unbeeindruckt an mir vorbeigegangen. Aber er hatte mich auf der Bühne gesehen, als einen Charakter, der in seiner Welt zu leben schien. Als armes Waisenkind, das niemals Vater oder Mutter gekannt hatte, das ein Baby geboren hatte, ohne zu wissen, von wem; das dabei pfiffig war, lustig, hungrig und frech und auch sehr tragisch, wenn es sich um das Baby handelte. Mit diesem Charakter, der ihn faszinierte, hatte er mich total identifiziert, und dabei blieb es. Für diesen Charakter hatte er das Stück geschrieben, den *Boy David*.

Und jetzt war der Boy fertig, und meine Angst und Sorge nahmen täglich zu. Barrie hatte mir versprochen, David würde mindestens dreizehnjährig sein. Was ich jetzt las und aus den herrlich schönen Texten lernte, war, daß dieser Charakter sechsjährig, nicht einmal siebenjährig war. Als ich ihn darauf vorsichtig aufmerksam machte, sagte er: »Du vergißt die Zeit, in der das spielt. Ein Junge von dreizehn in der damaligen Zeit kann nicht reifer gewesen sein, als heute ein sechsjähriger wäre.«

Ich war verzweifelt. Einmal sagte ich, ich sei überzeugt, ein wirkliches Kind müßte diesen David spielen, ein Junge, und wir müßten ihn finden. Er sagte: »Niemand wird David spielen als du.«

Einmal rief mich Lilian Gish aus New York an und fragte, ob ich ihr nicht helfen könnte, daß Barrie ihr die amerikanischen Rechte geben würde. Ich redete mich halbtot, um ihm klarzumachen, wie nützlich es für uns sein könnte, so eine Aufführung zuerst in Amerika zu sehen und ihre Gefahren studieren und korrigieren zu können. Ich kriegte immer dieselbe Antwort: »Entweder du oder niemand.« Ich konnte Lilian nicht helfen, sie mir auch nicht.

Cochran und Paulus hatten das Stück gelesen und fanden es so großartig schön wie ich und sagten, meine Sorgen, was David betraf, seien sehr übertrieben. Ich mußte also ins Wasser springen. Es gab keinen Ausweg.

Während Cochran von jetzt ab alle technischen Details übernahm, hatten Paulus und ich erst noch einen Film zu drehen in Elstree. Im Studio dort traf ich Noel Coward. Er erkundigte sich nach Barries Play. Es war jetzt schon offiziell angekündigt als *The Boy David*. Nach Rücksprache mit Cochran und Barrie fragte ich Noel, ob es ihn interessieren würde, Saul zu spielen. Noel verlangte zu lesen, und ich gab ihm das Skript. Er las und lehnte ab. Er wäre auch wirklich ganz falsch gewesen. Als nächsten fragte ich John Gielgud. Er las und lehnte ab. Er wäre genauso falsch gewesen wie Noel. Saul verlangte einen sehr virilen Darsteller. Beide, Noel und John, hatten nicht jene »Muskelhelden – virility«, die man von Saul erwartet. Ich hatte sie in meiner Sorge nur gefragt, weil sie eine gewisse Sicherheit bedeuteten. Schließlich brachte Cochran die beste Besetzung: Godfrey Tearle. Er war ein streng klassischer Schauspieler, wirklich eine Idealbesetzung für Saul, und dazu ein ganz wunderbar lieber Mensch. Und sehr verliebt in das Stück.

Ich darf nicht verschweigen, daß Noel mich fast täglich im Studio besuchte und mich beschwor, das Stück nicht zu spielen. Gielgud hatte dasselbe getan, anläßlich eines Lunches, zu dem er mich gebeten hatte. It is whimsical, it is out of date, hatten beide gesagt, unabhängig voneinander. Whimsical würde auf deutsch naiv, geheimnisvoll, romantisch bedeuten. Man würde zum Beispiel in England die *Versunkene Glocke* von Hauptmann »whimsical« nennen. Weil da auch solche Charaktere wie der Waldschrat und der Nickelmann drin sind. Barrie ließ in seinen Stücken auch immer Leute verschwinden oder fliegen oder einfach nicht alt werden und solche Sachen. Das nannte man jetzt »nicht heutig«. Stimmte ja auch alles. Aber warum sollte das unbedingt negativ ausgelegt werden? Hauptmann und Barrie waren nur deshalb out of date, weil wir so schrecklich nüchtern und sachlich geworden waren.

Ich sah wirklich nur eine Gefahr und die war die Besetzung des David mit mir. Da war zum Beispiel eine Traumszene im letzten Akt. David war nach Hause gekommen. Seine Mutter hatte ihn im ersten Akt mit Proviant für seine Brüder ins Heerlager geschickt, und sie hatten keine Ahnung davon, was er dort alles erlebt hatte. Jetzt bringt sie ihn zu Bett, und er schläft ein und träumt. Es wird dunkel auf der Bühne, und die Hinterwand wird durchsichtig. Und David träumt seine ganze Zukunft, wie man sie in der Bibel liest, in kurzen fragmentarischen Szenen, und wird dazwischen immer älter und erwachsener. Er ist ein Mann geworden und hat schon Sauls Tochter entführt, und schließlich, im letzten Bild, steht er da an den Leichen von Saul und Jonathan und bricht in die Klage aus »Wie sind die Mächtigen gefallen«.

Von einem Bild zum nächsten mußte ich also in rasender Eile Perücken und Kostüme wechseln, um die Wandlungen vom schlafenden Knaben zum reifen Mann glaubhaft zu machen. Eine übermenschliche Aufgabe. Czinner hatte die herrliche Idee gehabt, man solle die Traumszenen filmen und filmisch im Hintergrund zeigen. Barrie war zuerst ganz begeistert von der Idee, Cochran auch. Ich natürlich am allermeisten. Aber dann hatte Lady Cynthia Barrie die Idee ausgeredet. Sie hatte gesagt, er habe doch früher nie Hilfe nötig gehabt von einem anderen Medium. Sie finde es falsch, daß er auf einmal Hilfe bräuchte. Das hatte ihn merkwürdigerweise überzeugt. Und jetzt lehnte er die Filmidee ab.

Mit Cynthia wollte ich mich nicht einlassen. Das hatte Gründe. Ich hatte vor ein paar Monaten ein furchtbares Gespräch gehabt mit Barrie. Ich hatte ihn damals ganz naiv gefragt, was Cynthia eigentlich gegen mich hätte, ob sie eifersüchtig sei auf mich.

»Natürlich ist sie eifersüchtig. Sie hat gesagt, sie weiß ganz genau, daß sie meine Hinterlassenschaft mit dir wird teilen müssen.«

Ich dachte, mir fällt die Decke auf den Kopf, so erschrocken war ich. Es dauerte eine Weile, bis ich überhaupt reden konnte. Dann sagte ich, ich verstünde nicht, er müsse es mir erklären. Und er erklärte mir, daß es ganz selbstverständlich sei, daß Cynthia und ich seine gleichberechtigten Erben wären. Bis jetzt war Cynthia allein seine Erbin gewesen, jetzt müßte sie eben mit mir teilen, und sie wüßte das ganz genau.

Viel früher hatte er mir einmal erzählt, daß Cynthia seit dreißig Jahren seine Sekretärin und Vertraute war. Daß ihre Ehe sehr unglücklich war und daß er das Haus für sie gekauft hatte und für die Erziehung der Söhne sorge. Alles das wissend, verstand ich auf einmal, was für eine Gefahr Cynthia in mir sah.

Ich begann ihm also zu erzählen, wieviel ich verdiene. Einfach so viel, wie ich wollte. Ich erzählte ihm, was ich für jeden Film in cash bekäme und wieviel in prozentualer Beteiligung und daß vorläufig kein Ende abzusehen sei für meine Verdienstmöglichkeiten.

»Never mind«, sagte er ganz ruhig, »it might come in handy one day. Du sparst nicht und sorgst dich für sehr viele, ich weiß. It will come in handy one day.«

Ich war verzweifelt, wie unerschütterlich ruhig er auf seiner Auffassung bestand. Da gab mir ein glücklicher Einfall die entscheidende Begründung meiner Ablehnung. Ich sagte: Ganz abgesehen davon, daß ich seine Fürsorge Gott sei Dank nicht benötigte und absolut ablehnen müßte – und ganz abgesehen davon, daß ich diese Teilung zwischen Cynthia und mir höchst ungerecht gegen Cynthia fände in Anbetracht ihrer dreißigjährigen Dienste und Freundschaft –, er müsse auch wissen und verstehen, daß er mir nichts Gutes täte mit seiner Fürsorge. Eher wahrscheinlich etwas sehr Schädliches. Es würde mich wahrscheinlich zwingen, England zu verlassen. Ich hätte schon einige bedenkliche Zeichen von Mißgunst und Eifersucht erfahren in Theaterkreisen, die man bis jetzt als harmlos hätte betrachten können. Aber laß mich zu allem anderen noch als die Erbin von James Barrie bekannt werden! Was würden all die anderen Schauspieler und Schauspielerinnen sagen, die in seinen früheren Stücken gespielt und sie zu Welterfolgen gemacht hatten! Viel mehr Schaden als Segen würde er mir gebracht haben.

Das schien ernsten Eindruck auf ihn zu machen. Er sagte, er würde nachdenken. Ich sagte, ich hätte schon nachgedacht. Er müsse jetzt handeln, sonst müßte ich England verlassen. Er müßte das Testament ändern, sofort.

»Heißt das gar nichts?« fragte er. »Nicht einmal zehntausend?«

»Nicht einmal eintausend«, sagte ich.

»Nicht einmal für mein Zimmer in Cortina?«

Das erinnerte uns jetzt beide an einen glücklichen Sommer in Italien. Er war damals zu uns nach Venedig gekommen, und wir hatten ihn dann hinaufgefahren nach Cortina und ihm den Grund gezeigt, den wir inzwischen erstanden hatten. Und auch mit dem Architekten hatten wir ihn bekanntgemacht, der dort unsere Hütte bauen sollte. Und Barrie hatte ihm genau erklärt, wo sein Zimmer zu liegen und wohin es zu schauen habe. Und zu Paul hat er an diesem Abend gesagt, er müsse sich unbedingt an dem Hausbau beteiligen.

Wir haben uns dann vergnügt darauf geeinigt, daß er zweitausend Pfund beisteuern dürfe für sein Zimmer in Cortina.

In diesem glücklichen Sommer fuhren wir auch nach Asolo, um Eleonora Duses Grab zu besuchen. Und wie ich dort so hingerissen war von der Schönheit des Friedhofs, erzählte mir Barrie, daß der Friedhof in seiner Heimatstadt Kirriemuir ganz genau so schön liege wie Duses Friedhof in Asolo, ebenso hoch, ebenso schön, ebenso friedlich.

Ich war sehr bewegt, als ich später fand, daß es wirklich so war. Paul hatte uns damals auf dieser schönen Fahrt fast rasend gemacht, weil er uns ununterbrochen fotografierte. Jetzt bin ich dankbar, daß ich dem Leser einige von diesen Fotos zeigen kann. Das war also das Zimmer in Cortina, von dem er eben gesprochen hatte. Und jetzt schlossen wir einen Handel. Wir schworen einander: Wenn Cynthia in ihren alleinigen Rechten als Erbin bestehenbleibt, dann dürfe er sich am Hausbau in Cortina beteiligen mit zweitausend Pfund, und das Zimmer gehörte dann ihm.

Zum Schluß sagte er, er hätte gar nichts zu ändern an seinem Testament. Es sei alles genau so, wie ich es verlange. Cynthia hätte nur seine Gedanken erraten, was er im Sinn hatte, und das hätte zu diesem Gespräch geführt. Ich hätte mich also ganz umsonst aufgeregt.

Jetzt sagte ich, das genüge mir nicht mehr. Ich fände es unerträglich, daß jemand auf den Tod eines Menschen zu warten hätte, um seine Ansprüche und Erwartungen erfüllt zu sehen. Und warum könne er Cynthia nicht sofort zu seinen Lebzeiten finanziell so sicher- und so zufriedenstellen, daß sie aufhören könne, auf seinen Tod zu warten.

Da sah er mich ganz merkwürdig an. Fast traurig und sehr lange. Dann streichelte er meine Haare, auch ziemlich lange. Dann ging er auf und ab, dann blieb er stehen und sagte: »Ever heard of a play *King Lear?*« Ich verstand wieder einmal zuerst nichts, dann langsam doch. Paulus sagte später, als ich ihm von diesem entsetzlichen Gespräch erzählte: »Du hast heute die Cordelia gespielt. Das hat ihn auf den *Lear* gebracht.«

Ich habe diese Geschichte höchst ungern erzählt. Nur, damit der Leser versteht, warum ich mich nicht mit Cynthia einlassen wollte.

Daß das Medium Film eine ganz fremde Welt für Barrie war, wußten wir längst aus einer sehr lustigen Beobachtung im Filmstudio während der Arbeiten an dem Film *As you like it – Wie es euch gefällt*. Barrie hatte uns einen Prolog geschrieben für den Film, den wir nicht brauchen konnten, obwohl er bezaubernd war. Es war ein Dialog zwischen Rosalinde und einer Shakespeare-Büste. Die Büste sprach natürlich auch. Es war bezauberndes Theater, aber nicht zu brauchen für den Film.

Barrie kam sehr oft zu uns ins Atelier und sah den Aufnahmen zu. Alles liebte ihn, und er wurde sehr verwöhnt. Ich habe noch nicht erzählt, daß er ein furchtbarer Raucher war. Pfeife. Nur wenn er Gäste hatte zum Lunch, rauchte er Zigarre; mit einem Hintergedanken. Wenn nämlich die Zigarre halb geraucht war, ohne daß er die Asche abgestreift hatte, dann öffnete der Butler den Käfig des Kanarienvogels, der Vogel spazierte heraus und hüpfte auf Barries Zigarre. Die Asche fiel nicht ab, so leicht war der Vogel, und Barrie rauchte vorsichtig und stolz seine Zigarre weiter. Stolz wie ein Kind, weil die Asche nicht abfiel. Es war wie eine Varieténummer und wurde immer beklatscht. Im Filmstudio rauchte er Pfeife und hatte einen chronischen Raucherkatarrh und ein Räuspern, das den kleinen Mann fast zu zerreißen schien. Ich nannte es Krächzen. Da saß er also und rauchte und krächzte und schaute gebannt zu.

Jetzt drehten wir zum Beispiel eine Szene: Lawrence Olivier und ich. Wir probierten einige Male, wie das üblich ist, bis Licht, Kamera, Sound, alles zufrieden war. Dann hieß es »Aufnahme los«. Wir begannen den Dialog, und Barrie beginnt zu krächzen. Der Soundman sagt »Stop it«. Czinner ruft »cut«, das Licht wird abgedreht. Wir warten. Barrie krächzt nicht mehr, und wir beginnen wieder. Das Licht geht an, der Sound ist in Ordnung, Kamera los, Dialog. Kaum sind wir ein bißchen weitergekommen, beginnt er zu krächzen, und wir stoppen wieder. Da ihn alle lieben, beklagt sich keiner. Wir warten. Wir fangen wieder an. Er krächzt, wir müssen aufhören. Ich kann gar nicht sagen, wie oft sich diese Szene wiederholte an so einem Besuchstag. Einmal, als wir wieder zum xtenmal stoppen mußten, rief er mich ganz ungeduldig zu sich und sagte vorwurfsvoll zu mir »Can't you get it right at last?« – Kannst du das nicht endlich richtig machen? Er hatte keine Ahnung, daß er die Störung war.

Czinners Idee, die Traumvisionen des letzten Aktes von *Boy David* zu filmen, mußten wir also aufgeben. Und schießlich begannen die gefürchteten Proben wirklich.

Wir hatten eine herrliche Besetzung. Die beste, die man sich überhaupt nur wünschen konnte. Augustus John entwarf die herrlichen Dekorationen. Professor Stern die Kostüme. Dem noch ganz unbekannten William Walton hatte man auf Czinners Rat die Musik anvertraut. Zu meinem großen Kummer war Kommissarjewsky nicht frei für die Regie, ich glaube, er inszenierte gerade *Antonius und Kleopatra*.

Cochran brachte schließlich Ayliff ins Schlachtfeld. Ayliff war der Mann, der die Shaw-Festspiele in Malvern managte und vielfach dort inszenierte. Mir gefiel er gar nicht. Aber mir gefiel eigentlich gar nichts mehr an der ganzen Sache. Ich hatte Angst vor Ayliff. Für Barrie viel mehr als für mich. Was Noel Coward und Gielgud über das Stück gesagt hatten, ging mir nicht mehr aus den Ohren. Und Ayliff gefiel mir gar nicht, täglich weniger. Czinner war längst in Paris. Er mußte immer irgendwohin reisen, wenn ich mit Proben zu einem Stück begann. Das war schon immer ein akzeptiertes Gebot. Ich durfte weder Frau noch Freundin, noch Schwester noch Tochter sein, wenn ich anfing, an einer neuen Rolle zu arbeiten.

Wir waren kurz zuvor umgezogen und wohnten jetzt in Priestleys Haus. Am Highgate. Auch sehr hübsch. Wir wohnten noch immer möbliert. Priestley war zu der Zeit in Amerika, glaube ich. Czinner war schon zweimal seit Probenanfang aus Paris gekommen, weil ich so verzweifelt klang am Telefon. Noch nie in meiner ganzen Karriere, einschließlich Innsbruck, hat mir ein Regisseur so wenig gefallen. Ich gefiel mir natürlich auch gar nicht. Dabei mußte ich meine Depression vor allen verbergen. Barrie wollte ich auch nicht auf den Proben haben. Er wollte auch gar nicht.

Und so kam es schließlich zur Generalprobe. Cochran und Barrie waren da. Ich erinnere mich an kein einziges Detail auf dieser Generalprobe. Nur an das Nachher. Das Nachher ist unheimlich deutlich in meiner Erinnerung. Es beginnt mit dem Adieusagen vor dem Bühneneingang. Barrie und Cochran und Cynthia waren nach Schluß der Probe lange in meiner Garderobe gewesen. Ich erinnere mich nicht an das, was sie sagten, aber ich glaube, es war nur Gutes. Sie sahen ziemlich glücklich und zufrieden aus. Barries Wagen und mein Wagen wurden gemeldet, wir gingen alle hinunter. Barrie fuhr als erster ab. Ich sollte Cynthia, auf meinem Weg nach Highgate, an ihrem Haus absetzen, und sie stieg ein mit mir. Als ich nach ihr einsteigen wollte, umarmte mich Cochran sehr zärtlich und flüsterte mir ins Ohr »God bless you, Elisabeth.« Dann brachte ich Cynthia nach Hause und war endlich allein.

Als wir aus der Stadt waren, auf dem Weg nach Highgate Village, wo wir jetzt wohnten, ließ ich den Wagen halten, stieg aus und schickte ihn weg. Ich wollte zu Fuß gehen. Es muß ungefähr vier Uhr nachmittags gewesen sein. Morgen war die Premiere. Ich ging und redete mit mir selbst: »Diese Premiere darf nicht stattfinden. Ich weiß nicht, was ich machen soll. Diese Premiere darf nicht stattfinden. Ich weiß nicht, was ich machen soll. Diese Premiere darf nicht stattfinden. Ich kann doch nicht sagen, ich bin krank. Ich weiß nicht, was ich machen soll. Diese Premiere darf nicht stattfinden.«

Es war Abend, als ich schließlich zu Hause ankam. Das Mädchen hatte gewartet. Ich wollte nichts essen und schickte sie zu Bett. Wann ich selbst zu Bett ging, weiß ich nicht. Aber ich weiß, wie einem Selbstmörder zumute ist; das weiß ich ganz genau. Dann weiß ich, daß ich auf einmal rasende Leibschmerzen hatte, auf der rechten Seite. Rasende Schmerzen. Und sie hörten nicht auf, sie wurden immer wilder. Ich läutete dem Mädchen, sie brachte mir ein Hotwater-bottle. Davon wurden die Schmerzen noch schlimmer. Ich sagte, sie solle unseren

Arzt anrufen. Sie kam zurück und sagte, er antworte nicht. Rasende Schmerzen. Ich sagte, sie solle Czinner anrufen in Paris. Dann weiß ich nichts mehr. Dann erst wieder, bis mir einer was in den Mund steckte. Dann, daß mich einer abgriff und daß ich getragen wurde, in ein Automobil. Daß Bimbo da ist, daß ich auf einen Tisch gelegt wurde. Aus.

Dann erst wieder, daß ich in einem Bett lag und daß Bimbo da war. Dann erst wieder, daß mir etwas in den Mund gesteckt wird, daß Bimbo da ist. Dann, daß ein Fremder da ist. Bimbo sagt »Das ist Lord Horder, er hat dich operiert. Er hat deinen Blinddarm herausgeholt.« – »Highest time too«, sagt Lord Horder. Dann geht er.

Am nächsten Tag bin ich ganz klar. Bimbo ist da. Barrie kommt, aber nur für zwei Minuten. Am Nachmittag Cochran. Auch nur für zwei Minuten. Ich frage Bimbo, was aus der Premiere geworden war. Er sagt »Verschoben auf unbestimmte Zeit.« Er sagt auch »Du sollst dich gar nicht sorgen. Cochran war sehr hoch versichert.«

Bimbo mußte Shaw jeden Morgen und Abend anrufen und berichten.

Ich werde jetzt ganz schnell gesund. Wir mieten ein Haus in Sussex wegen der Seeluft. Barrie kommt jedes Weekend. Cochran kommt mit Lady Cochran. Man beginnt, von einer Wiederaufnahme von *Boy David* zu sprechen. Alle Schauspieler hatten Cochran versichert, sie würden sich entweder freihalten oder freimachen für die Wiederaufnahme. Ich mußte wieder dran glauben.

Aber zuerst müssen wir wieder einen Film machen, Czinner und ich. »Müssen« heißt immer: Wir brauchen Geld. Wir brauchen sehr viel Geld. Unser eigenes Leben, ohne eigenes Heim, war sehr teuer. Dann waren da noch immer Mama, Schwester und Bruder und Freunde und Fremde, es wurden immer mehr.

Wir hatten einen wunderschönen neuen Stoff erworben, von

einem tschechischen Autor, Benesch hieß er. Das Buch hieß *Stolen Life*, der Film auch. Es handelte sich um Zwillingsschwestern, die einander so ähnlich waren, daß man sie nicht unterscheiden konnte. Eine war sehr sympathisch und ernst und die andere ganz frivol und gewissenlos. Ich spielte natürlich beide. Michael Redgrave spielte den Heartbreak, der erst die ernste, sympathische Schwester liebt und sie später für die andere verläßt. Die Schwestern hießen Martina und Sylvina Lawrence. An diesen Namen wird sich der Leser später in Amerika erinnern müssen.

Noch etwas gehört hierher. Michael Redgrave hatte eine wunderhübsche Frau, Rachel. Gerade als die Filmarbeit begann, gebar sie einen Sohn. Natürlich wurde ich Taufpatin. Sie hatten schon eine zweijährige wunderschöne Tochter, die hieß Vanessa. Die klammerte sich damals an meinem Kleid fest, weil sie durchaus mitkommen wollte und nicht durfte, als wir zur Taufe fuhren. Heute ist sie die berühmte Schauspielerin Vanessa Redgrave, und mein Patensohn Corin Redgrave ist auch ein erstklassiger wunderbarer Schauspieler. Von der Patenverwandtschaft machen wir wenig Gebrauch heute. Mea culpa, alles meine Schuld. Sie haben sich alle wiederholt bemüht.

Ich sehe, ich lasse mich gerne ablenken davon, die Barrie-Geschichte zu Ende zu erzählen, wie ich doch muß und so ungern will. Aber zuerst noch etwas über die Blinddarmoperation. Czinner erzählte mir, mein erstes Wort, als ich aus der Narkose aufwachte und ihn erkannte, sei gewesen: »Du, niemand stirbt ohne seine Einwilligung.« Er dachte damals, ich wäre noch in Trance. Aber ich bin froh, daß er das nicht vergessen hat. Ich werde darauf zurückkommen.

Die Proben fangen wieder an. Dieses Mal haben wir Kommissarjewsky als Regisseur. Die Besetzung ist die gleiche. Mein schweres Herz ist auch dasselbe wie beim erstenmal. Vielleicht noch schwerer. Kommissarjewsky versucht mich zu überreden, Barrie doch noch für die Verfilmung der Traumszenen zu gewinnen. Ich könnte doch noch einmal versuchen, ihm zu erklären, daß das Filmmedium ihm nur dienen würde, daß seine eigene Ausdruckskraft dadurch nur erweitert würde. Ich wollte ihn nicht überreden. Ich bestand darauf, daß solch eine Sinnesänderung von ihm kommen müsse.

Dann brachen Streitigkeiten aus zwischen Augustus John und Professor Stern. Ich weiß nicht mehr, warum sie stritten, wenn ich es überhaupt jemals gewußt habe. Endlich fuhren wir alle nach Edinburgh, wo die letzten Proben waren und die Uraufführung stattfand. Edinburgh war in einer fieberhaften Aufregung, wie vor einer Coronation. Sir James Barrie, Schottlands Stolz, nach sechzehnjähriger Pause, und die berühmte E. B. und Augustus John und Professor Stern und Godfrey Tearle und Kommissarjewsky und Leon Quartermaine und, und, und. Ob man aus dem Theater kam, oder aus dem Hotel, die Journalisten und Fotografen schwärmten herum.

Barrie hatte sehr bald genug von dieser Fieberatmosphäre und lag auf einmal krank im Bett im Hotel und konnte sich nicht rühren. Ich erinnere mich nicht, ob es Rheumatismus hieß oder Ischias oder Arthritis. Es war etwas aus dieser Familie, und es war neu für ihn, er hatte es nie vorher gekannt. Er konnte nicht mehr auf die Proben kommen und war schauderhaft deprimiert. Ärzte wimmelten herum. Lady Cynthia kam aus London, und eine Pflegerin war auch da.

So kam die Premiere, von der ich, wie gewöhnlich, nichts zu erzählen weiß. Da Barrie nicht anwesend sein konnte und das Getöse und der Applaus kein Ende nahmen, wurde ich hinausgeschickt und sagte »Ich habe die Ehre, den Dank des Autors auszusprechen.« Das hatte ich Albert Heine oft sagen hören im Burgtheater in Wien, anläßlich von Premieren. Derselbe Albert Heine, zu dem ich als Drückebergnerin ins Konservatorium gegangen war. Jetzt brachte Heines Premierenmethode neuen Applaus, und alles schien sehr glücklich und zufrieden. Dann gingen Cochran und Lady Cynthia und ich zu Barrie und erzählten ihm alles. Dann gingen wieder alle. Er hielt meine Hand lange fest, als wollte er mir danken. Eine qualvolle Erinnerung, heute noch.

Die Presse am nächsten Morgen war so enthusiastisch, daß ich überzeugt war, sie hätten die Rezensionen schon vor der Premiere geschrieben. Ich glaubte noch immer nicht an mich in dieser Rolle.

Jetzt durfte auch Bimbo kommen. Aber auch ihm gelang es nicht, mich zuversichtlich zu machen. Ich weiß nicht mehr, ob wir eine oder zwei Wochen in Edinburgh blieben.

Unsere Londoner Premiere fiel dann in die politisch aufgeregteste Zeit, die ich, abgesehen vom Kriegsausbruch, in diesem Land erlebt habe.

Der liebe alte King George, der damals »enchanté« gesagt hatte, war gestorben. Meine liebe Freundin Queen Mary war umgezogen in ein anderes Palais. Der Prinz of Wales war in den Buckingham Palace eingezogen und hatte sofort alle Uhren richtigstellen lassen. Dann wurde er im St. James's Palace als Edward VIII. ausgerufen. Und dann ging's los. Die bewußte Dame, Mrs. Simpson, war in aller Leute Mund. Literally, buchstäblich heißt das, in aller Leute Mund, und sie hörte nicht mehr auf, in aller Leute Mund zu sein und in allen Zeitungsartikeln, bis der junge König schließlich abdankte, weil man ihm nicht erlauben wollte, sie zu ehelichen, und er unmöglich regieren konnte, »without the woman I love«.

Das war ungefähr die Atmosphäre, in der wir eröffnen mußten in London. Hier muß ich auch erzählen, daß bereits zur Zeit meiner Blinddarmoperation verschiedene Gerüchte und Zeitungsanspielungen darüber erschienen waren, daß ich gar nicht wirklich krank gewesen oder gar operiert worden sei. Das sei alles nur Mache gewesen, um zu verhüllen, daß Miss B. das Stück nicht spielen wolle. Sie fände es zu »whimsical«. Ein solcher Zeitungsbericht war erschienen unter dem Titel »The Knockers are down«. Diese Phrase war und ist sonst nur bei

Auktionen in Gebrauch, wenn der Letztbietende durch drei Hammerschläge als neuer Besitzer erklärt wird und keine weiteren Angebote akzeptiert werden können. Dann sagt der Auktionator: »The Knockers are down.« Unsere Premierenkatastrophe von damals nannten sie also »The Knockers are down«.

Die Premiere fand also jetzt doch statt. Die London-Premiere. Der arme Leser ist ja schon gewöhnt, daß ich mich an nichts erinnere, was eine Aufführung betrifft. Nicht einmal daran, ob dieses Mal Barrie selbst den Dank des Autors aussprach oder ob ich es wieder tat. Ich erinnere mich nur, er verbrachte den ganzen Abend in meiner Garderobe, wie die meisten folgenden auch. Die Zeitungen waren enorm respektvoll. Manche waren sogar enthusiastisch. Aber in keiner einzigen Rezension fehlte das gefürchtete Wort »whimsical«. Was gleichbedeutend ist mit »nicht für heute«. Wirklich weh taten nur solche Kritiken, die sagten, Miss Bergner sei herrlich gewesen und ergreifend in dieser oder jener Szene, aber das Stück sei ihrer nicht ganz würdig gewesen.

Keiner wollte wissen, was ich wußte: daß genau das Umgekehrte der Fall war. Keinem waren die unsterblichen Köstlichkeiten aufgefallen, die ich in dem Stück so liebte. Zum Beispiel im ersten Akt, nachdem der Prophet Samuel gekommen war und sich auf Gottes Befehl alle Söhne Jesses genau angesehen hatte, um schließlich den dreizehnjährigen David in einer wundervollen poetischen Szene mit seinem heiligen Öl zu salben. In dieser Szene erzählte ihm David, daß er auch einen Löwen getötet habe und daß er Psalmen dichte. Samuel verlangte eine Probe seiner Dichtung, und David begann mit der ersten und zweiten Zeile aus dem Psalm »Der Herr ist mein Hirte; mir wird nichts mangeln«. Und dann weiß er nicht weiter, und Samuel sagt »Du mußt das aber zu Ende dichten, sonst vergißt du es.« Und später sagt er zu David »I welcome you among us brothers. I too am one of those who put things down.« Kurz nachdem der Prophet gegangen ist, kommt Davids Vater, der alte Jesse, von seiner Handelsreise mit Tierfellen nach Hause und fragt die Mutter, ob etwas Interessantes vorgefallen sei in seiner Abwesenheit. Gar nichts, sagt die Mutter. Ein alter Mann war da und hat sich mit David unterhalten. Worauf der Vater sagt »Nothing ever happens in Bethlehem.« Ach, nie passiert etwas in Bethlehem. Ich glaube, das war meine liebste Stelle in dem Stück.

Shaw war der einzige, soweit ich mich erinnere, der die poetische Schönheit der ersten Begegnung zwischen Saul und David zu würdigen verstand. Er schrieb damals noch hie und da, in besonderen Fällen, Kritiken im »Statesman«. Er war natürlich im Theater gewesen, und ich erwartete mit Grausen seine Bosheiten. Mrs. Shaw rief mich zum Dinner für den ersten freien Sonntag. Paulus konnte damals nicht mitkommen, er war verabredet oder irgend so etwas; er sollte mich abholen.

Nach dem Dinner saßen wir dann, Mr. und Mrs. Shaw und ich, im Wohnzimmer. Er hatte noch kein Wort über die Aufführung gesagt. Jetzt fragte er »Würde es dich interessieren, meine Rezension zu hören?« – »Yes, please«, sagte ich. Und er las aus einem Skript. Den ersten Akt, den ich so liebte, erwähnte er nicht. Er begann mit dem zweiten Akt und mit Shawschem Humor: Er könne nicht leugnen, daß Miß Bergners Erscheinung auf einem lebendigen Esel eine große Enttäuschung für ihn gewesen sei. Er sei sicher nicht der einzige gewesen, der erwartet habe, die würde auf einem Derby-winner ankommen. Sogar ich mußte darüber lachen. Das bezog sich auf all die berühmten Namen, die an der Produktion beteiligt waren, wie Augustus John, William Walton, Godfrey Tearle, Leon Quartermaine, Professor Stern etc. Ein gewöhnlicher Esel gehörte doch nicht in eine so illustre Gesellschaft. Nach dieser einleitenden Bosheit kam er auf die erste Begegnung zwischen Saul und David zu sprechen und sagte, daß er seit seiner ersten *Hamlet*-Aufführung, die er in seinen jungen Jahren in Dublin gesehen hatte, nicht mehr so erschüttert gewesen war in einem Theater wie in dieser Szene.

Ich war so glücklich, so aufgeregt, so befreit, ich sprang auf und umarmte und küßte ihn. Mrs. Shaw applaudierte. In diesem Augenblick kam Paulus, um mich abzuholen. Und Shaw war so feuerrot geworden, daß wir alle ihn erschrocken ansahen. Er rief: »Paul, you are lucky, you didn't come a minute earlier.«

Der Rest des Abends verlief dann so friedlich, daß ich mich an nichts weiter erinnere.

Barrie hatte einmal in einem bestimmten Augenblick in Cortina über Shaw gesagt »Don't worry, he is a white man.« Daran mußte ich an diesem Abend denken. Und muß auch von dem Augenblick in Cortina erzählen, obwohl er jetzt gar nicht hierhergehört. Oder doch? Der Leser weiß längst, daß ich immer »inzwischen« sage, wenn ich die verschiedenen Ereignisse nicht richtig datieren kann.

»Inzwischen« hatten nämlich Verhandlungen angefangen zwischen Shaw und unserer »Firma« um die Verfilmungsrechte von *Saint Joan*. Diese Verhandlungen dauerten noch und noch und nahmen kein Ende. Sie wurden immer komplizierter. Unser amerikanischer Verleihpartner 20th Century Fox verlangte die Zustimmung der katholischen Kirche für die Produktion des Films. Denn ohne diese Zustimmung war der Film in großer Gefahr, einem katholischen Publikum verboten zu werden. Wir mußten also einen katholischen Priester in London zu Rate ziehen. Er hieß Father Martindale. Der reiste dann für uns nach Rom, mit Shaws Play, und kam zurück mit dem Vatikanbeschluß, daß Shaw alle Stellen streichen müsse, wo Johanna mit Folter bedroht wird. Es sei historisch unrichtig. Worauf Shaw antwortete »Don't worry, Paul. I'll outlive the Pope.« Sorg dich nicht, Paul, ich werde den Papst überleben.

Gleichzeitig hatte ich aber etwas viel Schlimmeres und Gefährlicheres angestellt. Etwas, das damals das ganze Projekt ins

Schwanken brachte. Es war etwas unverzeihlich Blödes. Ich hatte James Bridie aufgefordert, insgeheim, nicht einmal Paulus wußte davon, *Saint Joan* für den Film zu bearbeiten. James Bridie war der sehr talentierte junge Dramatiker, ein Schotte, von dem Shaw sehr viel hielt und mit dem ich den Leser anläßlich der Bridie-Premiere in der Cochran-Loge bekannt gemacht habe. Herausgefordert zu dieser unverzeihlichen Dummheit fühlte ich mich durch einen Brief, den Shaw an unseren Rechtsanwalt geschrieben hatte und der so shawisch raffiniert war, daß ich ihn eigentlich in seiner ganzen Länge hier abdrukken möchte oder würde, wenn er in Deutsch geschrieben wäre. Shaw »bat« nämlich unseren Rechtsanwalt Guedalla, er möge doch – bitte! – Elisabeth und Paul warnen (!), sich ja nicht einfallen zu lassen, einen anderen Autor beizuziehen für die Skriptarbeit an dem Film. Erstens: weil, wie der Rechtsanwalt ja wissen müsse, so ein Mitarbeiter ewige Rechte hätte zu finanzieller Beteiligung und, zweitens: weil es überhaupt keinen Autor gäbe, der so einer Aufgabe gewachsen wäre. Jeder Autor würde viel zu scheu und respektvoll sein, um notwendige Striche und Änderungen vorzunehmen. Nur er, Shaw selber, könne schonungslos genug streichen und ändern etc.

Heute finde ich diesen Brief rührend, damals fand ich ihn raffiniert und herausfordernd. Paul fand ihn durchsichtig und komisch. Jedenfalls ermunterte er mich damals zu einem unverzeihlich dummen Streich. Ich hatte also Bridie geschrieben und ihn gefragt, ob er Lust hätte, so eine Bearbeitung zu versuchen. Es sei vorerst natürlich nur ein Experiment, ohne jede Garantie. Der nächste Schritt wäre dann, mit Shaw und Czinner darüber zu beraten. Das Ganze sei vorläufig nur als Anfrage von mir zu betrachten. Bridie antwortete, daß ihn mein Vertrauen sehr ehre und daß er den vorgeschlagenen Versuch mit Freude unternehmen wolle.

So weit war die Affäre, als wir damals in dem glücklichen Sommer in Italien waren, von dem ich dem Leser eben erzählt habe. Wir waren also von Asolo nach Cortina zurückgekommen, als dort ein Brief auf mich wartete, von Shaw.

Der Brief fing so an: »Dear Elizabeth, now the fat is in the fire.« Das sollte heißen, es brennt. Alles brennt. Er brennt, das Projekt brennt, unsere Freundschaft brennt, alles ist vorbei. Dann erzählte er noch in dem Brief, wie Bridie, der ein viel besseres Benehmen habe als ich, ihm geschrieben hätte, um ihn zu fragen, ob er einverstanden wäre, wenn er den Versuch machte, zu dem Miß B. ihn eingeladen habe, etc.

Und jetzt war das Fett im Feuer. Paulus sagte, eines sei sicher, Bridie habe sich viel besser benommen als ich. Das wußte ich auch.

An diesem Abend sagte Barrie »Sorg dich nicht so, Elisabeth, Shaw is a white man.« Wahrscheinlich hatte diese Bezeichnung ein »weißer Mann« ursprünglich etwas zu tun mit dem amerikanischen Negerproblem. Aber das wußte damals Barrie so wenig wie ich. Was er sagen wollte, war, daß Shaw kein Bösewicht war.

Auf mich hatten diese ziemlich einfachen Worte einen großartigen Effekt. Sie erinnerten mich blitzartig an Shaws Genie und seine Größe. An seinen Humor und seine Intelligenz. Ich hielt es auf einmal für möglich, daß Shaw über meine Frechheit würde lachen können. Später dann, am selben Abend, schrieb ich einen ganz kurzen Brief an Shaw, der einen überraschenden Effekt hatte. Ich hatte geschrieben: Wenn er nicht aufhören würde mit seinen Feuerbrandbriefen, würde die arme Johanna bestimmt in Rauch ersticken, ohne jedes Feuer.

Viel später, in ganz anderem Zusammenhang, schrieb Shaw einmal an Cochran »Elizabeth is a very good letter-wright.« Nur ich wußte damals, auf welchen Brief sich das bezog. Von Bridie sprach er nie wieder. Bridie hatte sich selbst ausgeschaltet, und ich hätte ihn nie einschalten dürfen, basta.

Aber jetzt sind wir eben nach der Londoner Premiere von *Boy David*. King George V. ist gestorben, King Edward VIII.

hat abgedankt. Ein neuer König, der gar nicht König werden wollte, wurde ausgerufen: George VI. In diese Zeit war der *Boy David* hineingeraten, und mit ihr mußte er mitlaufen. Bis er nicht mehr konnte oder wollte. Barrie sowohl als auch ich waren viel ungeteiltere Aufmerksamkeit gewöhnt, und ein Theater, das nicht täglich ausverkauft war, mutete uns an wie ein Mißerfolg.

Barrie hatte wieder Gliederschmerzen, aber er war trotzdem meistens in meiner Garderobe. Er machte mich entsetzlich traurig. Ich wußte, wie enttäuscht er war, er sprach nie darüber. Ich wußte, es war sein Traum und Wunsch gewesen, mir den größten Erfolg meines Lebens zu erwirken mit seinem Stück, und er fühlte, er hatte versagt. Er glaubte, er hätte mich enttäuscht, und ich hätte keine Verwendung mehr für ihn. Er war zu nichts mehr nütze.

Woraus ich schloß, daß er so fühlte und dachte, das ging aus einer winzigen Begebenheit hervor, die mir fast das Herz brach.

Er war wieder einmal im Zuschauerraum gewesen bis zur Pause und war dann in meiner Garderobe. Er sagte zu mir »The strings of your harp are invisible for the audience.« Das heißt »Deine Harfensaiten sind unsichtbar, vom Publikum aus gesehen.« Da hatte nämlich irgendein Kamel von Requisiteur neue Harfenstränge aufgespannt und hatte dunkle genommen statt lichte. Ich sagte nur »Ja, das habe ich auch gemerkt.«

Am nächsten Abend war er wieder in der Garderobe, und die Harfe lag auf dem Tisch. Er ergriff sie mit beiden Händen und fragte mit weitaufgerissenen Augen und ganz ungläubigem Gesichtsausdruck »You had it changed?«

Ich sagte »Natürlich, warum fragst du?«

Seine Antwort war es, die mir das Herz brach. Er sagte »Oh, ich dachte, was ich sage, sei nicht wichtig.«

Ich sagte darauf nur, er täte mir unrecht. Aber zu Hause weinte ich darüber.

Czinner war auch sehr dafür, daß wir das Stück schließen und alle auf Erholung gehen sollten. Mit Barrie hatte ich schon längst beschlossen, schon während der Proben, daß wir nach Schluß des Runs nach Palästina fahren wollten, um Nazareth zu sehen, wo das Stück spielte. Cochran fand es endlich auch richtig und ratsam, das Stück zu schließen.

Unsere Pläne waren schnell gemacht. Paulus und ich fuhren zuerst nach Cortina wegen unserer Hütte und weil ich mich in Bergluft immer so schnell erhole. Barrie sollte entweder nachkommen oder, wenn ihm das zu anstrengend war, sollten wir uns in einer Woche in Rom treffen. Und von Rom führen sowieso alle Wege nach Nazareth, hatte er einmal gesagt.

Es kam ganz anders. Kaum waren wir drei Tage in Cortina, rief Barrie an, sehr aufgeregt: ich müsse sofort zurückkommen. Buckingham Palace oder der neue König oder die neue Königin hätten den Wunsch geäußert, *Boy David* zu sehen, während der Krönungsfeierlichkeiten. Ich lachte und sagte »Nonsense, die haben doch genug Zeit gehabt, das Stück zu sehen. Ich denke gar nicht daran, zurückzukommen.«

Wie bitter Barries Enttäuschung gewesen sein muß, wurde mir erst viel später bewußt. Ich hatte seine Antwort am Telefon für einen gutmütigen Witz gehalten. Er hatte gesagt »Only an Austrian can say such a thing.« Das heißt, nur eine Österreicherin kann so reden. Er hatte natürlich recht.

Paulus verstand es damals auch nicht besser als ich. Wir hatten in Österreich und in Deutschland gelebt und gearbeitet, ganz ohne Kaiser- und Königsfamilien. Und wir hatten in London immer nur ungläubig den Kopf geschüttelt, wenn wir uns dieser einzigartigen, dieser erschütternd ernsten und aufrichtigen Monarchenliebe gegenüber sahen. Heute denke und fühle ich ganz anders. Heute empfinde ich nur tiefe Bewunderung für diese Familie und für ihre unermüdliche verantwortungsvolle Hingabe an ihren Beruf. Damals hielt ich das englische Königtum für einen Winterschlaf im Weltgeschehen. So amüsant und aufregend ich auch meine erste »command performance« gefunden hatte.

Es ist ein Jammer, daß wir nicht immer gutmachen können, wenn wir gelernt haben, daß wir unrecht hatten. Wie gerne würde ich diese »command performance« heute nachholen. Sie hätte damals wahrscheinlich Barries Enttäuschungen geheilt. Cochran sagte auch, die Aufführung hätte eine neue Injection, einen neuen Impetus bekommen, und alle die anderen Monarchen, die zur Krönung gekommen waren, wären ins Theater gekommen, und ich wäre dann bestimmt geadelt worden und lauter solches Zeug. Und ich sagte zu mir selber ja, ja, ja, und wenn sie nicht gestorben sind, dann leben sie noch heute.

Aber nein, sie leben nicht mehr.

Wieder ein paar Tage später rief mich Lady Cynthia an. Barrie sei krank. Ich fragte, ob ich kommen solle. Ganz bestimmt nicht, sagte sie. Es sei wieder dieselbe Geschichte, er sei schlechter Laune, das sei alles. Ich fragte: »Will er noch nach Cortina kommen, will er noch nach Palästina reisen? Wenn er die Reise aufgegeben hat, will ich sowieso sofort nach London zurückkommen.«

Cynthia sagte »Warte noch ein paar Tage, ich gebe dir Bescheid.«

Zwei Tage später rief sie wieder an und sagte, es sei sehr ernst geworden. Er sei im Hospital.

Ich sagte »Ich komme.«

Sie sagte »Besuche sind ausnahmslos verboten.«

Ich fragte »Wer ist sein Arzt?«

»Lord Horder«, sagte sie.

»Der hat meinen Blinddarm operiert, bitte, frag ihn, ob ich kommen darf.«

»Ich habe ihn schon gefragt«, sagte Cynthia. »Er hat es absolut verboten. Niemand darf zu ihm, Elisabeth, er ist nicht bei Bewußtsein, du kannst nicht zu ihm. Ich gebe dir morgen Bescheid.«

Ich wußte jetzt, daß Cynthia vor Barries Tür stand. Paulus wußte das auch. Was tun? Ich war auf einmal wie gelähmt. Bimbo sagte, wir müssen jetzt warten. Wir wollen keinen Skandal.

Am nächsten Morgen übernahm Bimbo den Anruf Cynthias. Barrie war gestorben.

Ein paar Stunden später waren wir in London. Jetzt durfte ich hinein. Sie blieb im Zimmer.

Er sah nachdenklich aus. Er war der erste Tote, den ich gesehen hatte.

Cynthia sagte uns noch, wann das Begräbnis sein würde und wo. In Kirriemuir, seinem Heimatort. Ich wollte nicht dabeisein. Ich fühlte mich ziemlich schwach, und Bimbo war sehr besorgt. Er packte mich am selben Abend wieder in ein Flugzeug, und wir flogen zurück nach Cortina. Dort hielt er mich ein paar Tage im Bett. Ich konnte nicht reden und nicht denken. Ich war wie gelähmt.

Ein schlechtes Gewissen ist bestimmt die schlimmste Krankheit, die es gibt. Keiner stirbt ohne seine Einwilligung.

Ob die Zeitungen etwas wußten über die abgesagte Coronation command performance, weiß ich nicht. Ob etwas in den Zeitungen stand über meine mysteriöse Abwesenheit beim Begräbnis, weiß ich auch nicht. Wir wollten beide gar nichts darüber wissen. Bimbo erinnerte mich an die Inschrift über Shaws fireplace in dem alten Haus in der Adelphy terrace. Er wohnte längst nicht mehr dort. Es war ein uraltes Haus und ein uralter Feuerplatz gewesen. Und in den Ziegeln oder Steinen waren Buchstaben eingegraben, gar nicht leicht zu lesen: »They say – let them say.« Sie reden – laß sie reden. Das hatte mir damals sehr gefallen. Ich gebrauche es heute noch oft.

Wieder ein paar Tage später, gleich nach dem Begräbnis, rief Cynthia wieder an und sagte, sie sei sehr erschöpft von allem und ob sie für ein paar Tage zu uns kommen könne. Wir waren etwas erstaunt und luden sie sofort ein. Paulus holte sie ab.

Es war eine ganz andere Cynthia, die da kam. Sie sah mindestens zwanzig Jahre jünger aus, unverhüllt strahlend, vergnügt und heiter. Bimbo sagte »Direkt schamlos.« Ich war froh, daß sie nicht die trauernde Witwe spielte. Sie war viel freundschaftlicher und wärmer zu mir als je zuvor. Paulus mußte jetzt nach London und ließ uns allein. Aber vorher fotografierte er uns noch zusammen, und der Leser kriegt ein Foto von Lady Cynthia Asquith mit mir in Cortina.

Das erste, was sie mir erzählte, war, daß Barrie mir zweitausend Pfund hinterlassen habe in seinem Letzten Willen. »For the best performance ever given in any play of mine« – für die beste Darstellung, die er je in einem seiner Stücke erlebt hatte.

Ich war sehr gerührt und dankte. Ich fragte sie, ob jemand davon wisse, daß ich mich geweigert hatte, für die coronation performance zurückzukommen. Sie sagte, nicht einmal sie habe das gewußt.

Sie war in euphorischer Stimmung und erzählte mir ihr ganzes Leben. Von ihrer wunderbaren Kindheit in ihrem wunderbaren Elternhaus, von ihrer Eheschließung mit Herbert Asquith und von dem furchtbaren Unglück, daß ihr erstgeborener Sohn im zweiten Lebensjahr als geistig unnormal oder schwachsinnig erklärt worden war und seit damals und heute noch in einer Institution für geistig unterentwickelte Kinder lebe. Dann erzählte sie mir, wie »Beb«, ihr Mann, sie immer mehr und mehr enttäuscht hätte, und wie sie Barries Sekretärin wurde.

Sie behauptete auch, daß ihre Beziehung zu Barrie ein ganz richtiges, normales Liebesverhältnis gewesen sei. Darüber war ich bis zur Ungläubigkeit erstaunt. Von dem kranken Sohn hatte Barrie mir erzählt, auch von der unglücklichen Ehe. Von dem Liebesverhältnis nie. Ein schottischer Gentleman – oder es war nicht wahr. Ich weiß nicht, warum ich mir Barrie nicht als Liebhaber vorstellen konnte. Für mich war er ein Troll. Ich fand es ganz natürlich, daß seine Frau ihm mit seinem Sekretär durchgegangen war. Ich fand es ganz natürlich, daß er fünf kleine Buben, die Söhne eines verstorbenen befreundeten Ehepaars – daß er diese alleingelassenen Kinder adoptiert und allein aufgezogen hatte. Alles das paßte ausgezeichnet zu ihm. Sogar daß er ganz aufgehört hatte zu schreiben, unter dem Schock, als der jüngste dieser Adoptivsöhne in Eton beim Schulschwimmen ertrank. Das alles war mein Barrie. Das Verhältnis mit Cynthia war eine Neuigkeit. Eine unglaubliche Neuigkeit.

Paulus und ich bewohnten immer eine kleine Zweizimmerwohnung in dem alten Hotel Cristallo in Cortina. Wir nahmen unsere Mahlzeiten gewöhnlich in dem kleinen Wohnzimmer ein. Jetzt saßen wir da, Cynthia und ich, bis in die Morgenstunden. Und sie erzählte und erzählte. Einmal fragte ich sie, warum sie eifersüchtig gewesen sei auf mich. Sie müsse doch gewußt haben, daß ich kein Liebesverhältnis hatte mit Barrie. Sie sagte »Wenn du so lange alles warst für einen Menschen, und plötzlich siehst du sein Gesicht aufleuchten, weil ein anderer zur Tür hereinkommt, dann wirst du wahrscheinlich eifersüchtig.« Diese Antwort rührte mich sehr. Ich verstand und verzieh vieles. Aber dann passierte etwas Merkwürdiges, jedenfalls ich habe es mir gemerkt.

Wir hatten wieder einmal bis tief in die Nacht gesessen, bis sie endlich gute Nacht sagte und auf ihr Zimmer ging, das einen Stock tiefer lag. Ich ging auch zu Bett und holte mir meine Bibel. Ich hatte immer zwei Bibeln mit, eine englische und eine deutsche. Sie sahen ganz gleich aus. Zwei kleine schwarze Bücher. Die englische hatte ich von Quartermaine und die deutsche von Zuckmayer. Ich hab' sie beide noch. Ich erinnere mich nicht, welche ich mir an dem Abend holte. Aber als ich sie nachher im Bett öffnete, war es nicht meine Bibel, es war etwas ganz anderes. Ich wußte zuerst nicht, was es war, dann kam ich drauf: Es war Cynthias Tagebuch. Sie hatte es auf meinem Schreibtisch liegengelassen. Jetzt erlebte ich etwas, das ich nicht kannte: die berühmte innere Stimme. Aber ganz laut:

Tu's nicht, tu's nicht, lies nicht, tu's nicht! Aber so laut, daß ich aus dem Bett sprang und an die Tür lief und öffnete, um zu sehen, ob jemand da war, der so laut sprach. Ich glaube mich zu erinnern, daß ich am ganzen Körper zitterte und ich machte schließlich einen Handel mit meinem Gewissen: Nur die Eintragung an seinem Todestag will ich sehen. Alles andere interessiert mich nicht. Ich schlug das Datum auf. Da stand: »He didn't open his eyes anymore. Only stopped breathing. Horder came and put it in writing. I went home twenty years young.« Ich sage es in Deutsch: Er hat die Augen nicht mehr geöffnet. Nur aufgehört zu atmen. Horder kam und schrieb alles nieder. Ich ging nach Hause, zwanzig Jahre jung.

Ich legte das Buch wieder hinaus. Am nächsten Morgen war es weg. Sie hatte es geholt. Sie stand viel früher auf als ich. Damals schlief man noch nicht bei abgeschlossenen Türen, nicht einmal im Hotel. Unvorstellbar heute.

Später, als wir alle wieder in London waren und ich Paul von dem Tagebuch erzählte, sagte er, ihn hätte es viel mehr interessiert, zu wissen, was die Eintragung gewesen war an dem Tag, wo sie mir verboten hatte zu kommen, wo sie gesagt hatte, Lord Horder habe es verboten. Ich wußte genug.

Als nächstes fuhren wir jetzt, Czinner und ich, hinauf nach Schottland, nach Kirriemuir an sein Grab. Und fanden den Kirchhof dort so schön wie in Asolo, was ich meinem armen Leser viel zu früh erzählt habe. Ich glaube, es ist meine Barrie-Treue, die mich immer noch jedes Jahr zu den Edinburgh-Festspielen schickt.

Wir wohnten jetzt auf dem Land. In Virginia Water. In einem wunderschönen Haus, und ich habe wieder einen Hund. Hatte mir Bimbo geschenkt. Er war ein englisches Sheepdog. Das schönste Hundetier, das es jemals gab. Er war noch ganz jung, wie ein schweres Paket von lauter blaugrauen Haaren, mit einer weißen Stupsnase. Ich nannte ihn sofort Bumsi, weil er so schwer war, und dann blieb das sein Name, obwohl er in seinem Paß ganz anders hieß, sehr adelig, ich weiß nicht mehr wie. Das Haus hieß Huntersdale. Wieder hatten es Freunde für uns gefunden.

Noch viel früher, zwischen der Blinddarmoperation und der nächsten Premiere, hatten wir auch unsere britischen Pässe bekommen und waren jetzt britische Staatsbürger geworden. Auch in Buckingham Palace waren wir eingeladen zu einer Gardenparty. Alles das waren große Auszeichnungen. Normalerweise dauerte es viel länger, bis man die britische Staatsangehörigkeit und britische Reisepässe bekommen konnte. An alle Freunde, die sich damals so sehr für uns eingesetzt hatten, sei hier in Dankbarkeit erinnert. Es waren in erster Linie Sir Charles und Lady Cochran, Sir Stewart und Lady Duke Elder und vor allen Dingen Baron Frankenstein, der gerade seine Stellung und sein Amt als österreichischer Gesandter in London niedergelegt hatte. Denn mittlerweile war auch Österreich unter das Hakenkreuz gefallen.

Die komische Überraschung, die mich in meinem funkelnagelneuen englischen Paß zu lesen erwartete, war, daß ich darin um drei Jahre jünger war als in meinem alten österreichischen Paß. Als ich sagte, aber um Gottes willen, das geht doch nicht, wozu, was soll das, lachten mich alle aus, die daran gearbeitet hatten: »Wegen der drei Jahre wird keiner glauben, daß du dich jünger machen wolltest.«

Cochran sagte: »Schon seit Queen Mary nicht glauben wollte, daß du fünfunddreißig warst, hatte ich mir so etwas ähnliches vorgenommen, und anyway neunzehnhundert ist ein viel richtigeres Geburtsjahr für dich als achtzehnhundertsiebenundneunzig. Und anyway, who cares? Wen geht das was an! Jetzt bist du endlich als britischer Staatsbürger geboren im Jahr neunzehnhundert.«

Wenn ich mich richtig erinnere, fanden Paulus und ich das damals auch ganz lustig und ungefährlich. Wenig ahnten wir, daß das Leben noch viel komplizierter werden würde, als es sowieso schon war. Jetzt war also Österreich auch pfutsch gegangen. Alle meine Verwandten hatten längst das Weite gesucht. Die Mama mit Schwester und Schwager war in Nizza, weil die Mama das lauwarme Klima an der Riviera so liebte. Meine Wiener Cousins und Kusinen, acht an der Zahl, konnten gar nicht weit genug von Europa fort und wanderten alle nach Australien aus. Nach Sydney, was damals sehr kostspielig war. Was da alles sonst noch an neúen Sorgen und neuem Grauen losbrach, das brauche ich dem Leser nicht zu erzählen, das kann er überall nachlesen, wenn er es wissen will.

Ich erzähle jetzt weiter von Shaw.

Sowie die Zeitungen über Barries Testament und seine Hinterlassenschaft berichtet hatten, wie es in England Sitte ist, erhielt ich eine offene Postkarte von Shaw, in der stand »How come, Barrie left you only twothousand pounds? G. B. S.« Wie kommt es, daß Barrie dir nur zweitausend Pfund hinterlassen hat? Paulus sagte damals, der zerbricht sich ernsthaft den Kopf darüber. Ich war längst abgehärtet und gab gar keine Antwort.

Eines Tages kam ein Buch mit der Post. Als ich es öffnete, war es *Die Millionärin* von Shaw und drinnen stand in seiner Kraxelschrift »What a pity, you can't play this part.« Wie schade, daß du diese Rolle nicht spielen kannst.

Jetzt muß ich von meiner Tante Sophie erzählen. Ich hätte sie dem Leser lieber erspart, aber ich muß, damit er mich besser versteht. Ich hatte also eine Tante, die hieß Sophie. Tante Sophie wurde in der Familie »Frau Wahrheit« genannt, weil sie jedem die Wahrheit sagte, wie sie sie sah, ob er wollte oder nicht. Sie wohnte im selben Haus mit uns, und immer wenn Freundinnen oder Nachbarinnen bei ihr Tee tranken, mußte ich kommen und Gedichte aufsagen. Was ich meistens gerne tat. Manchmal wollte ich nicht. Ich stand dann da und wollte nicht. Dann fing Tante Sophie an, ihren Freundinnen die Situation zu erklären, und zwar so: »Das arme Kind, sie kann ja gar nichts.

Ich hab' geglaubt, sie kann ein paar neue Gedichte, aber sie kann ja gar nichts. Die von voriger Woche kann sie ja auch nicht mehr, das arme Kind. Da kann man nichts machen. Wenn sie nichts kann, kann sie nichts.« Das konnte ich natürlich nicht lange aushalten und fing an aufzusagen, ein Gedicht nach dem anderen, alte und neue, bis die Tante mit dem Pflaumenkuchen kam und mich zum Schweigen brachte.

Das war also die Tante Sophie vor fünfundzwanzig Jahren, und jetzt kommt *Die Millionärin* und Shaws mitleidiges Bedauern, weil ihm diese Rolle über meine Kräfte zu gehen scheint. Wir hatten schon zweimal über Stück und Rolle gesprochen, und ich hatte ihm gesagt, daß mich weder das Stück noch der Charakter interessiere. Jetzt kommt er mit der Tante-Sophie-Methode »Das arme Kind, sie kann ja gar nicht.« Einen kurzen Augenblick war ich wieder acht Jahre alt und wollte antworten »Ich kann nicht? Und ob ich kann! Ich werde dir zeigen! Mit dem kleinen Finger kann ich *Die Millionärin* spielen! Ich werde dir das beweisen. Mit dem Rücken zum Publikum kann ich *Die Millionärin* spielen.« Dann fiel mir die Tante Sophie ein und ich mußte lachen.

Die Millionärin habe ich nicht gespielt. Ich wünschte, ich hätte. Schade, schade. Ich wünschte, ich hätte die Krönungsperformance von *Boy David* gespielt. Ich wünschte, ich wünschte, leider, leider. Das liegt mir heute schwer im Magen oder auf der Seele, oder wo sich diese Dinge ansammeln. Daß ich eigentlich alle, die ich am heftigsten bewundert und geliebt hatte, immer enttäuschen mußte. Warum nur? Dieser Seufzer schließt auch Brecht ein. Auch Reinhardt. Auch Kortner. Warum nur? Wahrscheinlich strengt man sich ganz besonders falsch an, wenn man eine Person zufriedenstellen will.

Jetzt sind wir also wieder im Filmstudio, Czinner und ich. Und es ist Mitte Juli. Und der Film heißt *Stolen Life*. Ich spiele die Doppelrolle der Zwillinge. Ich sitze immer mit Flossie in einem Winkel und lerne. Immer zwischen den Aufnahmen lerne ich Texte und Aussprache und Betonung, und sie verbessert mich von früh bis spät. Während die anderen Kollegen Mittagspause halten oder Tee trinken: Flossie und ich lernen.

Plötzlich, eines Tages, ruft Charlot Shaw an. Am frühen Morgen. Ich bin sehr erstaunt. Ich glaube nicht, daß sie mich besonders schätzt. Eher so wie Cynthia Asquith. »Elizabeth could charm a bird off a tree«, schrieb sie einmal an Trebitsch über mich.

Ich hatte sie einmal geärgert, ganz unschuldig, hol's der Teufel. Shaw war damals krank gewesen, und ich hatte angerufen und sie hatte so geklagt am Telefon, daß er nichts esse, absolut nichts, sie wisse gar nicht, was sie ihm vorsetzen solle. Ich hatte damals eine österreichische Köchin, die herrlichen Liptauer Käse machte und Sachertorte, und da er kein Fleisch aß, schickte ich ihm Liptauer und Sachertorte. Und darauf kriegte ich einen furchtbaren Brief von Charlot: »Dearest Elizabeth, you gall me« – das heißt ›gehst mir auf die Galle‹ – »es macht mir großes Vergnügen, Dir mitzuteilen, daß G. B. von Deinen Köstlichkeiten nicht mehr genossen hat, als von unseren Alltäglichkeiten.«

Der Leser weiß längst, daß ich mich oft wie eine dumme Kuh benehme. Jetzt war Mrs. Shaw also am Telefon am frühen Morgen.

»Elizabeth, möchtest du G. B. eine Freude machen zum Geburtstag?«

»Natürlich möchte ich! Of course, was kann ich tun? Bitte, was soll ich tun? Sag mir, was ich tun kann!«

»Nothing would give him greater pleasure, than if you played Joan at Malvern this year.«

»Oh my God, how can I? I'm in the middle of a film! Es ist bereits die zweite Hälfte Juli, und in zwei Wochen sollen wir auf location gehen mit dem Film.«

»Well, if you can't, you can't. Ich wollte es ja nur gesagt haben.«

»Nein, warte doch, warte! Laß mich nachdenken. Laß mich das mit Paul besprechen. Oh my God, was kann ich tun? Wie soll ich das nur anstellen?«

»Ja, also wenn du nicht kannst, kannst du nicht. Ich wollte ja nur fragen, weil ich weiß, was für eine Freude es ihm machen würde.«

»Oh my God, my God, ich ruf dich zurück, morgen.«

Sankt Paulus merkte sehr bald an meiner Aufregung, wie gerne ich das Unmögliche möglich machen wollte. Wir saßen die halbe Nacht mit dem Kalender und dem Arbeitsplan, und schließlich wußten wir:

Erstens: Wenn ich mit einer Woche Proben in Malvern auskommen könnte . . .

Zweitens: Wenn ich diesen walfischlangen Text, gewaltig gekürzt, in so kurzer Zeit auf Englisch erlernen kann . . .

Drittens: Wenn Paulus die location-Arbeit mit meinem Double aufnehmen kann, um die Großaufnahmen dazu dann in London mit mir nachzuholen . . .

Dann könnte ich es wagen.

Ich rief Charlot an und sagte ihr, ich könnte unmöglich antworten, ehe ich mit Ayliff gesprochen habe. Sie müßte Ayliff auffordern, mit seinem eingestrichenen Buch zu mir ins Studio zu kommen. Ich habe dem Leser bereits erzählt, daß Ayliff der Leiter und Regisseur der Malvern-Festspiele war, und daß ich keinen großen Respekt hatte vor ihm als Künstler. Er kam sofort mit dem Buch ins Studio. Und es begann die Sitzung von »Russischem Roulette« auf Leben und Tod.

Erstens: Wenn er alle Reinhardt-Striche bedingungslos akzeptiert, soweit sie Johanna-Texte betreffen . . .

Zweitens: Wenn er alle Reinhardt-Stellungen akzeptiert, soweit sie Johanna betreffen . . .

Drittens: Wenn er das Stück fertig probieren kann ohne mich, bis auf die letzte Woche, zu der ich dann mit meinem fertig gelernten Text kommen könnte . . .

Wenn er diese drei Bedingungen für akzeptabel und durchführbar hielte, dann und nur dann würde ich es wagen.

Er akzeptierte alles. Fand alle drei Bedingungen ganz selbstverständliche und berechtigte Forderungen und fand meine Bereitwilligkeit unter solchen Umständen »absolutely heroic«. Und er wolle alles tun, was in seiner Macht stünde.

Jetzt kommt Flossie.

Ich frage, ob sie es für möglich hält, daß ich diesen Walfisch von Text erlernen kann, in Englisch, in so kurzer Zeit.

Sie sagt: »With God all things are possible, und du lernst sehr schnell.«

Flossie und ich fangen sofort an.

Es ist nicht zu beschreiben, wieviel leichter und schneller man eine ganz neue Rolle lernt, sogar in einer neuen Sprache, als eine alte Rolle in einer neuen Sprache. Wie einem die früheren Texte immer ins Maul fallen, das ist zum Verrücktwerden. Ich muß immer auf und ab gehen, wenn ich Texte lerne. Daß ich mir damals nicht Plattfüße durchmarschiert habe, ist mir heute noch ein Wunder. Wahrscheinlich bin ich zu schnell gelaufen.

Wie dem auch war, Flossie hat es geschafft. Der Text saß. Ich hatte natürlich noch kräftig eigene Striche dazu gemacht, die Max entgangen waren. Ich finde sowieso, daß fast alle Menschen zuviel reden. Und in den meisten Stücken auch. Besonders bei Shaw. *Hamlet* ist ausgenommen. *Macbeth* auch. *Faust* auch. Vielleicht noch ein paar andere.

Jedenfalls damals schien mir eine weniger gesprächige Johanna viel heiliger und überzeugender.

Woher oder wieso ich meine Berliner Kostüme hatte, weiß ich heute nicht mehr. Es könnte sein, daß ich Edmund darum gebeten hatte, damals, als der Run zu Ende war. Oder daß ich sie einfach einpackte und mitnahm, in der Überzeugung, daß sie mir gehörten und nicht dem Fundus. Jetzt sind sie jedenfalls endlich, wo sie hingehören: im Reinhardt-Archiv in Salzburg.

Aber vorläufig gehen sie noch mit mir nach Malvern und es ist eine Woche vor der Premiere, und ich gehe auf meine erste Ensembleprobe.

Was ich jetzt erlebe, kann ich nur vergleichen mit dem Augenblick, als Barnowsky zu mir sagte, jedes Kind wisse doch, daß Bassermann nur mit seiner Frau *Baumeister Solneß* spiele. Ich hatte damals mit Barnowsky einen siebenjährigen Vertrag abgeschlossen, weil er mir die Hilde Wangel mit Bassermann versprochen hatte . . .

Jetzt, hier, hatte ich in einer halsbrecherisch-schwierigen Situation zugesagt, mit einer einzigen Woche Ensembleproben die *Heilige Johanna* zu spielen, in englischer Sprache, *wenn meine Bedingungen Numero eins, zwei und drei akzeptiert und durchgeführt werden konnten.*

Die Bedingungen Nummer vier und fünf waren von Paul und mir abhängig, und wir hatten sie erfüllt: Paulus war mit meinem Filmdouble auf location work in Frankreich, und ich konnte meinen Text wie Wasser.

Aber was ich jetzt hier fand, war das Gegenteil von allen Bedingungen und Versprechungen. Alles umgekehrt. Das ganze Bühnenbild umgekehrt. Absolut umgekehrt. Alles, was links gewesen war in Berlin, war jetzt rechts und vice versa.

Die Schauspieler sprachen alle Texte, die wir gestrichen hatten, so daß ich mir das Buch holen und lesen mußte, wie auf einer Arrangierprobe.

Sowieso alle Stellungen neu wie auf einer Arrangierprobe. Ich war so vor den Kopf geschlagen, »stunned« heißt das auf englisch, daß ich mich hin und her schieben ließ wie ein dummy, bis die Probe zu Ende war und alle Schauspieler gegangen waren. Und jetzt machte ich erst recht alles falsch.

Anstatt Ayliff das Buch auf den Schädel zu hauen oder mindestens vor die Füße zu werfen, und das Theater auf ewig zu verlassen, fiel ich auf einen Stuhl und begann zu weinen. Das gab Ayliff Gelegenheit, sich lang und breit zu entschuldigen und mir zu erklären, daß man die alten Dekorationen nicht umbauen konnte, und daß die Schauspieler alle so gewöhnt waren an ihre Texte und daß die ganze Vorstellung schon so alt sei, und es handle sich doch um ein Geburtstagsgeschenk, das ich Shaw machen wolle. Und sie müßten doch das Stück im letzten Augenblick absetzen, wenn ich nicht einverstanden wäre, und alle Vorstellungen wären schon ausverkauft und so weiter, und so weiter.

Ob ich vielleicht Schuldgefühle hatte gegen Ayliff, weil ich ihn nicht haben wollte für die zweite Aufführung von *Boy David?* Oder ob ich Angst hatte, Shaw zu enttäuschen? Oder beides in ungesunder Mischung? Ich ließ mich erweichen und blieb. Aber der Spaß an der Sache war wie weggeblasen.

Dieses fast sportliche Vergnügen an all den überlebensgroßen Schwierigkeiten, dieses Textpauken, dieses Aufundabgehen Tag und Nacht. Diese Sportfreude war wie weggeblasen. Was an ihre Stelle getreten war, war ein verzweifelter Unglaube an das ganze Abenteuer. Hier gehört noch eine kleine Beichte her.

Ich haßte Matineen. Ich war das einfach nicht gewöhnt. Nicht einmal in Innsbruck oder Zürich in meinen grünsten Anfängen. Nirgends wurde am frühen Nachmittag Theater gespielt und am Abend wiederholt. Auch in diesen Dingen haben sich meine Anschauungen sehr geändert. Heute finde ich es unvergleichlich schöner und leichter, acht Vorstellungen in der Woche zu spielen, zwei davon Matineen, und dafür den Sonntag und den Montag bis zum Abend freizuhaben. Dieses totale Ausspannen am Sonntag ist ein großer Segen für einen langen Run. Die Rolle wird nicht schal, ist ganz neu jeden Montag. Das weiß ich alles heute.

Damals haßte ich Matineen. Aber wenigstens alle meine Striche konnte ich in Matineen machen. Für Schulkinder war das genug, und die anderen Schauspieler versprachen mitzuhelfen und ohne meine Zwischenreden weiterzusprechen, soweit es sich nicht um Fragen und Antworten handelte. Es ist erstaunlich, wie man das konnte in diesem Stück.

Wie ich die Kollegen zum erstenmal alle in Kostüm und Perücken sah, auf der Generalprobe, fiel mich wieder das nackte Grausen an. Ich wußte nicht, wer wer war. Wenn ich glaubte, ich sprach zu Dunois, antwortete mir der Dauphin auf der anderen Seite der Bühne. Und in der Gefängnisszene war es noch viel schlimmer. Ich wußte nie, wer wo saß oder stand. Das erzeugte eine Spannung in mir, die nicht vom Stück erzeugt war. Eine Spannung, die beunruhigte.

Es kam trotz allem zur Premiere. Ich hatte keinen Blinddarm mehr anzubieten. Ich weiß gar nichts mehr darüber, nur, daß ich mir einen Doppel-Brandy hatte kommen lassen.

Ayliff kam in der Pause und sagte »Congratulations, you've done it.« Ich fragte ihn, wie es war. Er sagte »Can't you hear?« Der Applaus war so laut und so lange. Die Kollegen waren sehr gütig und freundlich und gratulierten mir alle.

Flossie war auch drin gewesen und sagte nur, sie wisse, wieviel besser ich hätte sein können, wenn usw. Und ich hätte zweimal deutsch gesprochen. Einmal gleich in der ersten Szene und einmal in der vierten. Ich war so fertig, mir war alles ziemlich egal geworden.

Am nächsten Tag war Sonnabend. Der erste Matineetag. Ich hatte ein dunkles Gefühl, Shaw würde an diesem Abend im Theater sein. Ich wußte, er ging nie zu Premieren. Die Bridie-Premiere damals in der Doppelloge war eine Ausnahme gewesen.

Diese Matinee heute werde ich mir also sehr leicht machen. Damit ich abends bei vollen Kräften bin. Für Shaw. Das tat ich auch. Ich machte es mir wirklich leicht. Ich strich alles. Ich sprach nur das Allernotwendigste. Ich sparte mit meinen Kräften und Gefühlen. Alles, alles für den Abend.

Ich mache es jetzt kurz: Das war die Matinee, in der Shaw war.

Er hatte mir geschworen. Ich hatte gesagt, ich wolle absolut nicht wissen, wann er hineinkäme, nur eines müsse er mir versprechen: daß er nicht in eine Matinee käme.

Er hatte es mir fest versprochen am Telefon. Ich verlangte, daß er es schwöre. Er sagte »I swear«. Und jetzt war er drin gewesen in meiner ersten Matinee.

Während der langen Zeltszene, in der Johanna nicht dabei ist, kam Ayliff in meine Garderobe und erzählte mir alles. G. B. habe von Anbeginn sehr blaß und angestrengt dagesessen in seiner Loge und nichts gesagt. Charlot hätte den Kopf geschüttelt. Immer wieder den Kopf geschüttelt. Nach dem Kathedralenakt, als Ayliff wieder in seine Loge kam, seien Shaws bereits am Weggehen gewesen. G. B. hätte furchtbar ausgesehen und hätte nur gesagt »Not even the bellspeech« – nicht einmal den Glocken-speech. Charlot hätte gesagt »He is as near a faint as I have ever seen him be.« Dann hätte sie Ayliff gebeten, das Sanatorium Droitwich anzurufen und Zimmer zu bestellen, sie wären auf dem Weg dorthin.

Ich rief denselben Abend Droitwich an. Er ließ sich nicht sprechen. Sonntag rief ich wieder an. Er ließ sich nicht sprechen. Montag war er Gott sei Dank nicht mehr dort. Ich wußte also, es ging ihm besser. Flossie hatte gesagt: »It serves him right, why does he do such a thing?« Bimbo hatte fast dasselbe gesagt und noch dazugesetzt: »Das haben wir nötig gehabt, ihm eine Geburtstagsfreude zu machen!«

Ich dachte ganz anders. Schiller drückt es am ehesten aus, wie mir zumute war, wenn er Maria Stuart sagen läßt »Bin ich geschaffen, nur die Wut zu wecken?«

Ich versuchte, ihm einen langen Brief zu schreiben und alles zu erklären und ihn daran zu erinnern, daß er mir geschworen hatte und daß er sein geschworenes Versprechen gebrochen hatte. Aber ich wußte auch, daß ich ihm nichts zu erklären brauchte. Wenn er es wissen wollte, wußte er alles. Ich zerriß den Brief.

Blauer Vogel, blauer Vogel, da ich dir so wohlgesinnt, wende du für mich den Wind ...

Viel später, in London, sagte ich einmal zu Charlot »Ich wünschte, du hättest nie diese Malvern-Idee gehabt.«

Sie antwortete »It wasn't my idea, Elizabeth, you know him.«

Ich war sprachlos über meine Dummheit und wie ich ihm in die Falle gegangen war. So raffiniert war die Tante Sophie nie.

Wie es dann weiterging, und wann er wieder anfing, »on speaking terms« mit mir zu sein, weiß ich nicht mehr. Ich weiß nur, daß ziemlich bald wieder ein Brief von der »Tante Sophie« kam, den ich wegschmiß. »Tante Sophie« schrieb mir damals, er nehme an, daß ich nach dem Malvern-Debakel nicht den Mut finden würde, Saint Joan nach London zu bringen. Ich hatte auch wirklich keinen Mut und keine Lust. Ayliff hatte ihm mein Buch mit den Strichen für die Malvern-Aufführung gezeigt, und was Shaw mir da alles hineingeschrieben hatte, hat mir den Appetit total verdorben.

Aber einige seiner speziellen Delikatessen-Bosheiten werde ich versuchen, für den Leser zu übersetzen; vielleicht kann er lachen darüber.

Ich kann heute lachen, fünfundvierzig Jahre später. Damals konnte ich nicht.

Hier ist eine Kostprobe:

»My dear Liesl.

Du verstehst nicht, was mit Dir passiert ist. Du hast eine so enchanting personality entwickelt, daß das Publikum Dich nicht länger spielen lassen will. Sie wollen nicht Saint Joan oder Rosalind oder irgend etwas anderes fremdes. Sie wollen Liesl selbst und nichts sonst. Deine Stücke müssen rund um diese unveränderlich hinreißende Persönlichkeit geschrieben werden. Wenn das geschieht, ist das Theater voll zum Überlaufen.

Jeden Abend. Obwohl die Stücke nicht zu brauchen sind für einen vernünftigen Menschen. Cochran hat mich davon längst überzeugt.

Aber Du selbst, Liesl, Du mußt endlich wissen, daß Deine acting days vorbei sind. Du solltest Dich endlich freischütteln von Deinem ›Escape-me-neverism‹ und ein anständiges Repertoire von verschiedenen Rollen von Shakespeare oder Shaw oder some other son of a bitch finden. Aber es ist ja alles zu spät und sinnlos. Deine Spielzeit ist vorbei, Liesl. Shaw hat Dich auf die schwarze Liste gesetzt, admiringly, aber unerbittlich, inexorable. Er kann nicht *Escape me never* schreiben at ninety. Ich wundere mich nur, ob Du jemals wieder den Weg zurück finden wirst, zum legitimen Theater. Du bist zu alt, Liesl. Und die Generation von Lieslerites passes away.

Ellen Terry konnte den Weg zurück auch nicht finden. Sie sagte zu mir ›Ich will eine Köchin spielen oder eine Aufwartefrau für dich.‹ Aber ich sagte: ›Impossible, was würde aus meinen Stücken werden, wenn das Publikum kommt, um ein stolzes Schlachtschiff zu sehen, und bekommt eine alte Bratpfanne vorgesetzt.‹ Wir haben damals beide geweint, Ellen Terry und ich.

Oder zum Beispiel Stella Patrick Campbell. She simply faded out in america, unimployed and unimployable. Ich glaube, Liesl, Du mußt zuerst total vergessen werden, dann kannst Du vielleicht versuchen, zurückzukommen. Als Unbekannte. Unter einem neuen Namen. Oder als Mrs. Paul Czinner vielleicht.

Dann kannst Du vielleicht eine alte fairy Großmutter spielen oder eine komische Alte.

By the way how is Paul? Jeder, der ihn kennt, mag ihn sehr gern und spricht sehr gut über ihn. Aber alle sagen, er habe seine eigene Karriere ruiniert durch seine devotion für Dich.

Well, das ist alles, was ich zu sagen habe. Zuviel wahrscheinlich, aber mit neunzig wird man ein chatter-box. Ich wollte Dir nur wieder einmal die Situation erklären und meine totale devotion und Freundschaft.

G. B. S.

P. S. You better come to lunch, both of you, if you are still on speaking terms.«

Cochran sagte damals »If ever I saw a love-letter this is it. G. B. kann es nicht ertragen, daß er neunzig ist und Elisabeth fünfunddreißig.« Für Cochran war ich noch immer fünfunddreißig. Paulus sagte »Er ist eifersüchtig. Er kann es nicht ertragen, daß du andere Autoren spielst. Sei nicht so unglücklich, sei stolz. Er hat ja auch Cochran erzählt, kein Hahn hätte nach dir gekräht in Berlin, bevor du die *Heilige Johanna* spieltest. Er will es ganz allein gewesen sein. Er findet, er hat Urheberrechte an dir, das ist alles. Das ist doch ein großes Kompliment. Sei nicht so unglücklich, sei stolz.«

Ich war nicht stolz. Ich war wirklich sehr unglücklich und wütend. Viel mehr auf mich als auf Shaw.

Jetzt, wo ich diese Geschichte gerade erzähle, ist es Weihnachten 1977 und es geschieht etwas ganz Unglaubliches. Ich sage es noch einmal: Es ist Weihnachten 1977, und ich erhalte einen Weihnachtsgruß von einem Unbekannten. Das ist an sich nichts Unglaubliches. Aber dieser Weihnachtsgruß eines Unbekannten in diesem Augenblick, wo ich diese Malvern-Geschichte aus meiner Erinnerung erzähle, ist ganz unfaßlich. Dieser Gruß ist ein »Programm der Malvern-Festspiele« aus dem Jahre 1939, von denen ich gerade erzählt habe. Und dieser Gruß enthält auch eine Kritik aus dem »Observer«, einer der wichtigsten Sonntagszeitungen in London. Von einem der wichtigsten Kritiker der Zeit, Ivor Brown.

Ich war so wütend und verbittert gewesen, damals, daß ich gar keine Notiz genommen hatte davon, daß andere Leute, die nicht in dieser unseligen Matinee gewesen waren, ganz anders über die Aufführung und Darstellung dachten. Ich weiß,

Cochran und Paulus, beide schwenkten Zeitungen, die ich nie gelesen habe und nicht lesen wollte.

Mein Prinzip, keine Kritiken abzudrucken, will ich nicht brechen, aber der Anfang dieses Artikels wird dem Leser genügen, eine hier notwendige Beleuchtung der Geburtstagsfeier in Malvern zu bekommen.

Bergner in »St. Joan«
Memorable Night at Malvern
Triumph of Acting
»The Light of Inspiration«
By Ivor Brown
Malvern, Saturday

The first week of the tenth Malvern Theatre Festival ended tonight with the appearence of Miss Elizabeth Bergner in Mr. Shaw's »St. Joan«. This was one of her most famous and most applauded roles when she played in Germany, and there was very great eagerness and curiosity to see that performance in an English version.

The demand for tickets had, of course, far exceeded supply . . .

Miss Bergner had been rehearsing in Malvern all last week, but did not visit the theatre at night, as she was concentrating upon the difficult task of memorising in one language a part which she knew perfectly in another. She has not been seen about in the social side of the Festival – and last night was her first public appearance in the town as well as on the stage.

Da folgt dann noch eine ziemlich begeisterte Kritik der Darstellung.

Wie es dann weiterging und wann G. B. S. mich wieder von der schwarzen Liste herunterholte, weiß ich nicht mehr. Nur daß sehr bald wieder ein Brief von der »Tante Sophie« oder eine

Karte kam, die von mir prompt zerrissen wurde. Sie schrieb darin, er wolle mich nur wissen lassen, daß er es gut verstehen könnte, wenn ich nach dem Malvern-Debakel nicht den Mut aufbrächte, die Aufführung nach London zu bringen. Tante Sophie wieder in voller Aktion. Und wirklich, ich hatte weder den Mut noch den Appetit, noch die geringste Lust, *St. Joan* nach London zu bringen.

Sowieso hatte er mir längst gedroht, ganz neue Texte für den Film zu schreiben. Er hatte zwar auch versprochen, den Papst zu überleben, aber der Papst schien gar nicht eingeschüchtert davon, und die Verhandlungen nahmen kein Ende und ödeten mich an. Die Verhandlungen zwischen dem Vatikan und dem amerikanischen Verleih, meine ich jetzt. Aber sowieso waren das alles nicht mehr die wirklichen Vordergrundgeräusche in meinen Ohren.

Im Vordergrund standen wieder einmal die politischen Ereignisse. Die waren herzbeklemmend. Die Tschechoslowakei war jetzt auch vergewaltigt worden.

Der Mann mit dem Regenschirm war Hitlers Gast gewesen in Godesberg oder in Berchtesgaden und brachte uns »peace in our time«, in Papier eingewickelt. Churchill sprach verzweifelt wie Johannes der Täufer in allen Zeitungen und in lauten Ansprachen am Radio. Er nannte sich selbst die Stimme dessen, der in der Wildnis schreit.

Daß wir schon seit zwei Jahren ganz auf dem Lande wohnten, weiß der Leser auch. Daß wir jetzt, nach der tschechoslowakischen Tragödie, Pauls Schwester und Schwager mit Kindern, eine fünfköpfige Familie aus Prag, hatten kommen lassen, weiß der Leser noch nicht. Und daß sie vorerst alle bei uns wohnten, bis eine passende Unterkunft für sie gefunden war, in unserer Nähe. Die Meinen waren längst an der Riviera, und der Gedanke an sie wurde täglich ungemütlicher. Aber sie waren nicht zu bewegen, Nizza zu verlassen. Und die einreisenden und durchreisenden Freunde und Bekannten wurden täglich mehr.

Und alle brauchten. Bei manchen, wie zum Beispiel bei Brecht, mußte man fühlen, wie es stand.

Die meisten setzten auf Amerika und reisten nur durch. Wenige fanden Arbeit in London.

Und auf einmal war England im Krieg. Mein Bruder diente bereits in der französischen résistance, aber wir wußten nicht wo.

Und auf einmal ging's los. Bumm, bumm. Und sofort Luftangriffe. Und sofort mußte man im Dunkeln leben. Und sofort im Luftschutzkeller.

Und sofort mußten wir uns jede Woche bei der Polizei melden, trotz der neuen britischen Staatsbürgerschaft und der neuen britischen Pässe. Genau wie alle anderen Emigranten, die erst Wochen oder Monate im Land waren. Trotz der Erfolge, trotz der Beliebtheit, trotz allem. Ich war sprachlos. Ich war empört. Ich war tief beleidigt. Der *Saint-Joan*-Film war natürlich sofort abgeblasen worden von Amerika, nachdem die notwendige Verständigung mit dem Vatikan unmöglich geworden war.

Und auf einmal konnte man kein Geld mehr aus dem Land schicken.

Und die Mama in Nizza ohne Geld und ich in London ohne Nachricht.

Ich wurde verrückt. Ich mußte weg. Ich wollte weg. Paul bat mich, geduldig zu sein.

»Who can understand his errors.«

Eines Tages kamen zwei Herren zu Besuch. Den einen kannten wir durch Korda. Er war ein sehr begabter Filmautor. Ein Ungar. Der andere war ein junger englischer Filmregisseur. Diese beiden erzählten mir von einem Film, den sie in Kanada drehen wollten. Er sollte in einer Hutterer-Siedlung spielen. In Winnipeg. Und er sollte heißen *Thirtynine Parallel.* Und wenn ich die weibliche Hauptrolle übernehmen würde, dann bekämen sie die Finanzierung und so weiter.

Ich las das Skript, und es gefiel mir ganz gut. Die Hutterer waren eine streng christliche Sekte, die aus Deutschland entweder vertrieben oder geflohen war. Und ich sollte so ein Hutterer-Mädchen spielen. Mir war alles egal. Ich wollte weg. Ich wollte nach Kanada. Ich wollte der Mama Geld schicken können. Ich wollte mich nicht mehr bei der Polizei melden. Ich wollte weg. Paul versuchte, mir das auszureden. Ich wollte weg. Er warnte und warnte. Ich hatte noch nie einen Film gemacht mit einem anderen Regisseur. Aber das interessierte mich in diesem Augenblick nicht. Was schert mich Weib, was schert mich Kind. Meine Mama in Nizza gefangen. Ich unterschrieb. Unter der Bedingung, daß alle meine Szenen in Kanada auf der Hutterer-Siedlung gedreht werden müssen, und daß ich nicht gebraucht werden würde, später in London, wo der Film dann fertiggestellt würde. So war es auch in dem Skript zu lesen gewesen, das ich akzeptiert hatte.

Es kam dann ganz anders, aber so weit sind wir noch nicht. Paulus ist verzweifelt und versucht zu verbieten. Ich beschuldige ihn der Eifersucht, weil ich mit einem anderen Regisseur arbeiten wolle, und lasse mir nichts verbieten. Durch meine Unterschrift hatten diese beiden jungen Männer die nötige Finanzierung bekommen. Und ich ein Ausreisevisum. Ich darf nicht vergessen zu sagen, daß man nicht mehr reisen konnte, wie man wollte. Ich bat Paul, mitzukommen.

Amerika war noch nicht im Krieg. Aber alle Rechtdenkenden warteten darauf. Darin sah ich meine Aufgabe. Ich war überzeugt, daß ich mit der Hilfe von Thomas Mann, Werfel, Feuchtwanger, Brecht und all diesen Freunden, die bereits drüben waren, ein Vortragsprogramm ausarbeiten könnte, das nützlicher sein würde als alles, was ich jetzt in London tun konnte. Die Theater waren finster. Die meisten Schauspieler zogen los, um die Truppen zu unterhalten, und das konnte ich mir nicht vorstellen. Ich bewunderte es sehr, aber ich konnte mir nicht vorstellen, daß ich das könnte.

Ich hatte ein Gespräch mit dem Minister Duff Cooper und erzählte ihm von meinem Vorhaben und dem Vortragsprogramm. Ein gleiches Gespräch hatte ich auch mit Anthony Eden. Beide ermunterten mich sehr. Sie rieten mir, auf einem Kinderschiff zu reisen. Kinder wurden damals zu Tausenden aus der Kriegs- und Gefahrenzone nach Kanada und Amerika geschickt. Solche Schiffe waren zwar ziemlich unkomfortabel, aber sie wurden von Unterseebooten begleitet und beschützt.

Paulus wußte nicht mehr, ob er mich oder sich umbringen sollte, um mich zurückzuhalten. Und schließlich, in der allerletzten Minute, entschloß er sich und kam mit. Ganz gegen seinen Willen und gegen seine Überzeugung. Nur um mich nicht allein auf dieses Schiff zu lassen. Und ich war sehr froh.

Soweit ich mich erinnere, war die Reise entsetzlich. Wenn man nicht schießen hörte, hörte man Kinder weinen. Und wenn man auf Deck gelassen wurde, war es, um Rettungsmanöver zu exerzieren, um Schwimmwesten aufzublasen. Ich weiß auch nicht mehr, wie lange die Reise dauerte.

Ich blieb dann in Kanada, und Paul nahm einen Zug nach Amerika. Wir hatten uns schließlich geeinigt, daß er nicht in New York, sondern in Hollywood auf mich warten sollte. Weil dort alle diese Freunde lebten, mit denen wir Kontakt suchten für mein Programm, das Amerika in den Krieg bringen sollte.

Ich weiß nicht mehr, warum wir auf dieser Kinderschiffs-Reise unseren ursprünglichen Plan änderten. Wir waren von der Idee ausgegangen, daß ich in Montreal aussteigen, und Paul weiterreisen sollte nach New York, um dort auf mich zu warten. Meine Filmarbeit war nur location work auf der Hutterer-Siedlung und konnte nicht länger als zwei bis drei Wochen dauern. Wir änderten diesen Plan schließlich und beschlossen, daß Paul direkt nach Hollywood fährt und dort auf mich wartet. Ich glaube, es waren Geldgründe, die uns bewogen. Für den Hutterer-Film kriegte ich so gut wie gar nichts bzw. der Film hatte mit Krieg zu tun und durfte so gut wie gar nichts kosten. Mitnehmen konnten wir auch nichts. Kein Geld heißt das. Was ich an Schmuck besaß und Gold und Zigaretten – und Puderdosen und solches Zeug, das hatte ich in einen Kleidersaum eingenäht und in einen Gürtel. Auf einem Kinderschiff wurde man nicht viel danach gefragt. Nicht einmal Paul wußte davon.

Ich glaube, wir entschlossen uns schließlich, zuerst einen Film in Hollywood zu drehen, Paul und ich, um uns finanziell für weitere Entwicklungen unabhängig zu machen. Paul war noch immer verzweifelt über meinen wahnsinnigen Entschluß, England zu verlassen – England »im Stich zu lassen«, nannte er es. Er sagte »Hollywood wird uns sowieso nie zusammen arbeiten lassen.«

Ich sagte »Hollywood hat unsere englischen Filme mitfinanziert und verliehen, warum sollen sie uns auf einmal nicht zusammen arbeiten lassen?«

Paulus erinnerte mich an Mauritz Stiller, den herrlichen schwedischen Filmregisseur, dessen Filme wir beide sehr liebten, und der immer unser Vorbild gewesen war. Jetzt erinnerte mich Paulus daran, wie Stiller mit seiner Hauptdarstellerin Greta Garbo in Hollywood ankam und sofort von ihr getrennt wurde. Er durfte nicht mehr mit ihr arbeiten, und sie nicht mit ihm. Er starb schließlich an dieser Vergewaltigung. Sie wurde groß.

Ich tröstete Paulus. Ich war schließlich Bühnenschauspielerin, und wir wollten uns doch nicht in Hollywood niederlassen. Wir wollten doch nur schnellstens Geld verdienen wegen der Mama, und damit ich diese Vortragstournee vorbereiten kann, die Amerika in den Krieg bringen soll. Und alle Autoren, die mir dabei helfen konnten, lebten jetzt in Hollywood. Thomas Mann, Feuchtwanger, Brecht, Werfel – alle. Beide Zwecke – das Geld verdienen und die Vorbereitung der Tournee – konnten gleichzeitig und schnellstens in Hollywood abgewickelt werden.

Mein armer Paulus war nicht zu überzeugen. »Mitgefangen – mitgehangen« war meistens das Ende dieser Gespräche. Er haßte Hollywood. Ich noch nicht, aber bald.

Ungeduld war, glaube ich, immer einer meiner schlimmsten Fehler. Shaw nannte es Stolz. »Liesl, du bist zu stolz.« Aus Kanada hatte ich ihm einmal einen Kartengruß geschickt und darauf geschrieben »Ich fühle mich hoffnungslos europäisch.« Darauf schrieb er mir zurück nach Amerika »Pride will have a fall, Liesl.« Ich war ganz überzeugt, daß das Unsinn war. Ich wußte, daß ich nicht stolz war – lächerlich!

Heute, wo ich diese Dinge erzähle, beginne ich zu glauben, daß diese dumme Eigenschaft, die ich Ungeduld nenne, vielleicht sogar dieselbe war, die Shaw Stolz nannte. Aber um so etwas zu lernen, muß man wahrscheinlich erst achtzig werden. Damals war ich ungeduldig.

Von der Arbeit in Kanada weiß ich gar nichts zu erzählen, weil ich mich an gar nichts erinnere, außer daran, daß Winnipeg häßlich war und Toronto wunderschön und der Regisseur ganz uninteressant. Ich beendete die Arbeit programmäßig und reiste weiter nach Hollywood.

Paulus schien mir viel älter geworden, als er mich abholte in Los Angeles. Er hatte mit Hilfe von Conny Veidt und seiner Frau ein passendes kleines Haus gemietet, und sogar eine tüchtige deutsche Haushälterin war da.

Was dann kam, war genau, was er prophezeit hatte – nur noch gräßlicher und vulgärer. »Pride will have a fall, Liesl.« Ich hatte alle Angebote der sogenannten großen Firmen abgelehnt, weil sie Paul als Regisseur ausschlossen. Schließlich mußte ich ein ganz minderwertiges Angebot einer ganz minderwertigen Firma annehmen – auch ohne Paul natürlich. Einfach um der Mama endlich Geld schicken zu können und unsere Abreise von Hollywood zu ermöglichen.

Jetzt war ich also wirklich in einem Filmstudio in Hollywood, das meinen Stolz zu Fall gebracht hatte. Der Film hieß *Paris Calling*, das ist alles, was ich noch darüber weiß. Ich hab' ihn nie gesehen.

Eines Tages fand mich die Friseuse weinend, als sie nach der Mittagspause in mein Bungalow kam, um meine Frisur aufzufrischen. Ob sie mich etwas fragen dürfe? Selbstverständlich, natürlich. Ob ich ein Buch lesen würde, das sie mir bringen wolle? Ja natürlich, selbstverständlich, sie soll es holen. Sie holte es. Ich nahm es und schob es in eine Lade, denn ich wurde ins Studio gerufen. Die Mittagspause war vorüber.

Ein paar Tage später fragte die Friseuse, ob ich das Buch gelesen hätte. Jetzt erst erinnerte ich mich und holte das Buch aus der Lade und öffnete es. *Science and Health. With Key to the Scriptures*. Schau, schau, dich kenn ich doch. Das ist doch, das war doch Lady Astor. Schau, schau, was für ein bunter Leserkreis.

»Darf ich das nach Hause nehmen, damit ich's nicht wieder vergesse?« Ob sie mir's schenken dürfe, fragte sie. »Ach, wie lieb, wie freundlich, danke, danke. Jetzt lese ich es bestimmt.«

Keine Spur – nie wieder geöffnet. Ich hatte ganz andere Sorgen. Ich hatte nämlich eine Anfrage bekommen aus New York, ob ich an einer Tournee mit *Escape me never* interessiert wäre. Und ob ich interessiert war! Sofort zugesagt. Paul war auch dafür.

Am Tag nach der Fertigstellung von *Paris calling* wird abgereist – per Bahn, nicht Flugzeug. Flugzeug geht viel zu schnell. Ich muß mich erst erholen. Ich muß diesen Alptraum Hollywood aus meinem System loswerden. Das war Pauls Idee. Ich sollte mindestens drei Tage und drei Nächte ungestört allein sein können. Er wollte dann so schnell wie möglich nachkommen. Ich weiß nicht mehr, warum er nicht gleich mitfahren konnte. Ich glaube, er war in irgendwelchen Verhandlungen über einen Film, den Brecht für mich schreiben sollte oder wollte. Aber um keinen Preis wäre ich nach Hollywood zurückgekommen, das wußte doch jeder – auch Brecht.

Mein vorlautes Vortragsprogramm, das Amerika hätte in den Krieg bringen sollen, war mir inzwischen in seiner ganzen Lächerlichkeit bewußt geworden. Meine Autorenfreunde hatten mir das sehr deutlich auch klar gemacht – jeder extra, ganz unabhängig einer vom anderen. Es gab nur einen, der Amerika in den Krieg bringen konnte, der war längst mitten drin. Er hieß Franklin Delano Roosevelt.

Später dann, als ich schon im Zug saß, waren der Grimm und der verwundete Stolz merkwürdig schnell verflogen. Hatten einem Gefühl der Dankbarkeit und Freude Platz gemacht.

Weg, weg, weg, schien der Zug zu singen, als ich mit geschlossenen Augen zurückgelehnt zuhörte. Weg, weg, weg. Und langsam, langsam kamen lustige und schöne und rührende Erinnerungen, die ich dem Leser bis jetzt vorenthalten habe. Heute sind sie das einzig Erzählenswerte aus dieser kurzen Hollywood-Periode.

Da war zum Beispiel diese lustige Geschichte, die sich gleich am nächsten Morgen, nach meiner Ankunft in Hollywood, abgespielt hatte. Es läutete, und Paul öffnete die Tür, und da steht die Garbo und sagt »Wo ist die Frau?« Paul stammelt »Schläft noch.« Und weg war sie. Paulus muß ähnlich zumute gewesen sein wie mir damals in Berlin, in Dahlem, als Gerhart Hauptmann vor meiner Tür stand.

Ich war viel zu scheu, sie anzurufen und wartete, ob sie sich wieder melden würde. Lange nicht. Dann eines Tages schickte sie Erich Maria Remarque, um Paul und mich an ihrem Geburtstag zu sich zu bitten. Wir waren entzückt und gingen. Da waren nur Paul und ich, Remarque und Mr. Gaylord Hauser, der berühmte Diätspezialist, mit dem sie damals »sehr befreundet« war. Aber fast den ganzen Abend saß sie in einer Ecke mit Paulus und sang ihm schwedische Lieder vor. Mit mir war sie fast so scheu, wie ich mit ihr. Vielleicht erzähle ich auch noch von einem Dinner bei uns, zu dem Remarque sie zu uns brachte.

Aber zuerst muß ich von Marlene erzählen. Wie zärtlich und unermüdlich bemüht sie war, uns die schlimme Zeit in Hollywood zu verschönern. Nicht nur mit Blumen und Geschenken. Sie brachte sogar alle ihre Liebespartner zu uns – von Remarque bis Gabin. Die anderen habe ich vergessen. Aber von denen wird sie selbst erzählen, hoffe ich. Viele Dramen haben sich damals abgespielt. Manche waren komisch. Marlene war uns ein anstrengender, zärtlicher, liebevoller Freund in Hollywood.

Aber die schönste Erinnerung war Alexander Granach, mein geliebter Sascha. Eines Tages kam er und sagte »Lisotschka, setz dich, ich will dir etwas vorlesen.«

»Was willst du mir denn vorlesen?«

»Meine Selbstbiographie, Lisotschka.«

»Nein, um Gottes willen, bist du verrückt? Nein, Saschenka, tu mir das nicht an, ich bitte dich.

»Doch, Lisotschka, du mußt.«

»Nein, ich kann nicht, ich kann nicht, mir wird schlecht.« Ich haßte Selbstbiographien und überhaupt von Schauspielern – entsetzlich! »Seit wann treibst du solche Sachen? Warte, ich hole Paul, vielleicht kann er . . .«

»Nein, zuerst du, Lisotschka, du. Setz dich.« Ich saß da, ängstlich und unglücklich, und er fing an zu lesen.

»Die Erde meiner Heimat ist schwarz und fruchtbar.«

Ich hab' ihn nie vergessen, diesen ersten Satz und die völlig unerwartete Ergriffenheit, die mich befiel. Ich war gleichermaßen überrascht von der poetischen Liebe, mit der er seine Heimat beschrieb, wie auch davon, daß ich so ergriffen war. Ich fing an zu weinen. Und ich glaube nicht, daß ich allzu sentimental bin. Ich rief Paul, und Sascha mußte noch einmal anfangen.

Damals versprach er auch, mir Polen zu zeigen. Sofort nach dem Krieg. Und vor allem Drohobytsch.

Es kam ganz anders. Ich habe ihn nie wieder gesehen.

In der Nacht als Reinhardt starb, rief er mich an in New York. Ich erzählte ihm alles, was ich darüber wußte, und er sagte »Wein dich aus, mein Kind.« Diesen Satz kann ich auch nicht vergessen . . .

Jetzt eine lustige Hollywood-Geschichte; die Reise war so herrlich lang: Ich war einmal für ein Weekend Gast auf San Simeon. Das war die Ranch bei San Franzisko, die William Randolph Hearst gehörte.

Der Leser hat sicher *Citizen Kane* gesehen, den monumentalen ersten Orson-Welles-Film. Darin erzählt er die Liebesgeschichte von Randolph Hearst und dem schönen Hollywood-Starlet Marion Davis. Er hatte sie aus Hollywood entführt, aber er konnte sie nicht heiraten, denn er war bereits verheiratet und war ein sehr einflußreicher Mann. Ich glaube, er lebte in Washington mit seiner Familie. Und jetzt baute er für Marion Davis ein wahres »Disneyland«. Eine kleine Stadt oder ein kleines Dorf und man nannte das Ranch. Und diese Ranch hieß San Simeon.

Marion Davis hatte alle unsere Filme gesehen, und sie hatten ihr sehr gefallen, und sie lud uns immer wieder ein, für ein Weekend nach San Simeon zu kommen. Paul war gar nicht interessiert, aber er hatte nichts dagegen, daß ich schließlich annahm. Ich war wirklich neugierig auf dieses Disneyland, über das ich so viel lustige Geschichten gehört hatte. Vor allem die Geschichte, daß Hearst allen Alkohol verboten hatte in San Simeon, weil Marion in ihrer Hollywood-Zeit dem Alkohol sehr zugänglich und alkoholgefährdet gewesen war. Die Hollywood-Kollegen, die schon dort gewesen waren, rieten mir, meinen eigenen Whisky oder was immer ich brauchte, mitzunehmen. Wie sie das alle immer täten, denn dort gebe es keinen Tropfen. Da ich völlig alkoholunabhängig war, brauchte ich nichts mitzunehmen.

Meine große Überraschung war, daß Hearst anwesend war und mich mit Marion vom Flugzeug abholte. Sehr freundlich und sehr respektvoll – beide. Nachdem sie mich in einem wunderschönen gemütlichen Häuschen, in einem mit phantastisch wertvollen antiken Möbeln eingerichteten Appartement einquartiert hatten, führten sie mich beide herum, um mir den Weg zum Haupthaus zu zeigen, wo sie wohnten. Sie zeigten mir auch den Weg zum Restaurant, wo alle Mahlzeiten eingenommen wurden, und den Weg zum Postamt, zum Kaufhaus usw. Ich lernte dabei, daß diese Ranch San Simeon ein richtiges Dörfchen war, mit einer eigenen Post, mit eigenen herrlichen Gästehäusern, wie das, in dem ich wohnte.

Am selben Abend trafen wir uns wieder in dem Restaurant, wo man nach dem Dinner in den gemütlichen Räumen entweder Karten oder Billard spielen konnte oder Musik hören oder tanzen oder sich durch Gespräche unterhalten. Nirgends wurde Alkohol serviert. Mensch!

An dem Abend unterhielten wir uns hauptsächlich darüber, daß wir am nächsten Tag nach einem Spaziergang, den Lunch im Wald einnehmen würden. Es waren noch einige andere Gäste da, die Namen habe ich längst vergessen. Auch zwei Kollegen aus Hollywood, deren Namen ich nicht mehr weiß. Ich erinnere mich nur an den einen, der mir gegenüber saß beim Dinner, neben Marion, und mir mit Coca-Cola zutrank und dabei ein Auge zukniff. Hearst saß neben mir und toastete mir mit Coca-Cola ohne jeden Augenkniff zu. Es ging sehr gemütlich und manierlich zu. Man ging früh schlafen, was in Hollywood niemand tat.

Der Waldspaziergang am nächsten Morgen war unbeschreiblich – wirkliches Disneyland. Die Bäume, die Blätter, die Vögel, die Rehe, die kleinen Figuren, die uns den Weg, diesen manikürten Weg, anzeigten. Unbeschreiblich schön. Schließlich kamen wir an eine kleine Lichtung, wo gedeckte Tische standen und livrierte Diener Lunch servierten und Coca-Cola und Kaffee. Der Spaziergang durch den Wald und alles das war allein die Reise wert gewesen. Nur in den Muir Woods, die auch ganz nah bei San Franzisko sind, habe ich solche Bäume gesehen.

Aber jetzt passierte etwas Komisches beim Kaffee. Hearst hatte einen kleinen ganz jungen Dachshund, der saß beim Lunch auf seiner Schulter, und Hearst schien so stolz auf diesen Dachshund auf seiner Schulter, wie Sir James auf den Vogel auf seiner Zigarre. Und Hearst sprach immer ganz gemütlich zu dem kleinen Hund, und der Hund schien ihn sehr gut zu verstehen. Über den Lunch sprachen sie zuerst, und Hearst entschuldigte sich bei ihm, daß man ihm corn on the cob angeboten hatte, das waren Maiskolben, die uns allen so gut geschmeckt hatten.

Dann, beim Kaffee, begann er plötzlich über den deutschrussischen Krieg zu reden mit dem Hund. Ganz leise, ganz intim. Nur zum Dackel sprach er, die meisten hörten auch gar nicht hin oder redeten ganz anderes Zeug miteinander. Ich war fasziniert und konnte nicht weghören. Da erzählte Hearst dem Hund, er bräuchte keine Angst zu haben vor Stalin oder vor den Russen. Hitler würde mincemeat machen aus Stalin und seiner Armee. Mincemeat heißt Krenfleisch. Ebenso wie Hitler aus Frankreich Krenfleisch gemacht hat und aus England machen wird. Und wenn es überhaupt einen Superpower gäbe, dann wäre es Hitler. Und lauter solches Zeug redete der Mann zum Hund. Ich traute meinen Ohren nicht. Ich war ganz sicher, ich verstand alles falsch. Er meinte das sicher ganz anders, ironisch, oder weiß der Teufel. Aber ich war sehr verstört, und der Wald war nicht mehr der gleiche.

Marion hatte mich den ganzen Spaziergang über gebeten, das Weekend zu verlängern und länger dort zu bleiben, und ich hatte schon halb zugesagt. Jetzt mußte ich einen Grund liefern für meine Sinnesänderung.

Wieder in San Simeon angekommen, lief ich auf die Post, rief Paul an und bat ihn, mir sofort ein Telegramm zu schicken, das mich dringendst zurückruft.

Am Abend dann, im Restaurant, erfuhren wir, daß Hearst mittlerweile abgereist war. Abberufen nach Washington. Wahrscheinlich politische Entwicklungen. Er läßt sich vielmals entschuldigen, sagte Marion. Mein Telegramm von Paul, das mich sofort zurückrief, war auch schon angekommen. Marion war sehr enttäuscht. Ich mußte ihr fest versprechen, wiederzukommen.

Später dann, als ich wieder in meinem Appartement war, schickte sie ihre Zofe, die mich ins Haupthaus zu ihr bringen mußte. Da war dann niemand, nur sie und ich. Nachdem sie mir das ganze märchenhaft-luxuriöse Haus gezeigt hatte, führte sie mich in ihr Badezimmer, das in allen Marmorfarben strahlte. So viele Wasserhähne hatte ich noch nie gesehen. Auf einem stand »Für Haarwäsche«, auf einem anderen »Für Rückensprudel« und so fort. Ich war sprachlos, als sie den Rückensprudel aufdrehte, und Champagner herausschäumte. Aus einem anderen Wasserhahn sprudelte Kognak, aus einem anderen Whisky. Ich bitte den Leser das zu glauben. Paulus konnte das zuerst nicht glauben, ich ja auch nicht. In Hollywood glaubten es alle, die meisten wußten es schon.

Daß Hearst vollkommen auf der Hitler-Seite und gegen die Alliierten war, wußten ja auch alle in Hollywood, nur ich nicht.

Das war also mein Weekend in San Simeon.

Weg, weg, weg, singt mein Zug noch immer. Weg auch von dieser lustigen Kartenparty im Hause von L. B. Mayer, dem Oberhaupt der Metro Goldwyn Mayer Corporation in Hollywood.

L. B. Mayer war der gekrönte Zar von Hollywood. Das war ein so allmächtiger Mann, daß ich den Leser fast bitten möchte, den Hut abzunehmen, während ich von ihm erzähle. Ich tue es auch. Ich besitze zwar keinen Hut, aber eine Pudelmütze, und ich nehme sie jetzt auch ab, obwohl es sehr kalt ist.

Für einen Montag hatte mich Herr L. B. M. zu einer Unterredung in sein Office bitten lassen. Ohne Paulus natürlich. Kurz nach dieser Verabredung kam Conny Veidt, der bei Metro engagiert war, und erzählte uns, Mr. Mayer hätte ihn gebeten, Paulus und mich am Sonntag zum Lunch in sein Haus zu bringen. Paulus sagte sofort: »Ohne mich, bitte!« Ich war zu der Zeit noch unbesiegt und neugierig und amüsiert und sagte: »Fein, warum nicht; das schau ich mir gern an.«

Also fuhr Conny mich am Sonntag nach Santa Monica. Dort merkte ich bald, daß ich so etwas wie ein Ehrengast war. Conny und Mister Mayer brachten immerfort Leute heran, die mir vorgestellt werden wollten. Der Lunch wurde an kleinen Tischen rings um den Swimming-pool serviert. Nach dem Lunch lag man eine Weile auf Liege- oder Lehnstühlen herum, während ab- und umgeräumt wurde. L. B. Mayer war unausgesetzt an meiner Seite. Kurz darauf war die ganze Lunch-Szene in einen Spielklub verwandelt, und wieder saß man an kleinen Tischen und spielte Karten.

Wieder wurde ich an den L. B.-Mayer-Tisch gesetzt. Er fragte, was ich gerne spielen möchte. Ich sagte, ich könnte nicht Karten spielen, aber ich würde gerne zuschauen. Natürlich kannte ich diese blöden Spiele, die meisten von ihnen; Conny und Lily Veidt hatten sich genug Mühe gegeben mit mir in London.

Conny saß auch an dem Tisch, und ein sehr manierlicher chinesischer Journalist saß da. Da ich nur zuschaute, konnte ich den Spielern rechts und links in die Karten gucken und auch um den Tisch herum gehen und L. B. Mayer zuschauen. Er gewann jede Hand, jedes Spiel. Er gewann ununterbrochen. Und ich sah, was ich sah.

In einer Pause, in der der »Score« errechnet wurde, sagte L. B. zu mir »Sie sehen, ich bin unbesiegbar.«

»Aber Mister Mayer, wissen Sie wirklich nicht, daß alle Sie gewinnen lassen, die ganze Zeit?«

Doch mir war kaum das Wort entfahren, wollt ich's im Busen gern bewahren. Umsonst. Conny hat mich damals fast erwürgt. »Du hast nicht nur dir selbst, sondern uns allen das Grab gegraben mit deiner vorlauten Dummheit«, sagte er. »Uns allen« hieß allen Emigranten. Ganz so schlimm war es Gott sei Dank nicht, aber schlimm genug, jedenfalls für mich.

Mr. Mayer sprach kein Wort mehr mit mir. Er ignorierte mich ganz deutlich. Er setzte sich an andere Tische, unterhielt sich mit den anderen Spielern, er kam überhaupt nicht mehr an unseren Tisch zurück.

Ich ließ mich sehr bald von Conny nach Hause fahren, und er beschimpfte mich den ganzen Weg. Ich gab zu, daß ich vorlaut gewesen war, ich war einfach auf so eine Humorlosigkeit nicht vorbereitet gewesen. Ich fühlte mich wie das Kind in »Des Kaisers neue Kleider«, das da ruft: »Der Kaiser hat gar nichts an!«

Ich hatte, wie anfänglich erwähnt, eine Verabredung mit Mr. Mayer für den folgenden Tag. Paulus riet mir abzusagen. Ich ging, und es war sehr interessant.

Zuerst wurde ich in ein Wartezimmer geführt und saß. Nach ungefähr zwanzig Minuten stand ich auf und ging. Aus dem Lift wurde ich wieder herausgeholt und in das Office geführt. Mister Mayer verriet mit keinem Wort und keiner Miene, daß er mich kannte, daß wir uns den Tag vorher getroffen hatten. Zwei Herren waren in seiner Office, die er mir nicht vorstellte. Keiner war aufgestanden. Nur ich stand da, wie bestellt und nicht abgeholt.

Schließlich blickte Mr. Mayer auf die Uhr und sagte zu mir »Darf ich Sie jetzt bitten, sich langsam herumzudrehen.«

Ich, ganz blöd, nicht wissend, was da los war, begann mich herumzudrehen. Er rief »Langsam, langsam bitte!«

Aber da war ich schon draußen.

Zuerst dachte ich, das glaubt mir keiner. Aber alle glaubten es, denen ich es erzählte, und alle lachten. Alle außer Paulus.

Sogar ich mußte lachen. Paulus sprach von Ohrfeigen und solchem Zeug. Ich sagte, ein Duell wäre das mindeste.

Dieser groteske Vorfall erinnerte mich an ein Erlebnis bevor ich 15 war, bevor ich in die »k. und k.« aufgenommen werden konnte. Ich war in meiner Ungeduld zu einem der besten Wiener Schauspieler des Volkstheaters gegangen, um mich prüfen zu lassen. Ich hatte ihm alles mögliche vorgesprochen, und er hatte mich dann gebeten, mich ganz langsam herumzudrehen. Nachdem er mich eine Weile beim Herumdrehen beobachtet hatte, sagte er mit freundlichem Bedauern »Vorne nichts und hinten nichts, ich rate Ihnen ab, mein Kind.«

Nach dieser bizarren Hollywood-Geschichte erzähle ich jetzt die schönste: Als Remarque Greta das erste Mal zu uns brachte zum Dinner.

Ich weiß nicht mehr, was wir aßen, aber ich erinnere mich, daß wir Aquavit tranken. Wir erzählten ihr, wie beglückend schön ihre allerersten Stiller-Filme für uns gewesen waren. Und sie erzählte uns ähnliches über unsere Filme, und daß sie deshalb sofort gekommen war, als sie hörte, ich sei in Hollywood. Der Leser erinnert sich »Wo ist die Frau?«

Nach dem Dinner wollte sie von mir ins Badezimmer geführt werden. Ich führte sie hinauf und öffnete ihr die Tür. Auf einmal legte sie ganz ruhig ihre Hand auf meine Brust und sah mich ganz ernst und ruhig an. Ich brauchte ein paar konfuse Sekunden. Dann nahm ich, auch ganz ruhig, ihre Hand von meiner Brust und ließ sie allein in meinem Badezimmer.

Daß wir beide so ruhig geblieben waren, machte mir den größten Eindruck daran. Es machte aus dieser zivilisierten Anfrage so etwas wie eine gegenseitige Freundschafts-, Liebes- und Vertrauenserklärung. Ich hatte wohl Gerüchte gehört von der uneingeschränkten Freiheit ihrer Lebensführung. Jetzt wußte ich, daß sie wirklich so königlich war, wie sie aussah.

Als Greta dann wieder zu uns hinunterkam, drehten wir Musik an und begannen zu tanzen. Ich zuerst. Dann sie. Jeder für sich. Das war herrlich. Remarque versuchte auch allein zu tanzen, gab es aber bald auf. Er hatte auch zuviel getrunken. Paul konnte sowieso keinen Schritt tanzen und versuchte es erst gar nicht. Ich war es gewöhnt, allein zu tanzen und liebte es. Sie war jetzt auch ganz begeistert davon.

Das war einer der schönsten Abende, wenn nicht der schönste in meinen Hollywood-Erinnerungen. Paulus stöhnte den ganzen Abend, weil er keine Filmkamera dabei hatte, um die beiden Tänzerinnen zu filmen.

Wir sahen uns dann nicht mehr, aber Paulus und ich blieben auch nicht mehr lange in Hollywood. Vom Badezimmer erzählte ich Paulus nichts. Ich wollte Mißdeutungen vermeiden.

Eine ganz andere, eine der schönsten Begegnungen in Hollywood war Ruth Berlau. Brecht hatte sie zu uns gebracht. Er hatte sie auf der ersten Station seiner Emigration in Dänemark getroffen, die Gattin eines sehr angesehenen Arztes oder Anwalts. Und als er Dänemark ein paar Monate später wieder verließ, da verließ sie ihren Mann, ihre Familie, ihre gesicherte Existenz und folgte Brecht, als fünftes Rad am Wagen, da er doch eine Frau und zwei Kinder hatte. Später bekam sie ein Kind von Brecht, das aber leider nicht am Leben blieb.

Meine wirkliche Freundschaft mit Ruth begann erst später in New York. Auch meine wirkliche Freundschaft mit Brecht begann erst später in New York.

Und jetzt bin ich also in New York angekommen und finde dort zuerst einmal Kommissarjewsky, der meine Tournee von *Escape me never* inszenieren wird. Jubel, Jubel! Er ist inzwischen schon zum dritten- oder viertenmal verheiratet. Als wir in London arbeiteten, war er mit Peggy Ashcroft verheiratet, die heute die größte englische Schauspielerin ist. Jetzt war es eine Ballerina, auch ein bezauberndes Mädchen. Ich erinnere mich nicht mehr, was ihn bewogen hatte, nach Amerika zu kommen, wahrscheinlich die Ballerina; sie hatten auch schon ein Kind.

Unsere Tournee wurde ein rauschender Erfolg und brachte uns endlich Geld.

Inzwischen war auch Paulus in New York und steckte bereits tief in den Vorbereitungen für unsere erste selbständige Broadway-Produktion. Wir waren ängstlich geworden, was den amerikanischen Geschmack betraf, und hatten uns vielfach beraten lassen. »Einen Reißer müßt ihr haben«, sagten alle. »Daß du Talent hast, weiß man schon, jetzt mußt du beweisen, daß du auch ein Kassenerfolg bist, und daß du die Häuser füllen kannst, auch in New York.«

So entschieden wir uns schließlich für einen sogenannten Krimi-Reißer. Er hieß *The two Mrs. Carrolls*, von Martin Vale, und wurde auch wirklich ein Riesenerfolg. Er lief zwei Jahre vor ausverkauften Häusern, im Schubert-Theater in New York und dann noch auf Tournee, so oft wir wollten. Ein englischer Regisseur mußte gefunden werden für dieses englische Stück. Und wir fanden Reginald Denham, der es auch schon in London inszeniert hatte, wenn ich mich richtig erinnere.

In diesen zwei Jahren ereignete sich gar viel. Warum wir überhaupt in Amerika blieben, muß ich zuerst erzählen. Amerika war ja inzwischen längst im Krieg. Und wieder war ich abgeschnitten von der Mama, von Europa, von der ganzen Welt.

Wir hatten endlich, beinahe zwei Jahre zu spät, erfahren, daß fast alle englischen Zeitungen mich sehr angegriffen und verurteilt hatten, weil ich nach Amerika »ausgewandert war, um den Unbequemlichkeiten des Krieges zu entgehen«. Ich war zuerst tief empört und gekränkt. Paulus sagte, das war vorauszusehen, und im Grunde hätten die Zeitungen recht, und er sei von Anfang an dieser Meinung gewesen, und so weiter. Ob die »Unbequemlichkeiten des Krieges« sich auf die Mama bezogen hätten oder auf die tägliche polizeiliche Anmeldung, das mache gar keinen Unterschied, sagte Paul.

Sehr langsam begriff ich, daß ich mich schauderhaft benommen hatte. Sehr langsam. Selfish, egoistisch, selbstherrlich treulos, undankbar – so hatten mich die Zeitungen genannt. Wir erfuhren erst jetzt davon, so viel später. Unmöglich zu beschreiben, die Scham und die Reue. Die Scham, die Scham. Am schmerzlichsten traf das Wort »undankbar«.

Viel zu spät, den Zeitungen zu antworten und alles wieder aufzurühren. Jetzt können wir nur abwarten, daß der Krieg zu Ende geht, sagte Paul.

»*Who can understand his errors.*«

III.
Die Geheimnisse einer alten Mamsell

Auf einer meiner Tourneen war ich auch nach Princeton gekommen. Dort besuchte mich Albert Einstein in meiner Garderobe. Diese Begegnung oder Wiederbegegnung – wir kannten uns schon aus Berlin, er hatte mich dort in allen Rollen gesehen und erinnerte sich an alle –, diese Wiederbegegnung jetzt in Princeton ist mir heute wie ein Trost für viele scheinbare Irrtümer und Fehler, die ich begangen hatte. Diese für mich so wichtige Wiederbegegnung hätte doch nie stattfinden können ohne meine »undankbare Treulosigkeit« gegen England. Ich glaube heute wirklich, daß diese Wiederbegegnung in Princeton, dieses Mit-ihm-sprechen-Können, ihm zuzuhören, mein ganzes bisheriges Weltkonzept geändert hat.

Ich fand mich auf einmal einer Geistes- und Herzensgüte, einer kindlichen Reinheit gegenüber, vor der alles, was ich bisher für bewunderns- oder erstrebenswert gehalten hatte – Genie, Talent, Intelligenz, Erfolg, Erfolg, bravo, bravo –, alles fiel wie alter Christbaumschmuck vom Baum des Lebens vor dieser Einfachheit, vor dieser gütig lächelnden Weisheit. Fast hätte ich diese Weisheit Einfalt genannt.

Es gibt andere, die viel berufener und autorisierter sind, von Albert Einstein zu erzählen oder zu schreiben. Ich muß den Leser daran erinnern, daß ich hier nur über seine Wirkung auf mich spreche. Da ich ihn im folgenden öfter besuchte und wir auch jede neue Aufführung immer zuerst nach Princeton brachten, bevor sie nach New York kam, hatte ich Gelegenheit zu vielen Gesprächen.

»Ja, fürchten dürfen Sie sich nicht«, sagte er einmal. Diese alltäglichen Worte hatten plötzlich eine ganz andere Bedeutung, eine viel größere. Sie hatten gar nichts mehr zu tun mit irgendeiner persönlichen Angelegenheit. Sie waren auf einmal ein wissenschaftliches Universalprinzip, ein elftes Gebot: Du sollst dich nicht fürchten.

Einmal fragte ich ihn, ob er an Gott glaube.

»Einen, der mit wachsendem Erstaunen die unheimlich gesetzgebende Ordnung im Universum zu erforschen und zu verstehen sich unterfängt, darf man so etwas nicht fragen.«

»Warum nicht?« sagte ich.

»Weil er wahrscheinlich zusammenbrechen müßte vor so einer Frage«, sagte er.

Ich bin bestimmt nicht die einzige, der er die wunderbare Geschichte aus seiner Züricher Zeit erzählt hat. Als er sich so verzweifelt lange mit einem wissenschaftlichen Problem abgequält hatte, für das er nicht die Lösung finden konnte. Wie er damals am Zürichberg im Wald herumgelaufen war, stundenlang, bis er gar nicht mehr wußte, wo er war, und wie auf einmal ein furchtbares Gewitter losbrach und der Blitz in Bäume einschlug, unter denen er herumlief, und wie es stockdunkel geworden war, und wie er jede Richtung verloren hatte. Und wie er auf einmal ganz deutlich wußte, daß das Problem, mit dem er sich herumschlug, und die Arbeit an dem Problem ein Frevel war. Daß er kein Recht hatte, diese Fragen zu stellen. Und sowie ihm das bewußt geworden war, wurde er ganz ruhig und legte ein Gelübde ab. Er schwor sich selbst, dieses Problem und diese Arbeit nicht mehr anzurühren.

Auch der Sturm mußte sich durch dieses Gelübde beruhigt haben. Er fand endlich einen Weg, auf dem er nach Hause laufen konnte. Die Wirtin, bei der er damals wohnte, war entsetzt, als sie ihn triefend naß zur Tür hereinkommen sah. »Aber Herr

Doktor, Sie müssen sofort ein heißes Bad nehmen!« Und wie er dann glücklich und zufrieden in seinem heißen Bad saß, wußte er auf einmal alle Antworten, nach denen er zwei Jahre lang verzweifelt und vergeblich gesucht hatte. Das »aufgegebene« Problem lag auf seiner flachen Hand.

Diese Geschichte fand ich wunderschön. Sie war die Antwort auf manche meiner Fragen.

Ein anderes Mal, als ich ihm für irgend etwas dankte, sagte er »Ihre Fragen sind viel schöner als meine Antworten. Ich habe zu danken. Kommen Sie öfter. Kommen Sie oft.«

Einmal fragte ich Paulus, warum ich eigentlich so betroffen war von Einsteins Wirkung auf mich. Er sagte, ich hätte schon lange angefangen aufzuräumen in meinem Innern mit falschen Werten, und diese Begegnung habe ein ziemlich aufgeräumtes Feld vorgefunden. Ich selber glaube, daß die Begegnung das große Aufräumen bewirkte. Etwas in mir war auf der Suche gewesen, das glaubte ich auch.

Weg aus Princeton. Zurück nach New York. Zu Ruth und Brecht. Wenn man Ruth Berlaus Wohnung gesehen hat – auf dem Bett, auf dem Fußboden, auf dem Tisch, in der Schreibmaschine, überall lagen sorgfältig numerierte Seiten von Brechts Manuskripten. In der Badewanne lagen die Fotokopien davon. Da sie so wenig Geld hatten, war Ruths Wohnung Verlag und Kopieranstalt.

Brecht und ich hatten angefangen, an einem Projekt zu arbeiten. Es handelte sich um die *Duchess of Malfi* von Webster.* Die Idee war mir ursprünglich von Edward Sheldon suggeriert worden, an den sich der Leser erinnert. Ich war sehr skeptisch, was die Wirkung dieses Stückes betraf für ein amerikanisches Publikum. Als ich Brecht davon erzählte, war er sofort Feuer und Flamme, hingerissen von der Idee. Ruth auch. Paulus hatte Bedenken. »Wenn ihr nur die New Yorker nicht überschätzt!«

* John Webster, englischer Dramatiker, ca. 1580 bis ca. 1625.

Es war der heiße Sommer, wo man die Theater meistens vier bis sechs Wochen zusperrte. Wir hatten die *Carrolls* für vier Wochen »zugesperrt«. Zuckmayers hatten uns ein wunderschönes Haus gefunden für den Sommer, in Vermont, ganz nahe an ihrem Bauernhof. Das Haus war auch geräumig genug, Brecht und Ruth für Weekends bei uns zu haben. Es war auch ganz in der Nähe von Dorothy Thompsons Besitz, mit der Zuckmayers sehr befreundet waren.

Bei Dorothy Thompson ging es immer sehr politisch zu, und ich erinnere mich an furchtbar aufgeregte Gespräche über Radiomeldungen aus Deutschland.

Auch Berthold Viertel war oft dort und ein berühmter russischer Journalist, dessen Namen ich vergessen habe, der alles verstand und alles erklärte. Auch die erste Radiomeldung aus Deutschland über den mißglückten Mordanschlag auf Hitler haben wir dort gehört.

Ein anderes Mal hatten wir Reggie Denham zu Gast, den englischen Regisseur, der uns bat, seine Freundin Mary Orr mitbringen zu dürfen. Ich stelle hier dem Leser Mary Orr so feierlich vor, weil sie mit einer amüsanten Geschichte zusammenhängt, die dort und damals begann.

Als wir abends nach dem Dinner zusammensaßen, fragte mich Reggie: »Was ist aus dem Mädchen mit den roten Strümpfen geworden, das immer vor deiner Türe stand? Ich hab' sie seit Monaten nicht mehr gesehen.« Dann erklärte er Mary, daß es sich um ein verrücktes Mädchen handle, das immer vor der Türe des Theaters stand, wenn Elisabeth kam oder ging, und immer rote wollene Strümpfe trug.

Da unser Stück sehr lange lief und sie immer dastand, kannte sie jeder im Theater, obwohl niemand mit ihr sprach. »Just a fan.« Ich war immer blitzschnell in und out aus dem Theater, weil ich nicht gern Autogramme schrieb vor der Tür. Paulus sprach schließlich doch einmal mit ihr.

»Was glaubst du, wie sie heißt?« fragte er mich dann.

»Sie heißt ›Das Mädchen mit den roten Strümpfen‹«, sagte ich.

»Nein, sie heißt Martina Lawrence.«

»Martina Lawrence? Das ist doch – die kenn' ich doch –, das ist doch *Stolen Life*! Was heißt das?«

»Das heißt, das Mädchen mit den roten Strümpfen heißt Martina Lawrence.«

»Nonsense, das glaub' ich nicht.«

»Wirklich, wirklich.«

»Nonsense. Sie hat den Film gesehen, und der Name gefällt ihr.«

»Frag sie selbst!«

»Das mach' ich, heute noch, nach der Matinee.«

Ich rief sie nach der Matinee in meine Garderobe und schaute sie das erste Mal aufmerksam an. Sie war sehr armselig angezogen. Sie war nicht häßlich, aber merkwürdig hart, fast unweiblich, mit durchdringend intelligentem Blick und scheinbar sehr scheu. Wir tranken Tee, während ich sie ausfragte. Sie bestand darauf, daß Martina Lawrence ihr wirklicher Name war. Sie sei im Waisenhaus aufgewachsen, habe keine Familie und sei ganz allein auf der Welt. Was mir am stärksten an ihr auffiel, war ihr Englisch. Ich hatte noch keinen Amerikaner so schönes Englisch sprechen hören. Ein fast aristokratisch reines Englisch, wie man es auch im englischen Theater nur von sehr wenigen Schauspielern hören konnte.

Nachdem diese Unterhaltung eine Weile gedauert hatte, sagte ich, ich hätte das deutliche Gefühl, daß sie nicht die Wahrheit spreche, und sie möchte mir doch bitte erzählen, in welchem amerikanischen Waisenhaus man so ein Englisch lernen könne. Ich wolle sie natürlich nicht zwingen, mir Dinge zu erzählen, die sie nicht erzählen wolle, aber ich könne mich jetzt nicht länger mit ihr unterhalten und müsse ein bißchen ausruhen vor der nächsten Vorstellung.

Darauf fing sie an zu weinen und sagte, sie wolle mir die

Wahrheit sagen. Sie sei Engländerin. Sie habe mich zum erstenmal in Manchester gesehen und auch meinen Film *Stolen Life*. Dann habe sie in der Zeitung gelesen, daß ich auf einem Kinderschiff nach Amerika gereist war, und sie wollte dort leben, wo ich lebe. Und so war sie auch auf einem Kinderschiff nach Amerika gekommen, als Kinderbetreuerin. Dann habe sie sich vom Kinderbetreuen frei gemacht, und jetzt habe sie eine Bürostellung am Nachmittag. Am Vormittag studiere sie Englisch an der Universität.

Das klang zwar glaubhafter als das Waisenhaus, aber mir war das Mädchen nicht geheuer. Als ich Paul davon erzählte, war er lebhaft interessiert. Und da seine Sekretärin gerade auf Hochzeitsreise war, dachte er, Martina Lawrence könnte vielleicht die Stelle für diese Zeit übernehmen. Ich war sehr einverstanden. Martina Lawrence war glücklich und dankbar und wurde Pauls Sekretärin.

Zur selben Zeit waren wir in Schwierigkeiten wegen einer wichtigen Umbesetzung in unserem Stück. Irene Worth, meine Gegenspielerin in den *Two Mrs. Carrolls*, war von dem späteren Filmproduzenten Gabriel Pascal nach London gerufen worden und bat uns so verzweifelt um Vertragslösung, um ihm folgen zu können, daß wir sie schließlich freigaben.

Jetzt brauchten wir eine sehr schöne, sehr begabte junge Schauspielerin, die diese wichtige Rolle von Irene Worth übernehmen konnte. Irene, die heute eine der größten Schauspielerinnen Englands und Amerikas ist, stand damals ganz am Anfang ihrer Karriere. Ich bin heute stolz darauf, daß wir sie als erste entdeckt und durchgesetzt hatten. Jetzt verließ sie uns, und wir mußten umbesetzen, und das war eine sehr langweilige Affäre für mich. Ich mußte immer auf diesen Vorsprechproben dabeisein und mitprobieren, bis die richtige zweite Besetzung gefunden war. Aber Irene war desperately in love with Pascal, so what?

Eines Morgens rief mich Paulus aus der Office an und sagte,

Martina Lawrence, seine neue Sekretärin, habe sich erbötig gemacht, für mich zu probieren beim Vorsprechen der verschiedenen Bewerberinnen. Und da sie doch die Vorstellung hundertmal gesehen habe und jede Pause und jede Bewegung kenne, wäre das nicht eine Erleichterung für mich? Ich war begeistert und sehr dankbar. Paulus hatte mir schon oft erzählt, wie intelligent und brauchbar Martina sich in der Office erweise, und es schien, wir hatten das Große Los gezogen mit dieser Martina Lawrence.

Am selben Abend, nach der Vorstellung, erzählte Paulus mir über die Probe mit Martina in meiner Rolle. »Ich sage dir, sie ist ein Bombentalent! Jeder Atemzug, jeder Blick, jede Bewegung, jeder Ton – es ist unglaublich. Wir waren alle sprachlos. Und es war keineswegs einfach eine Kopie von dir, es war ein Porträt. Ich sage dir, sie ist ein Bombentalent.«

Als ich Martina von diesem Erfolg erzählte, war sie sehr verlegen, sehr scheu und sagte, wenn wir wirklich glaubten, sie hätte so viel Talent – ob wir ihr vielleicht auch raten könnten, was sie tun sollte, um zu einer Rolle zu kommen. Wir versprachen, ihr zu helfen.

Paulus war immer formidable, wenn er etwas tun konnte für jemand. Ich erinnere mich, wie unermüdlich er Korda bearbeitet hatte, Zuckmayer einen Film für Laughton schreiben zu lassen, da Korda sehr bedenklich war, weil Zuckmayer noch nie einen Film geschrieben hatte.

Jetzt rief er sämtliche New Yorker Agenten an, um zu erfahren, wo neue Stücke besetzt wurden, und schickte Martina mit seinen Empfehlungen überall hin zum Vorsprechen. Ich hatte das Vorsprechmaterial für sie ausgesucht und mit ihr einstudiert, und ich fand sie auch überraschend talentiert.

Sie fand auch wirklich ein Engagement in einem neuen Stück, und jetzt mußten wir dafür sorgen, daß die amerikanische Schauspieler-Gewerkschaft ihr erlaubte, in Amerika Theater zu spielen. Bei mir war das etwas anderes, trotz meines englischen Passes, weil Paulus und ich unsere eigenen Produzenten waren und niemand uns zu engagieren hatte. Martina mußte engagiert werden. Also versuchten wir, Martina der Union besonders ans Herz zu legen, und erfuhren zu unserem maßlosen Erstaunen, daß wir uns keine Sorgen zu machen brauchten. Martina sei dort gewesen mit ihren Papieren, und nichts stehe ihr im Wege. Sie sei eine waschechte Amerikanerin; Martina Lawrence sei ja nur ihr Theatername. Sie sei nie in England gewesen oder überhaupt außerhalb Amerikas.

Paulus war sprachlos vor Überraschung. Ich war fast gar nicht überrascht, zu erfahren, daß wieder alles Lüge gewesen war, was sie uns erzählt hatte. Paulus wollte immer wissen, warum. Warum tut sie das?

Aber ich erzähle diese Geschichte ja nur, weil Reggie Denham hier in Vermont nach dem Mädchen mit den roten Strümpfen gefragt hat und die Fortsetzung der Geschichte noch nicht kannte, die ich dem Leser eben erzählt habe. Und weil Maria Orr dabei war und die Geschichte zum erstenmal mitgehört hatte. Und weil . . .

Ein paar Wochen später, beim Friseur in New York, las ich in einem Magazin diese ganze Geschichte unter dem Titel *Mädchen mit roten Strümpfen.* Ohne Namen natürlich. Nur von der großen Schauspielerin und dem Mädchen, das immer vor der Bühnentür steht und lauter Lügen erzählt, um in die Welt des Theaters einzudringen.

Und der Autor dieser Magazingeschichte war Mary Orr, das schüchterne stille Mädchen, der wir alle diese Geschichte erzählt hatten an dem Abend in Vermont. Auch das ist noch nicht das Ende dieser Geschichte. Hollywood kauft die Geschichte für Bette Davis, dichtet noch ein bißchen Liebesintrige hinein, und es wird der Film *All about Eve.*

Dieser Film wurde ein Welterfolg und zum Schluß sogar ein Musical. Und Mary Orr und alle Beteiligten wurden sehr reich daran. Die einzigen, die gar nichts daran verdienten, waren die wirklichen Hauptdarsteller: Martina Lawrence, Paulus und ich.

Inzwischen war ich längst in tiefster Arbeit mit Brecht an der *Duchess of Malfi*. Er war übrigens auch als Regisseur vorgesehen und freute sich wie ein Kind darauf. Ich muß den Leser daran erinnern, daß der »Regisseur« Brecht damals noch so gut wie ungeboren und unbekannt war. Sein erster Regieerfolg in Amerika war der *Galilei* mit Charles Laughton gewesen, den ich leider versäumt hatte, weil ich auf Tournee war. Sein Genie für Regie wurde endgültig erst viel später, nach seiner Rückkehr, entdeckt und allgemein anerkannt.

Es war beglückend für mich, wie gut wir uns verstanden, obwohl wir oft gegensätzlicher Meinung waren. Ich fühlte, ich mußte sehr auf der Hut sein, damit er nicht das ganze Stück als kommunistische Propaganda umbaute. Ich mußte mitunter sagen »Nein, Brecht, wenn Webster das gemeint hätte, hätte er es ungeniert gesagt.« Aber wir stritten nie, nicht ein einziges Mal. Entweder überzeugte er mich oder ich ihn. Einmal sagte er zu mir »Berrrgner, mit Ihnen möchte ich die ganzen Elisabethaner durchgehen.«

Noch eine interessante Geschichte fällt mir hier ein: Gleich am Anfang hatte Brecht den lebhaften Wunsch geäußert, die Rolle des Bosola, des gedungenen Mörders, mit einem Negerschauspieler zu besetzen. Der Neger sollte sich aber weiß schminken, damit es ganz deutlich sichtbar würde, daß ein Weißer und nicht ein Schwarzer der Verbrecher war. Paul und ich lachten darüber, aber da es sich um einen sehr begabten schwarzen Schauspieler handelte, fanden wir die Idee originell genug, sie zu akzeptieren.

Wir luden also den Schauspieler ein, uns an einem der nächsten Tage um 6 Uhr zu besuchen, »for a drink and a talk«. Er kam, und wir erschraken sofort, weil er so feierlich angezogen war und sehr nach Parfum roch. Er brachte mir Blumen und küßte mir die Hand. Wir saßen und unterhielten uns über das

Stück, das er nicht kannte, und die Rolle, die ihm zugedacht war. Er schien sehr interessiert und hätte am liebsten sofort unterschrieben. Czinner bestand darauf, daß er zuerst das Stück lese und dann in sein Office käme, um Vertrag zu machen.

Es wurde 7 Uhr, und er ging nicht. Drink after drink, talk, talk, talk – es wurde 8, und er ging nicht. Endlich ging mir der Mond auf. Der arme Teufel dachte, er wäre zum Dinner eingeladen. Daher die ganze Aufmachung, die Blumen und alles.

Ich entschuldigte mich ganz schnell und lief in die Küche. Paul verstand auch. Unsere Köchin Thelma wartete ungeduldig mit dem fertigen Dinner, daß der Besuch endlich gehen würde. Sie war auch eine Farbige und ein Juwel, und wir liebten sie.

Jetzt stürmte ich in die Küche. »Quick, quick, quick, darling, leg ein drittes Gedeck auf, Mister Canada Lee bleibt zum Dinner.«

»Heißt das, daß ich ihm servieren muß?« fragt sie.

»Ja, natürlich, er wird mit uns essen.«

»Not I«, sagt sie und zieht ihre Schürze aus.

»Bist du verrückt, Thelma? Was redest du denn da?«

»I say I am not serving this nigger«, sagt sie.

»Thelma, du bist verrückt. Mr. Lee ist unser Gast und wird mit uns essen.«

»Sorry, Ma'am.«

Ich verstand nicht, was für ein Teufel in sie gefahren war, aber jetzt wurde ich böse und bat sie, sofort auf ihr Zimmer zu gehen und sich nicht mehr blicken zu lassen. Sie wollte reden, aber ich hielt mir die Ohren zu und bat sie zu verschwinden. Sie versuchte einzulenken und die Schürze wieder anzuziehen. Ich riß sie ihr aus der Hand und zog sie selber an und wiederholte sehr ernst »Wenn du nicht sofort verschwindest, gehen wir ins Restaurant mit Mister Lee. In unserem Haus wird kein ›Nigger‹ beleidigt, auch nicht von einem anderen ›Nigger‹.«

Und damit schob ich sie zur Tür hinaus.

Das Essen war fertig, ich legte ein drittes Gedeck auf, und wir setzten uns zu Tisch, und ich servierte. Paulus merkte natürlich, daß etwas nicht geheuer war, sagte aber nichts.

Als Canada Lee endlich gegangen war und ich Paul erzählte, was sich abgespielt hatte, verstand er sowenig wie ich.

Am nächsten Morgen bat ich Thelma um die Hausabrechnung und kündigte ihr mit sofortiger Wirkung. Ich konnte sie tatsächlich nicht mehr ausstehen und sagte zu ihr »Du bist die erste, die mich dazu gebracht hat, einen Neger zu verachten.«

Sie lief weinend zu Paul und sagte, das ganze Malheur läge darin, daß ich den Unterschied nicht verstünde zwischen einer »coloured person«, einem »Farbigen«, und einem »Nigger«. Sie sei eine leicht Farbige, aber er sei ein kohlschwarzer Nigger. Damit bat sie weinend um Entschuldigung, und schließlich versöhnten wir uns mit ihr. Ich sagte nur noch »Du hast mich etwas sehr Wichtiges gelehrt. Nämlich, daß der Rassenhaß in Amerika, von dem man so viel hört und liest, höchstwahrscheinlich eine Erfindung der Neger ist.« Jedenfalls mir schien es damals so.

Brecht war auch sehr nachdenklich beeindruckt von der Geschichte.

Ich fand Brecht damals in Hochform. Auch als Poet.

Mitunter mußte ich ihn allerdings daran erinnern, daß das Stück gegen die moralische Verrottung des Papsttums und gegen den Übermut des Reichtums gerichtet war und keineswegs gegen das »Kapital« oder die »herrschende Klasse«. Klassenunterschiede gab es hier überhaupt nicht, nur Mörder und Ermordete.

Brecht: »Was haben Sie eigentlich gegen den Kommunismus?«

Ich: »Daß er die Jugend zum Selbstbetrug verführt. Wie ich zwanzig war, dachte ich auch, der Kommunismus wäre das zweite Gebot in Aktion.«

Brecht: »Genau das ist er. Man könnte es nicht besser ausdrücken.«

Ich: »Genau das ist er nicht. Es kann kein zweites Gebot geben ohne ein erstes. Und Menschen, die nicht von Gott regiert sind, können nicht Menschen regieren.«

Solche Gespräche hatten wir viele. Sie endeten meist damit, daß er mich aufgab, indem er anfing, seinen nicht vorhandenen langen Bart zu streichen.

Aha. Der Bert streicht sich über den Brecht. Ich bin in Ungnaden entlassen.

Brecht hatte auch Wystan Hugh Auden in diese Arbeit einbezogen, den herrlichen englischen Poeten, den ich bis dahin nicht gekannt hatte und jetzt lieben lernte. Auf den ersten Blick sah er aus wie der David von Michelangelo, erst auf den zweiten oder dritten Blick sah man, daß er im Gegensatz zu David gar keine Virilität besaß. (Was immer das Wort bedeutet, ich gebrauche es hier für Muskelkraft.)

Ich hatte noch nie einen Menschen so viel, so ununterbrochen rauchen sehen. Seine Finger waren braun bis an die Nägel vom Rauchen, und er rauchte eine Zigarette so lange, bis das Zigarettenende fast die Lippen berührte oder verbrannte. Alfred Adler, damals in Wien, hatte auch so verbrannte Finger.

Die Schönheit von Audens Brecht-Übersetzungen für die *Duchess* war unbeschreiblich. Was dann schließlich aus all der Schönheit und Liebe wurde, war herzzerbrechend.

Zuerst wollte niemand diesen »dekadenten« Klassiker finanzieren. Der Theaterbetrieb in Amerika spielt sich nicht ab wie in Deutschland. Jeder, der ein Stück produzieren will, muß es entweder selbst finanzieren können oder finanzkräftige Koproduzenten haben. Der Mann, der *The two Mrs. Carrolls* finanzierte und viel Geld damit verdient hatte, floh vor dem Namen Brecht. Er war nicht der einzige, er war nur der erste in dieser Produktion, der vor dem Namen Brecht floh. Wir waren kurz vor der MacCarthy-Zeit. Einer nach dem anderen riß aus vor dem Namen Brecht. Und wir hatten uns so darauf gefreut und so darauf verlassen und so lange daran gearbeitet. Wir standen auf einmal da ohne Stück, ohne Geld, ohne Rat.

Brechts Vorschlag, einen anderen Namen als Bearbeiter aufs Programm zu setzen, war noch nicht genug: Er mußte auch als Regisseur zurücktreten, und das schmerzte uns alle viel mehr. Viel leichter und viel lieber hätten wir das ganze Projekt aufgegeben, als den Regisseur Brecht. Aber wir hatten keine Wahl in diesem Augenblick. Und kein anderes Stück. Und kein Geld. Brecht und Auden, beide hatten beträchtliche Vorauszahlungen erhalten auf die künftigen Einnahmen, und die *Duchess* war die einzige Karte in unserer Hand in diesem Augenblick.

Wieder ließen wir uns von Edward Sheldon beraten. Leider. Er empfahl uns, den Cambridge University Don aus England kommen zu lassen, der erst kürzlich die letzte Aufführung der *Duchess* in London, mit John Gielgud und Peggy Ashcroft, sehr erfolgreich inszeniert hatte. Er kam gern und schnell und brachte sogar die ganze Dekoration der Londoner Aufführung mit, die uns der Leiter des Haymarket-Theaters leihweise zur Verfügung stellte: eine ungewöhnlich freundliche und großartige Hilfe in diesem Augenblick. Einen Hauptdarsteller nach seiner eigenen Wahl brachte der Cambridge Don auch mit aus London.

Aber meine Liebe und die Freude an der Sache waren weg, unwiederbringlich weg. Ich fand den Schauspieler aus London, der die Hauptrolle des inzestkranken mörderisch liebenden Bruders spielte, eine sehr ungenügende Besetzung. Ich fand den Don sehr korrekt und einfallslos, mich selbst auch ähnlich.

Zunächst gingen wir mit der Aufführung nach Princeton. Einstein haßte das Stück. Ich inzwischen auch. Und die Aufführung und alles – aber ich durfte nicht davonlaufen. Ich hatte dem armen Paulus genug aufgeladen. Er hatte mich genug gewarnt vor der *Duchess of Malfi* in Amerika.

Unsere zweite Station vor New York war Boston. Die Boston-Presse war nicht ganz so entsetzlich für Webster wie die

Princeton-Presse, aber sie konnte mit dem Stück auch nichts anfangen. Zudem war an dem Premierenabend in Boston der Hauptdarsteller Canada Lee, der den gedungenen Mörder Bosola spielte, so betrunken, daß in letzter Minute der Cambridge Don die Rolle des Bosola übernehmen mußte.

Diese Aufführung sah der arme Brecht, der nach Boston gekommen war. Er sagte gar nichts. Ich glaube, er war böse auf mich. Ich auch. Ich glaube, ich tat ihm auch leid. Das Stück war für nur eine Woche in Boston angesetzt.

Czinner bat Brecht, in Boston zu bleiben, weil er wußte, daß der Urlaub des Don abgelaufen war und er zurück mußte nach Cambridge. Jetzt hatten wir zu entscheiden, ob wir das Stück in Boston schließen sollten oder doch noch nach New York bringen. Dazu müßten wir Brecht haben. Da die Aufführung jetzt den offiziellen Stempel des englischen Regisseurs hatte, konnte Brecht endlich als Regisseur aktiv werden und dringend notwendige Änderungen vornehmen. Und so beschlossen wir in Boston, daß Brecht sofort nach der Abreise des Don mit neuen Proben beginnen sollte, um vielleicht noch zu retten, was zu retten war an der Sache.

Es gab nichts mehr zu retten. Es gab nur ein paar herrliche erfrischende Proben, in denen ich den Regisseur Brecht zum erstenmal erlebte. Es war eine revelation, wie sich die Texte für ihn auf der Bühne realisierten. Das war Breughel in action. Es machte Bühnenbild und Kostüme fast überflüssig.

Als Regisseur war Brecht ein Visionär, weit über Texte hinaus. Jeder, der später seine *Galilei*-Inszenierung am Schiffbauerdamm sah, wird das bezeugen. Er hätte das Stück auch pantomimisch inszenieren können.

Einmal passierte etwas Merkwürdiges, fast Komisches auf einer Probe, in einer Szene, die im Freien spielte, im Park des Schlosses. Die hochschwangere Duchess ist mit ihrer Kammerfrau im Garten. Auf einmal sagt Brecht »Sie können sich nicht wieder auf diese Bank setzen.«

Oben links: Mit Arthur Schnitzler in Wien. *Unten links:* »Fräulein Else«, 1929. *Rechts:* In Schnitzlers Garten.

Büste von Ernesto de Fiori.

Foto von Cecil Beaton.

»Escape me never« – auf der Bühne und im Film, 1935.

Oben: Mit G. B. Shaw und Charles B. Cochran.
Unten: Barrie an seinem Fireplace. Ölbild von Peter Scott.

Als David in »The Boy David« von Barrie.

Linke Seite: Mit James Barrie in Cortina.

Mit dem Komponisten William Walton und Augustus John, der das Bühnenbild für »The Boy David« schuf.

Mit Cynthia in Cortina.

Mit Bumsi, privat.

Mit Bumsi in dem Film
»Stolen Life«.

Als Martina Lawrence in
»Stolen Life«, 1939.

Malvern Festspiele. »Saint Joan« von G. B. Shaw. *Mitte:* Eine vergoldete Puderdose kam per Post als Geschenk der Festspielleitung.

George Bernard Shaw im Gartenhaus seiner Villa, 1935.

Albert Einstein in der amerikanischen Universität Princeton, N. Y., 1933.

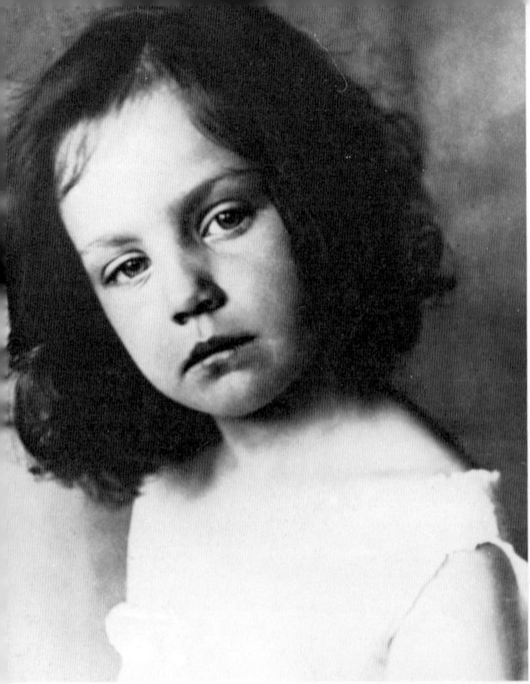

Eleonora
als Kind.

Eleonora
von Mendelssohn.

Links: »Tot, tot, alles tot . . .« Heimgekehrt nach London. *Rechts:* Mit Canada Lee als Bosola in Websters »The Duchess of Malfi« (das einzige unvernichtete Foto, das ich noch fand).

Besuch in Israel. *Oben:* Ankunft. *Unten:* Lesungen in Kibuzzim und Lazaretten.

»Die Irre von Chaillot« (Giraudoux), 1964.

Zum Achtzigsten. ▶

Probe zu »Tiefe blaue See« von Rattigan, mit Leo Mittler, Ernst Deutsch, Wolfgang Lukschy, 1954.

Ich: »Warum nicht?«

Er: »Weil Sie eben von da aufgestanden sind.«

Ich: »Was macht das?«

Er: »Sie können unmöglich an dieselbe Stelle zurückgehen, von der Sie vor zwei Minuten aufgestanden sind.«

Ich: »Das versteh' ich nicht.«

Er: »Aber Berrrgner! Was würde Max dazu sagen?«

Ich sage »Max?? Wie kommt Max hierher?«

Er: »Aber Berrrgner! Das war doch eine Todsünde für Max, wenn ein Schauspieler in dieselbe Stellung zurückging, aus der er vor fünf Minuten aufgestanden war – außer der Text verlangt es.«

Ich war platt. Erstens darüber, daß ich diesem Max-Gesetz nie begegnet war in den drei großen Inszenierungen, die ich mit Max erlebt hatte, aber noch viel erstaunter war ich über Brecht, über die Treue, mit der er das von Reinhardt Gelernte verteidigte.

Nach der Probe unterhielten wir uns lange darüber, und ich war sehr gerührt über dieses Erlebnis.

Diese Gartenszene, die weder in Princeton noch in Boston besonders effektvoll gewesen war, hatte dann bei der New Yorker Premiere den längsten und lautesten Applaus des Abends, und das auf offener Szene.

Das Stück fiel trotzdem wieder jämmerlich durch. Die Leute haßten es, genau wie Einstein. Es ist ein böses Stück. Ein krankes Stück. Brechts Begeisterung dafür hat uns alle hineingerissen. Unser neuer »Finanzminister« ließ uns prompt im Stich, wir kamen in gräßliche finanzielle Schwierigkeiten, die Schauspieler mußten bezahlt werden, wir hatten eine sorgenvolle Zeit, Paulus und ich. Wenn ich heute daran denke, möchte ich sie nicht missen, Brechts wegen.

Noch etwas gehört hierher: Es begann kurz nach Brechts Tod und hat eigentlich noch immer nicht aufgehört, daß Archive und Universitäten aus aller Welt mich um ein Manuskript der

Brechtschen Bearbeitung der *Duchess of Malfi* bitten. Ich muß immer allen mit tausend Entschuldigungen beichten, daß ich leider kein Skript mehr besitze.

Aber noch nie habe ich gebeichtet, warum es so ist, daß ich kein Skript besitze. Dem Leser beichte ich es jetzt.

Als wir uns entschlossen hatten, wieder in London zu bleiben, Paulus und ich, und auch eine Wohnung gefunden hatten und ich endlich daran ging, die schon lange wartenden Koffer aus Amerika auszupacken, da fielen mir ziemlich sofort vier Skripte der *Duchess* aus den verschiedenen Entwicklungsstadien in die Hände. Und da überkam mich die Erinnerung an die Hoffnungen und Schönheiten dieser Arbeit und die Bitterkeit über die Enttäuschung, die sie uns allen gebracht hatte, so heftig – ich zerriß die vier Skripte in kleine Fetzen und verbrannte sie im Kamin. Das war's gewesen, warum es kein Skript gab.

Viel später, als nach Brechts Tod, und noch später, auch nach Ruths Tod, und noch viel später auch nach Audens Tod keine Skripte der *Duchess of Malfi* auftauchten, da hatte ich ein merkwürdiges, immer deutlicheres Gefühl, daß Ruth, Brecht und Auden alle dasselbe getan haben mußten mit ihren Skripten wie ich, und aus den gleichen Gründen.

Jetzt kommt Eleonora. Ihr voller Name war Eleonora von Mendelssohn. Von ihren Nächsten wurde sie Ele genannt. Sie war die Tochter des bekannten Bankiers Robert von Mendelssohn und der italienischen Konzertpianistin Giulietta Gordigliani, die vor ihrer Eheschließung eng befreundet war mit Eleonora Duse und auch viel mit ihr reiste.

Eleonora von Mendelssohn trug eine Perlenkette, die sie von ihrer Taufpatin Eleonora Duse zur Taufe umgelegt bekommen hatte.

Eleonora sah aus und erhielt eine Erziehung wie eine Märchenprinzessin. In vier Sprachen. Sie war auch eine vollkommen ausgebildete Konzertpianistin und ein ausgebildeter

Tischler. Ein Holzspezialist. Sie konnte ein antikes Möbelstück so kopieren, daß man keinen Unterschied sah zwischen dem Original und ihrer Kopie. Auf ihrem Schloß am Attersee hatte sie eine komplett eingerichtete Tischlerwerkstatt. In Addition zu all dem war Eleonora so schön, daß einem die Augen übergingen, wenn man sie ansah; so gebildet wie eine ganze Universität; und so intelligent wie sechs Teufel, und so engelhaft gut wie eben ein Engel. Wie es geschrieben steht: »Edel sei der Mensch, hilfreich und gut.«

Das alles war Eleonora von Mendelssohn. Und ich bitte, ich beschwöre den Leser, es zu glauben. Sie war nämlich auch der unglücklichste Mensch, den ich jemals getroffen habe. Sie war »gedoomt«. Als hätten alle guten Feen an ihrer Wiege gestanden, um sie mit Schönheit, Reichtum und Talent zu segnen; und zum Schluß war die böse Fee gekommen, die man vergessen hatte einzuladen, und hatte das unschuldige Kind mit so giftigem Atem angehaucht, daß alle Segnungen davon zunichte wurden.

Eleonora hatte ihren Vater sehr geliebt. Er war Eleonora Duses Vermögensverwalter gewesen und hatte ihr beträchtliches Vermögen sehr einträglich angelegt. In einer holländischen Filiale der Mendelssohn-Bank. Nach seinem Tod fand Eleonoras Mutter Briefe des verstorbenen Gatten an die Duse und Duses Briefe an ihn, aus denen klar zu ersehen war, daß die beiden seit langer Zeit, seit vielen Jahren Liebende gewesen waren. Das war ein furchtbarer Schock gewesen für Eleonoras Mutter, und als Erbin und Bevollmächtigte für die Kinder konnte sie damals einen furchtbaren Racheakt ausführen. Sie ließ Duses Vermögen in italienischer Valuta nach Italien dirigieren, wo es allein durch den Valuta-Exchange schon vollkommen eingeschrumpft ankam. Dann wurde es von Mussolini gesperrt und weiter geplündert, so daß Eleonora Duse, in ihrem Alter völlig verarmt, noch einmal nach Amerika auf Tournee ziehen mußte, wo sie dann auch starb.

Diese furchtbare Rache hat Eleonora ihrer Mutter nie verziehen; es hatte die beiden Frauen vollkommen einander entfremdet. Die Mutter lebte jetzt mit einem jungen Cellisten in Florenz, mit dem sie auch als Pianistin auf Tournee ging.

Als ich Ele in Berlin kennenlernte, war sie bereits zum zweitenmal verheiratet. Mit einem ungarischen Rittmeister, der auch »von« hieß. Was ich von Eles erster Ehe und von ihrer Kindheit weiß, das hat sie mir alles erzählt. Was nachher kam, habe ich mehr oder weniger miterlebt.

Eleonora hatte als ungefähr fünfzehnjähriges Mädchen in ihrem Elternhaus Max Reinhardt kennengelernt. Sie ging auch schon ins Theater und hatte verschiedene Inszenierungen gesehen. Sie hatte sich mit kindlicher Inbrunst in Reinhardt verliebt und verzehrte sich in hoffnungsloser Liebe. Reinhardt war zu dieser Zeit mit Else Heims verheiratet und hatte zwei Söhne, die mit Eleonora fast gleichaltrig und mit ihr befreundet waren. Reinhardts Ehe war damals noch vollkommen intakt.

Den Eltern konnte Eleonoras bedenklicher Zustand nicht lange verborgen bleiben. Sie hielten ihn für eine Backfischschwärmerei und waren der Meinung, daß eine glückliche Eheschließung das gegebene und beste Heilmittel sein würde.

Die hochmusikalische Eleonora ging auch in viele Konzerte. Ein sehr berühmter junger Schweizer Pianist hatte damals kolossale Erfolge in ganz Europa, die auch Eleonora nicht entgangen waren. Und so kam eine Verlobung und Eheschließung zustande, die den großen Zweck erfüllen sollte, einen unglücklichen Backfisch zu einer glücklichen Frau zu machen. Es kam anders. Die Eltern hatten sich wahrscheinlich nicht genügend informiert. Wie Eleonora mir erzählte, war der unglückliche junge Pianist von seiner verwitweten Schwyzer Mutter sehr streng erzogen worden; sie bevormundete und regierte sein Leben vollkommen. So hatte sie ihm von Kindheit und Pubertät an immer gedroht, er werde sein Talent und sein Klavierspielen für immer verlieren, wenn er jemals, auch nur ein einziges Mal, das Ding mit einer Frau tun würde. Diese Furcht und diese Drohung waren mit ihm aufgewachsen von Kindheit an. Als er jetzt heiratete, so unschuldig wie seine Braut, fand er sich unfähig, sie zur Frau zu machen. Die Ehe wurde in beiderseitigem Einverständnis nach ein paar Monaten geschieden.

Die Reinhardt-Passion war durch diese Enttäuschungen noch tiefer geworden. Eleonora war inzwischen Schauspielerin geworden. Wahrscheinlich in der Hoffnung, dadurch Reinhardt näherzukommen.

Unsere Freundschaft begann dadurch, daß sie mir als Mensch so wunderbar gefiel, als wir uns kennenlernten. Als Schauspielerin gefiel sie mir nicht so gut, ich weiß nicht, warum. Sie war wunderschön, sie war durch und durch künstlerisch, aber auf der Bühne fehlte etwas. Sie erschien zu dünn als Persönlichkeit auf der Bühne. Wahrscheinlich war sie nur zu unsicher und zu bescheiden. Sie machte alles richtig, aber es war nicht interessant. Sogar ihre Stimme klang uninteressant auf der Bühne. Nicht im Leben.

Wie sie zu ihrem zweiten Ehemann gekommen war, weiß ich nicht mehr. Ich weiß nur, daß sie Angst hatte vor ihm. Er war ein sehr temperamentvoller ungarischer Offizier mit Türzuhauen und so. Sie brauchte mich. Und ich brauchte sie. Ich hatte Viola verloren. Eleonora war eine ideale Freundin für mich. Viola liebte Eleonora auch, Paulus liebte Eleonora auch, sogar sehr. Jeder liebte Eleonora. Auch später in Amerika. Sie war die vielgeliebteste Freundin und die ungeliebteste Frau. Es ist mir heute noch unverständlich.

Als Reinhardt später Helene Thimig heiratete, wurde Eleonora Morphinistin. Vielleicht war es aber nur zufällig gerade um diese Zeit. Ich kannte sie damals noch nicht. Aber sie blieb Morphinistin, mit hoffnungslosen Intervallen, bis an ihr Ende. Selbstmord durch Morphium. Als es dazu kam, war ich nicht mehr in Amerika.

Wie sie den zweiten Gatten endlich loswurde und ihm ihr bezauberndes Schloß Kammer am Attersee als Abfindung abtrat – wie sie dann Rudolf Forster heiratete und mit ihm nach Amerika auswanderte – wie Rudi Forster aufgab und zurückfloh ins Dritte Reich – wie Eleonora sich mit erneuter Glut und hoffnungsloser Passion in Toscanini verliebte, der auch verheiratet, Vater und Schwiegervater war – und das alles, ohne ihre erste verhängnisvolle Liebe zu Reinhardt auch nur für einen Augenblick zu unterbrechen – das alles kann ich hier unmöglich im Detail erzählen. Das Buch nähme kein Ende.

Nur über Reinhardts Sterben und Eleonoras tragische Rolle darin muß ich berichten. Wie ich es miterlebte und verstand.

Jeder weiß, daß Reinhardt aus Hollywood in hoffnungsloser Enttäuschung geflohen war und jetzt in New York lebte, in finanziellen Sorgen. Helene Thimig war in Hollywood zurückgeblieben; sie mußte zufrieden sein, wenigstens in kleinen Rollen beschäftigt zu werden. Sie sollte und wollte baldmöglichst nach New York nachkommen. Max lebte in New York in einem sehr netten kleinen Privathotel, das, glaube ich, deutschen Freunden gehörte. Keiner seiner Söhne konnte damals dem Vater helfen. Der Vater aber hatte große Sorgen um beide Söhne, wie Eleonora mir immer erzählte, die über alles informiert war.

Auf Fire Island bei New York passierte dann das Furchtbare, daß Max mit seinem Hund allein spazierenging und daß der Hund in einen Kampf mit einem anderen, tollwütigen Hund geriet und Max versuchte, die Hunde zu trennen und dabei von seinem Hund gebissen wurde. Der Schreck, der Schock, der Biß und der moralisch tief deprimierte Zustand Reinhardts hatten einen Schlaganfall zur Folge, dem er schließlich auch erlag. Man könnte heute fast wünschen, der Anfall wäre sofort tödlich gewesen. Denn was dann kam, war viel schlimmer.

Zuerst wurde der im selben New Yorker Hotel wohnende Sohn verständigt. Da dieser zur Zeit sehr okkupiert war von einer Frau, die von Max nicht akzeptiert wurde, rief er Eleonora zu Hilfe, seine Kindheitsfreundin, deren Liebe für seinen Vater er zur Genüge kannte. Er wußte natürlich auch von Eleonoras fortschreitender Abhängigkeit von Morphium. Worüber sich die beiden von Anfang an einig waren, als absolute Notwendigkeit in der Behandlung dieses Falles, war, daß Helene Thimig ferngehalten werden mußte.

Eleonora hatte einen Arzt. Ich werde ihn Dr. X. nennen. Dieser Doktor X. wurde jetzt Max' behandelnder Arzt. Der Sohn und der Arzt gaben gemeinsam die Nachricht an Frau Thimig nach Hollywood, daß Reinhardts Zustand vollkommen harmlos und ungefährlich sei, so daß es ganz unnötig wäre für sie, ihre Filmarbeit in Hollywood zu unterbrechen. Man würde sie verläßlich auf dem Laufenden halten. Frau Thimig hat über diese Informationen aus New York in ihrem Buch der Erinnerungen erzählt.

Woher ich das alles wußte? Von Eleonora. Eleonora erzählte mir strahlend, daß der Sohn ihr die Krankenpflege und Max' Betreuung völlig übergeben habe. Daß Dr. X. sie unbegrenzt mit seinen Medikamenten versorgen wolle, so daß sie sich der Aufgabe vollkommen gewachsen fühle. Sie sorgte für Max, sie kochte für Max, sie pflegte ihn. Sie schloß diesen Bericht mit dem unvergeßlichen Satz »Lebendig kriegt sie ihn nicht noch einmal.«

Ich war ratlos. Paulus sagte »Sofort die Thimig kommen lassen!« Nach einer schlaflosen Nacht beschloß ich, noch zu warten. Einige Tage später bat mich Eleonora, ihr einige Sachen, die sie brauchte, in Reinhardts Hotel zu bringen. Ich ging hin und fand sie sehr aufgeräumt. Wie immer, wenn sie unter Morphium war. Wir unterhielten uns flüsternd in dem winzigen Vorraum. Ele wollte partout, daß ich in Maxens Krankenzimmer gehe. Ich wollte nicht.

»Komm doch hinein, er kennt dich nicht, er erkennt ja niemand.«

Jetzt erfuhr ich erst, daß Max vollkommen sprachberaubt

und gelähmt war und daß es von Ele und dem Sohn ganz klar verstanden und akzeptiert war, daß es sich nur noch um kurze Zeit handeln konnte.

»Um Gottes willen, weiß das die Thimig?« sagte ich.

»Sie wird es schon erfahren«, war die Antwort.

»Aber Ele, versetz dich doch in ihre Lage!«

»Warum soll ich das? Sie hat sich lang genug in meine Lage gesetzt. Lebendig kriegt sie ihn nicht noch einmal.«

Danach lief ich nach Hause.

An diesem Abend schickte ich ein Telegramm an Helene Thimig nach Hollywood. Nur drei Worte. Bitte sofort kommen. Ohne Unterschrift.

Ich hatte einen Verrat begangen an meiner liebsten Freundin. Und mich auf die Seite der Frau gestellt, von der ich am Anfang meiner Karriere immer geglaubt hatte, daß sie mir im Weg war, und die eine der wenigen Kolleginnen war, die ich persönlich nie kennengelernt hatte. Sie hat bestimmt nie erfahren, von wem dieser Alarmruf kam. Niemand außer Paulus wußte. Aber ich weiß schon lange, daß nicht nur Worte Information oder Kommunikation geben. Bestimmt war sie auch von innen gewarnt und gerufen worden.

Sie kam sofort, und Eleonora mußte nach Hause gehen. Ihr letzter Bericht darüber war wieder herzzerbrechend. »Was sagst du dazu, ist das zu glauben? Er hat doch niemand mehr erkannt! Und wie sie hereinkam und sich über ihn beugte, hat sich sein ganzes Gesicht aufgehellt. Er hat gelächelt. Er hat sie erkannt. Was sagst du dazu?«

Ich war damals sehr unglücklich für Eleonora und sehr, sehr glücklich für Max. Und sehr dankbar dafür, daß Reinhardt nie in mich verliebt gewesen war, und dafür, daß meine Liebe für ihn so anders war. Er starb dann sehr bald.

Ich hatte niemand mehr, der mir berichtete. Granach rief mich aus Hollywood an. Er hatte am Radio gehört, daß Reinhardt gestorben war, noch ehe es die New Yorker Zeitungen brachten. Das war die Nacht, in der er zu mir sagte: »Wein dich aus, mein Kind.«

Was Helene Thimig dann tat, kurze Zeit später, nach dem Begräbnis, an dem ich nicht teilnahm, nach all den Feierlichkeiten und Formalitäten – was Helene Thimig dann tat, war wunderschön und großartig und ganz hohe Klasse. Sie schickte mir einen Brief: »Liebe Elisabeth Bergner, es ist ihm gar nicht recht, aber ich fühle, ich muß das tun, ich muß Ihnen das schicken.« Und eingeschlossen waren vier angefangene handschriftliche Briefe Reinhardts an mich. Hier sind sie:

I Sehr liebe und vehrt
II Liebe vehr
III Liebe verhrte Elisabeth Bergner
es ist es mir ein Bedürfnis Ihnen zu zu danken zu
IV es dringendes Bedurfnis Ihnen zu zu danken, zu

Ich hatte ihn nur einmal getroffen in New York. Ich weiß nicht mehr, bei welcher Gelegenheit. Damals hielt er meine Hand sehr lange fest und schwenkte sie ein bißchen hin und her und sagte: »Wo ich hinkam auf meinen Reisen bis hierher, auf jeder Station fand ich ein Glückwunschtelegramm von Ihnen.«

Vielleicht war ihm das wieder eingefallen in seinen letzten Tagen, als er so ein dringendes Bedürfnis fühlte, mir zu danken.

Eleonora war auch nicht beim Begräbnis gewesen. Ich mußte sie jetzt Toscanini und Dr. X. überlassen. Ich mußte auf Tournee gehen, wir brauchten Geld. Die *Duchess of Malfi* hatte viel mehr gekostet, als wir hatten. Aber da ich schrecklich besorgt war um Eleonora, fragte ich sie, ohne wirklich daran zu glauben, ob sie nicht vielleicht mitkommen wolle auf die Tournee. Zu meinem ungeheuren Erstaunen sagte sie ja und schien sehr glücklich, wieder Theater spielen zu können. Paulus sagte, wir müssen es mindestens versuchen, es könnte eine Rettung sein für sie. Wir besprachen die Sache mit der Schauspielerin, die bis jetzt diese wichtige Rolle probiert hatte, die für Eleonora in Betracht kam. Sie kannte Eleonora, verstand die Situation und trat zurück. Eleonora hatte zwar hoch und heilig versprochen, kein Morphium mehr zu schlucken oder zu spritzen, aber wir waren sehr ängstlich und baten die Schauspielerin, sich vier Wochen lang zur Verfügung zu halten.

Es dauerte leider nicht so lange. Eleonora hatte nur eine Szene in dem Stück, aber es war die dramatisch wichtigste Szene mit mir. Es wurde eine Tortur für uns beide. Der Text gehorchte ihr nicht mehr.

An einem der ersten Abende spielten wir in New Haven. Thornton Wilder war im Parkett, aber wir wußten es nicht. Es war ein ganz besonders furchtbarer Abend. Ich mußte fast die ganze lange Szene hindurch mit dem Rücken zum Publikum spielen, um Eleonora unausgesetzt soufflieren zu können.

Wilder war ein guter Freund Eleonoras und liebte sie sehr. Er kam nach der Vorstellung und machte ihr die Hölle heiß. Sie wußte selbst, daß es so nicht weiterging. Die andere Schauspielerin mußte kommen und übernehmen. Eleonora war ganz erlöst, daß sie zurück durfte nach New York. Das machte uns die Situation viel leichter. Später noch mehr über Eleonora ...

Wir gingen jetzt weiter mit unserer Tournee und kamen nach Chikago. Paulus war in New York und las ununterbrochen Stücke. Wir brauchten dringend ein neues Stück für New York.

Als ich in Chikago ins Hotel kam, wartete dort eine Dame auf mich. Sie war die Autorin eines Stückes, das wir schon zweimal abgelehnt hatten. Es handelte sich darin um eine Alkoholikerin, die durch ihre Sucht ihren Mann, ihr Kind, ihren Beruf, alles verloren hatte und schließlich, in der letzten Szene, auf die Knie fiel, zu Gott betete und von ihrer Sucht geheilt wurde. Das Stück war keineswegs schlecht oder uninteressant geschrieben, sonst hätte man es ja nicht zweimal geprüft. Der

Alkoholismus war ein sehr akutes Problem in Amerika. Aber der Schluß war einfach idiotisch. Daran scheiterte das Stück.

Jetzt war sie nach Chikago gekommen, um mich zu fragen, warum wir das Stück zum zweitenmal abgelehnt hatten. Ich erklärte ihr, daß ich den Schluß des Stückes kindisch fand, total unüberzeugend.

»Wie kann es unüberzeugend sein«, sagte sie, »wenn es mein Leben ist. Es ist meine eigene Geschichte, und ich erzähle sie in diesem Stück ganz genau so, wie sie sich abspielte.«

»Das tut mir leid«, sagte ich, »aber was mich nicht überzeugt, davon kann ich kein Publikum überzeugen.«

»Dann sind Sie eine Ungläubige und glauben nicht an Gott«, sagte sie.

»Was würde ein Publikum dazu sagen, wenn es zuerst ein Glaubensbekenntnis ablegen müßte, bevor es würdig befunden wird, einer Vorstellung beizuwohnen«, sagte ich. »Wirklich, Sie müssen verzeihen, aber ich glaube nicht, daß wir uns darüber unterhalten sollten, ob ich gläubig bin oder nicht.« Damit war ich aufgestanden.

»Ich gehe, ich gehe«, sagte sie und stand auch auf. »Darf ich Sie trotzdem noch bitten, ein Buch zu lesen?« Sie schmiß ein Buch auf den Tisch und lief hinaus.

Eine blöde Unterhaltung, dachte ich, und jetzt war sie auch noch beleidigt.

Ich öffnete das Buch: *Science and Health. With key to the Scriptures.*

Nein, so was, da bist du ja schon wieder. Was willst du von mir, Buch? Dieses Mal war es der Untertitel, der meine Aufmerksamkeit erregte: Schlüssel zur Heiligen Schrift. Dieser Untertitel war mir früher nie aufgefallen. Also schön, ich werde dich lesen, Buch. Dieses Mal schmeiß ich dich nicht weg.

Da war auch noch ein Brief herausgefallen. Die Dame schrieb mir darin den Namen und die Adresse eines Mannes, den sie ihren »Practitioner« nannte und der mir alles bestätigen könne, was sie in ihrem Stück zu erzählen versuchte, und der mich vielleicht überzeugen könne von der Wahrhaftigkeit ihres Stückes. Da sei Gott vor, dachte ich.

Aber die Heilige Schrift würde ich mir gerne aufschließen lassen von diesem Schlüssel. In die Heilige Schrift hatte ich mich nämlich vor ein paar Jahren ganz toll verliebt. Allerdings in die Englische King James's Bible. Zuckmayer hatte mir meine erste deutsche Bibel geschenkt. Als ich ihm erzählt hatte von Barrie und von »Boy David«. Zur Premiere dann schenkte mir Quartermaine eine Englische Bibel.

Wenn ich heute daran denke, wie viele Bücher ich schon in Berlin gesammelt und gelesen hatte, und nicht eine einzige Bibel war darunter . . . Ich kann nur staunen.

Als mir zum erstenmal die Augen aus dem Kopf sprangen vor der Schönheit der Englischen Bibel, fragte ich beide, Shaw und Barrie, wer der Übersetzer sei. Beide sagten dasselbe, ganz unabhängig voneinander: sie wüßten es nicht. Niemand wisse es. Es gebe nur Gerüchte, daß King James oder seine beauftragten Bischöfe alle großen Dichter der »Elizabethanischen Epoche« zu verschiedenen Zeiten in ein Kloster gesperrt hätten, mit der wörtlichen Übersetzung der hebräischen und griechischen Originaltexte als einziger Hilfe. Und daß sie alle mit gleicher Hingabe und Begeisterung an dieser King James's Bibel gearbeitet hätten und daß niemand wisse, wem dieses oder jenes »Buch« zuzuschreiben sei.

Und jetzt soll ich auch noch den Schlüssel bekommen zu dem, was sich hinter dieser poetischen Schönheit noch alles verbirgt. Da bin ich aber neugierig. Webster läßt in der *Duchess of Malfi* einen sagen: »They say all things are written in the stars. If only we had the spectacles to read them with.«

Jetzt müßte ich das Buch beenden, feige, wie ich bin. Denn jetzt fiel ich ins Spinnennetz, wie ich anfänglich schon erzählte. Und wie ich auch krabbelte, verhöhnte und widersprach, ich geriet nur immer tiefer hinein. Aber das kann ich meinem unvorbereiteten, unbewaffneten Leser unmöglich zumuten. Jetzt müßte ich ihn zum Beispiel bitten, eine Bibel zur Hand zu nehmen, und ich wette, er hat gar keine.

Jetzt müßte ich dem Leser erzählen, wie ich mittels meines neuen Schlüssels mein Erstgeburtsrecht entdeckte. Nicht nur für mich, auch für ihn. Und daß es nicht darin bestand, daß ich vor meiner älteren Schwester geboren war, sondern darin, daß ich vor Adam geboren war. Und was es bedeuten kann, das zu entdecken. Es kann zu einer Identitätskrise führen, zu einer gefährlichen sogar; wenn der Leser zum Beispiel so zufrieden ist mit sich und seiner Weltauffassung, wie ich es scheinbar war. Nein, das kann ich ihm nicht antun. Ich muß warten, bis er selbst darauf kommt. Manche Schönheiten muß ich ihm auch unterschlagen, feige, wie ich bin. Ich höre meinen Verleger aufatmen.

Was ich aber erzählen kann, und muß, ist, wie all das Neue, das ich jetzt erfuhr über Abraham, Jakob und ganz besonders über Moses – wie Moses den Namen Gottes zum erstenmal erfragt und seine erste Unterrichtsstunde in Metaphysik erhält – wie das alles mich zuerst einmal zu einer leidenschaftlichen passionierten Jüdin machte, die ich, Gott weiß es, vorher nie gewesen war. Und wie diese Passion dann einer verzweifelten Wut wich, als ich erkennen mußte, wie tragisch verblödet, wie eitel und eifersüchtig, wie eigensinnig verblendet seine Zeitgenossen sich gegen den größten Juden aller Zeiten gewehrt hatten und nicht verstehen wollten, was er in ihren Synagogen unterrichtete und was er ihnen zu erklären versuchte mit den Worten »Ihr irrt, weil ihr die Heilige Schrift nicht versteht.«

Das ist jetzt zweitausend Jahre her. Und von Moses bis Jesus waren es vier- oder fünftausend. Gut, wir wissen, Moses sprach zu einer Horde von unvorstellbar ahnungslosen, abergläubischen, verprügelten Kindern. Er konnte ihnen unmöglich erklären, was er gelernt und erfahren hatte.

Er mußte »einen Schleier vors Gesicht nehmen«, sagt die Bibel. Sie konnten das strahlende Licht seines Verstehens nicht ertragen. Es blendete sie. Daher mußte er ihnen so viele physische Regeln und Gebote geben, entsprechend den damaligen hygienischen Notwendigkeiten. Dieser selbe Schleier, sagt die Bibel, riß endlich entzwei, als Jesus am Kreuz starb mit den Worten »Vergib ihnen, Vater, sie wissen nicht, was sie tun.«

Aber langsam fing ich an zu begreifen, daß der Schleier auch heute noch immer nicht zerrissen ist, und noch langsamer lernte ich begreifen, daß den Schleier zu zerreißen eine individuelle Aufgabe ist.

Einstein hatte einmal zu mir gesagt »Die Wahrheit ist uns nicht gegeben, sie ist uns aufgegeben. Jedem von uns.« Auch das verstand ich jetzt viel besser. Und das neue Buch mit dem Schlüssel verstand ich auf einmal viel besser, weil ich so viele neue Gedanken darin auch schon von ihm gehört hatte.

Einmal hatte er zu mir gesagt »Sie sind ein gesegnetes Kind. Sie interessieren sich so leidenschaftlich für Dinge, die Sie scheinbar gar nichts angehen sollten. Die Menschen interessieren sich leider nur für Dinge, die sie persönlich angehen. Das ›persönliche Ich und seine scheinbaren Notwendigkeiten‹ stehen der Entwicklung der Menschheit sehr im Weg. Hören Sie nie auf, Fragen zu stellen. Erwarten Sie nicht alle Antworten von mir, ich bin auch nur ein Fragensteller.«

Ja, bestimmt, ich bin ein gesegnetes Kind, weil mir das Buch mit dem Schlüssel dreimal auf den Kopf gefallen ist. Warum? Wozu? Das mußte doch einen Grund haben.

Mir fielen jetzt auch so merkwürdige Dinge ein, an die ich nie mehr gedacht hatte. Zum Beispiel, daß in meinem Elternhaus, in meiner allerfrühesten Kindheit die Verbindungstür zwischen dem Schlafzimmer der Eltern und dem Zimmer, in dem meine Schwester und ich schliefen, nie ganz geschlossen war; immer ungefähr ein Drittel offen. Und daß da immer Einer stand, den nur ich sah und vor dem ich mich immer unter die Decke verkroch. Die Mama ging doch oft genug durch diese

Tür und sah ihn nie. Und ich sah ihn sogar im Stockfinstern ganz deutlich. Ich sagte aber nie etwas, ich kroch nur unter die Decke.

Er war wie ein Pilgrim angezogen. Mit einer langen braunen Kutte und einem weißen Strick als Gürtel. Einen großen braunen Pilgrimhut hatte er auf, der ihm in großen Wellen das Gesicht verdeckte. Ich sah nie ein Gesicht. Nur die stumme Figur stand da. Ob diese Erscheinung damals Gott für mich bedeutete, kann ich heute nicht mit Bestimmtheit sagen. Jedenfalls etwas, wovor ich mich fürchtete. Da mein größtes Problem zu der Zeit meine Genäschigkeit war, und da ich, wenn ich einen Stuhl auf den Tisch stellte, den Kirschenstrudel auf dem Schrank erreichen konnte, mag diese Erscheinung auch etwas mit meinem Gewissen zu tun gehabt haben.

Aber warum mußte ich diese Gestalt auf einmal wieder vor mir sehen?

Und noch etwas viel Merkwürdigeres: Das war schon in England, ein oder zwei Jahre vor Kriegsausbruch. Ich hatte immer alle paar Jahre mit dem Ohr zu tun. Mit demselben, mit dem ich schon als Kind zu tun hatte. Jetzt war es also wieder einmal ungemütlich geworden. Wir wohnten auf dem Land, in »Huntersdale«, und ein Arzt mußte kommen, es zu beruhigen. Und weil ich es nicht ertragen konnte und tobsüchtig wurde, wenn mir einer im Ohr herumbohrte, und weil ich dabei nicht stillsitzen konnte, sooft ich es auch versuchte, schlug der Arzt eine kurze Narkose vor, um in Ruhe seine Reinigung vornehmen zu können. Paulus war einverstanden, ich auch.

Dann weiß ich nur noch, wie ich aufwachte, weil Bimbo mich rief. Der Arzt stand auf meiner anderen Seite und rüttelte mich an der Schulter und sagte »Hallo, wie geht's, alles vorbei.«

»Jetzt hab ich's vergessen«, sagte ich.

»Was hast du vergessen?«

»Ich hab' was geträumt, jetzt hab' ich's vergessen.«

»Es wird dir wieder einfallen«, sagte Bimbo.

»Aber es war etwas Wichtiges, und es ist weg.« Ich fing an zu weinen. »Es war etwas sehr Wichtiges, etwas Lebenswichtiges, ich weiß es, es ist weg.«

Bimbo wieder »Es wird sicher wiederkommen. Reg dich nicht auf.«

Es kam nicht wieder, es blieb weg. Wie ich auch suchte und versuchte, mich zu erinnern. Alles, was ich immer deutlicher wußte in den folgenden Tagen und Wochen war, daß es etwas »Lebenswichtiges« gewesen war, das ich in dem kurzen Traum gesehen und erlebt hatte. Schließlich gab ich's auf und vergaß.

Das war jetzt ungefähr zehn Jahre her, und auf einmal war es da. Ich erkannte es sofort. Es war scheinbar gar nichts. Nur wie ein Bild, das ich einmal gesehen hatte, und ich erkannte es sofort. Es war der kleine Vorstadt-Bahnhofsperron von Virginia Water, wo wir damals, in Huntersdale, wohnten. Wir benutzten ihn ganz selten, weil wir ja immer mit dem Auto fuhren. Dieser Perron war immer sehr ruhig und friedlich. Nur wenige Leute fuhren von dort ab oder kamen dort an.

Jetzt sah ich ihn wieder wie damals in dem kurzen Narkosetraum, wimmelnd von Menschen, die aufgeregt herumliefen. Ein Zug fuhr gerade ein, und alle liefen und stießen herum, wie um einen Platz zum Mitfahren zu finden.

Mitten unter dem Gewimmel war eine ganz ruhige, stillstehende Gestalt, mit Kopf und Schultern über das Gewimmel hinausragend. Ich sah kein Gesicht, auch keine Kleidung. Ich sah die Gestalt nur von rückwärts, nur den Hinterkopf, und die langen, auf die Schultern fallenden Haare. Das war alles gewesen, aber ich erkannte es jetzt sofort wieder.

Warum hatte ich es für so lebenswichtig gehalten, daß ich weinen mußte, als ich es vergessen glaubte? Warum war es auf einmal da, zehn Jahre später? Was für eine innere Tür hatte sich geöffnet, seit ich angefangen hatte, das Buch mit dem Schlüssel zu lesen?

In mir ging sehr viel vor, aber ich wußte noch nicht, was . . .

Inzwischen hatte mich Brecht auch das *Sezuan*-Stück lesen lassen. Der bezaubernde Charakter der Shen-Te war nach Ruth Berlau gebildet. Und beide, Ruth und Brecht, wollten sehr, daß ich das Stück spiele.

Ich habe seither in verschiedenen Artikeln und sogar in schönen Büchern gelesen, ich hätte das Stück »ebenso langweilig wie großartig« gefunden. Ich glaube nicht, daß das ganz so stimmt. So weit ich mich erinnere, fand ich das Stück »wunderschön und saudumm«. Ruth wollte wissen, warum. Ich sagte »Erklären ist immer schwer, aber ich werde es versuchen:

Also, das ist doch ein Stück gegen Gott, wie der Epilog ganz deutlich ausspricht. Um es noch deutlicher zu machen, haben wir hier sogar drei Götter, einer immer blöder als der andere. Und in dem ganzen Stück wird nicht ein einziger Mensch gezeigt, weder ein guter noch ein schlechter, der an einen dieser Götter glaubt. Jeder macht doch in diesem Stück seinen eigenen Unfug. Nie ist der Glaube an irgendeinen Gott schuld an einem Malheur. Trotzdem verlangt der Autor im Epilog, man möge die Götter abschaffen. Das ist es, weshalb ich das Stück blöde finde. Es handelt von blöden Göttern, an die sowieso keiner glaubt.

Trotzdem finde ich es aber wunderschön. Ebenso wie ich Märchen schön finde. Und allein für diese Szene, in der Shen-Te das noch ungeborene Kind mit der Welt bekannt macht, allein für diese Szene würde ich das Stück gerne spielen, vorausgesetzt, Brecht ließe mich einen Buchstaben streichen . . .«

Die beiden sahen mich verdutzt an. Brecht zündete sich eine neue Zigarre an. Ruth: »Einen Buchstaben? Wo? Was meinst du? Mach keine Witze. Wo?«

»Im Epilog«, sagte ich schüchtern. »Im Epilog ist ein Buchstabe zuviel.«

Sehr lange Pause. Brecht wußte. Er sagte: »Boxen unterm Gürtel ist verboten.« Dann erklärte er Ruth, daß ich den Buchstaben »k« streichen wolle. Wo Shen-Te dem Publikum im Epilog vorschlägt, daß es besser wäre, keinen Gott zu haben, als die drei. Das hätte dann in meiner Version geheißen, daß es besser wäre, *einen* Gott zu haben, statt der drei. Das wäre natürlich unter dem Gürtel geboxt, da hatte er ganz recht.

Ich habe das Stück dann doch nicht gespielt. Auch später nicht in England. Auch nicht am Schiffbauerdamm. Das »k« war mir im Weg.

In mir ging sehr viel vor. Das Buch mit dem Schlüssel.

Inzwischen hatten wir ja auch den Krieg gewonnen. Und selbst das war noch nicht alles. Man hatte den Juden endlich ihr altes Heimatland wiedergegeben. Sie nannten es jetzt Israel. Daß sie es Israel nannten, erfüllte mich mit besonderer Aufregung. Wenn ich, Zappelfliege im Spinnennetz, endlich gelernt hatte, zu verstehen, was das Wort Israel bedeutet und wo und in welchem Zusammenhang es zum erstenmal erscheint in der Heiligen Schrift, wieviel besser mußten die es jetzt verstehen, die dem alten Land diesen neuen eindeutigen Namen gegeben hatten. Der Schleier war also endlich zerrissen. Der Erstgeborene tritt sein Erbe an. Das war mein Stichwort.

Ich arbeitete ganz allein ein Vorleseprogramm aus, zusammengestellt aus den Gleichklängen der beiden Testamente, und ich schloß eine Vortragstournee ab, nach Israel und Deutschland.

Ich werde den Regenbogen bringen in diese beiden schwergeprüften Länder.

Mein armer Paulus war inzwischen halb verrückt geworden vor Angst um mich. Er war überzeugt, ich hätte den Verstand verloren, im Zusammenhang mit dem, was man Klimakterium nennt oder Change of Life oder so ähnlich. Ich wußte zuerst nicht, warum da immer irgendein Arzt zufällig im Haus war, mit dem ich mich stundenlang unterhalten mußte. Wie ich schließlich dahinter kam, sah ich Paulus zum erstenmal weinen. Er hatte wirklich Angst.

Kurz darauf wurde er krank und hatte Schmerzen. Der Arzt

konstatierte Nierensteine, und eine Operation wurde besprochen. Ich lief zu dem Mann, dessen Namen und Adresse in dem Brief gestanden hatten, der aus dem Buch gefallen war, dem Buch mit dem Schlüssel. Der Brief lag noch immer drin. Ich fragte den Mann, ob er Paulus helfen könne, auch wenn er selbst nichts davon wüßte. Er stellte einige Fragen, die ich beantwortete, dann versprach er mir, sein möglichstes zu tun.

Am nächsten Morgen kam Paulus schrecklich aufgeregt in mein Zimmer. Die Steine seien abgegangen, er habe keine Schmerzen mehr, er sei in Ordnung, vollkommen. Jetzt weinte ich.

Ist der Leser noch da? Das Buch heißt auf Deutsch *Wissenschaft und Gesundheit. Mit Schlüssel zur Heiligen Schrift*. Der Autor heißt Mary Baker Eddy. Ist der Leser noch da?

Ich rüstete für meine Reise nach Israel. Ich hatte für sieben Vorlesungen abgeschlossen. Dann wollte ich mir das Land ansehen und dann hoffte ich, nach Deutschland zu gehen mit dem gleichen Programm. Paulus konnte nicht gleich mitkommen, er mußte wieder einmal die nächste Produktion bereitstellen, besetzen und vorbereiten. Ich sollte in spätestens vier Wochen wieder in New York sein.

In Tel Aviv wurde ich von der Theatergruppe, die mich eingeladen hatte und deren Gast ich war, am Airport empfangen und liebevollst ins Theater gebracht, wo ein herrliches Mahl auf mich wartete und viele Journalisten und Fotografen.

Auch der Kultusminister, Mister Schasar, war da. Ein ganz besonders feiner, lieber Mann. Ein gebürtiger Russe. Er schrieb auch Gedichte, wie ich bald erfahren sollte. Er war also ein Poet. Viel später wurde er auch Präsident des Landes.

Nach diesem Mahl, nachdem die Journalisten und Fotografen sich zurückgezogen hatten, begann Mister Schasar eine Unterhaltung mit mir. Er sprach ein bißchen Deutsch und ein bißchen Englisch. Zuerst sagte er, ich könnte mir keine Vorstellung machen davon, was für eine Freude mein Besuch für das ganze Land sei. Wie viele deutsche Emigranten da wären, die bei der Nennung meines Namens weinten, und solche Sachen. Ich war sehr gerührt. Ich hatte so viel Liebe nicht erwartet, wie ich da zu hören und zu fühlen bekam. Schließlich fragte er nach meinem Bibelprogramm. Ich holte es aus meiner Mappe, ich war sehr stolz auf mein Programm.

Wir saßen jetzt, sieben oder acht, an einem langen Tisch, als ich anfing, mein Programm zu erklären. Ich wünschte, ich könnte dem Leser beschreiben, wie jetzt mein Herz tiefer und tiefer sank, als ich in die Gesichter blickte, die immer enttäuschter und immer unglücklicher aussahen, von Minute zu Minute.

»Aber Kind, Sie sind doch nicht nach Israel gekommen, um uns das Neue Testament vorzulesen«, sagte schließlich Mister Schasar.

»Doch«, sagte ich, »warum nicht? Ich will doch beweisen, daß die beiden Testamente sich nirgends widersprechen, sondern einander nur bestätigen. Alles andere ist doch Lüge. Die Lüge, die so viel Unglück über die Welt gebracht hat.«

Ich saß bereits allein an dem Tisch. Mister Schasar und die Schauspieler und Theaterleiter standen jetzt auf der anderen Seite des Zimmers und redeten alle gleichzeitig und furchtbar aufgeregt miteinander. Sie sprachen hebräisch, und ich verstand kein Wort, aber ich sah in ihren Gesichtern und ihrem ganzen Gehabe, daß sie verzweifelt waren. Ich auch. So blöd war ich mir noch nie in meinem ganzen Leben vorgekommen.

Es dauerte sehr lange, bis sie wieder an den Tisch kamen und sich zu mir setzten. Mister Schasar sagte: »Ich fürchte, mein Kind, Sie werden Ihr Programm ändern müssen, und ich hoffe, Sie werden es tun. Das Publikum, das kommen wird, um Sie zu sehen und zu hören, hat sehr viel durchgemacht. Sie wollen uns bestimmt nicht kränken.«

Eine Schauspielerin schlug mir vor, aus dem Buch Ruth zu

lesen, oder aus dem Buch Esther. Mister Schasar schlug Psalmen vor. Ich sagte, ich könne unmöglich antworten, ich müsse nachdenken über diese neue Situation. Ich würde morgen früh antworten. Ich war auch wirklich sehr müde geworden und wurde ins Hotel gebracht.

Trotz der großen Müdigkeit war an Schlafen nicht zu denken. Ich ging die ganze Nacht im Zimmer auf und ab und war ratlos. So blöd war ich mir noch nie vorgekommen. Ich hatte total vergessen und ignoriert, was diese Menschen durchgemacht hatten, und nun hatte ich ihnen meinen Regenbogen gebracht, um ihn auf ihre Wunden zu legen. So blöd, so blöd.

»Blauer Vogel, blauer Vogel . . .«

Als Mister Schasar dann am nächsten Morgen kam, entschuldigte ich mich sehr ernsthaft für die Enttäuschung und Sorge, die ich ihm und den Kollegen bereitet hatte, und sagte, ich könnte ihm leider von keiner Programm- oder Sinnesänderung berichten. Ich schlüge deshalb vor, sofort abzureisen. Man könne sehr leicht offiziell bekanntgeben, die lange Reise aus New York sei mir nicht gut bekommen, und ich hätte meine Visite auf ein späteres Datum verschoben.

Mister Schasar war furchtbar enttäuscht, ich konnte es sehen. Aber ich war auch enttäuscht und ganz entschlossen. Er ging, es den Kollegen zu melden und ich meldete dem Hotel meine Abreise für den Abend.

Eine Stunde später war Mister Schasar wieder im Hotel, mit zwei Herren vom Theater. Er sagte, er wolle mir einen letzten Vorschlag machen, um mich zu überzeugen. Ich sollte in Gottes Namen die erste Vorlesung halten, so, wie ich sie geplant und vorbereitet hatte. Und von der Wirkung auf das Publikum sollte ich mir dann meine eigene Meinung bilden, ob und wie ich die übrigen sechs Lesungen halten wolle.

Diesen Vorschlag fand ich so intelligent, so elegant, so nobel, ich war tiefbewegt und akzeptierte sofort mit großer Dankbarkeit.

Ich muß diese Geschichte schneller zu Ende erzählen: Ich hatte für sieben Lesungen abgeschlossen, und als ich schließlich das Land verließ, hatte ich siebzig gehalten.

Auf allen Kibbuzim hatte ich gelesen, in allen Spitälern, auf der Universität, in Vortragssälen, im Theater, überall hatte ich mein Programm gelesen. Mister Schasar war noch glücklicher darüber als ich. Er wich nicht mehr von meiner Seite. Eine hebräische Zeitung, die Schasar mir vorlas, hatte geschrieben: »Wenn man uns die Bibel von Kindheit an so vorgelesen hätte, wie E. B. sie uns gestern vorlas, wäre das ganze Leben vielleicht anders geworden.«

Paulus war inzwischen auch in Israel angekommen. Er hatte die Geduld verloren in New York, weil ich das Zurückkommen immer weiter und weiter hinausgeschoben hatte.

Was mich heute am tiefsten beglückt in der Erinnerung an dieses Israelische Erlebnis, ist, daß mich von der ersten Spannung an, gleich nach meiner Ankunft, keiner der Beteiligten auch nur für einen einzigen Augenblick für einen Renegaten gehalten hat. Für eine Abtrünnige. Für eine Verräterin. Sie wurden alle meine Freunde und blieben es. Soweit es sie heute noch gibt, besuchen sie mich jedes Jahr.

Ich hatte ihnen ganz offen erzählt, in welches Spinnennetz ich gefallen war.

Ich hatte viele aufregende Gespräche mit Mister Schasar. Mit unseren Bibeln bewaffnet, saßen wir beide da, er mit seiner Hebräischen und ich mit meiner Englischen. Und stellten Vergleiche an und verglichen Deutungen.

Einmal fragte er mich: »Wenn Sie an meiner Stelle wären, Kultusminister in diesem neuen Israel, mit Ihrem neuen Verstehen der Bibel, was würden Sie damit anfangen an meiner Stelle?«

Zuerst mußte ich lachen bei der Vorstellung. Dann begann ich nachzudenken.

Er sagte »Lassen Sie sich ruhig Zeit, bevor Sie antworten.«

Schließlich sagte ich »Ich glaube, als meine erste und heiligste Pflicht würde ich mein Leben dafür einsetzen, diese schwergeprüfte Nation endlich reinzuwaschen von der ›Sünde der Väter‹, von der unschuldigen Sünde der Ignoranz. Ich glaube, ich würde einen neuen Prozeß anstrengen im Angesicht der ganzen Welt, gegen Jesus von Nazareth. Die fortgeschrittensten Köpfe Israels und der ganzen Welt wären eingeladen, daran teilzunehmen. Jeder, der sich freifühlt von Vorurteilen. Und nur solche, natürlich, die die beiden Testamente gleich gut kennen und verstehen. Die Schriftgelehrten von damals, die für alle, die selbst nicht lesen konnten, die Heilige Schrift auslegten nach ihrem eigenen Nichtverstehen, haben das Unglück angerichtet vor zweitausend Jahren, und die Pharisäer aller Kirchen haben es noch vergrößert, indem sie aus dem Neuen Testament, aus dem »nahtlosen Gewand«, eine Konkurrenz-Religion gemacht haben.

Jesus sagt ›Ihr irrt, weil ihr die Heilige Schrift nicht versteht.‹ Von welcher Heiligen Schrift sprach er? Es gab doch nur eine. Und seine Lehre, die auf einem viel tieferen Verstehen der Heiligen Schrift basierte, konnte doch kaum zu einer Konkurrenz-Religion führen, wenn er zu seinen Jüngern gesagt hat: ›Geht nicht zu den Ungläubigen, geht lieber zu den verlorenen Schafen Israels.‹

Jesaia sagt (Kapitel 29, Vers 11 bis 14):

›Darum sind euch alle Offenbarungen wie die Worte eines versiegelten Buches, das man einem gibt, der lesen kann, und sagt Lies doch das! Und er sagt „Ich kann nicht, denn es ist versiegelt." Oder das man einem gibt, der nicht lesen kann, und sagt Lies doch das! Und er sagt „Ich kann nicht lesen."

Und der Herr sprach „Weil dieses Volk mir naht mit seinem Munde und mit seinen Lippen mich ehrt, aber ihr Herz fern von mir ist und sie mich fürchten nur nach *Menschengeboten, die man sie lehrt*, darum will ich auch hinfort mit diesem Volk aufs wunderlichste und seltsamste umgehen, auf daß die Weisheit seiner Weisen zu Nichts werde und der Verstand seiner Klugen sich verstecken muß".‹

Und bei Johannes, Kapitel 5, Vers 45 bis 47, heißt es

›Ihr sollt nicht glauben, daß ich euch vor dem Vater verklagen werde; da ist ein anderer, der euch verklagt: Moses, auf den ihr hofft. Wenn ihr Moses glaubtet, dann glaubtet ihr auch mir, denn er hat von mir geschrieben.

Wenn ihr aber *seinen* Schriften nicht glaubt, wie könntet ihr meinen Worten glauben?‹

Und das Allerwichtigste:

In Johannes 16, Vers 12, sagt Jesus *Ich hätte euch noch vieles zu sagen, aber ihr könnt es noch nicht ertragen.*

Ist das nicht die gleiche Resignation, mit der Moses den Schleier vors Gesicht nahm? Man lese Johannes, Kapitel 3. Sein Gespräch mit Nikodemus, zu dem er sagt ›Bist du ein Meister von Israel und verstehst nicht, was ich zu dir sage?‹

Er hat auch gesagt, ›die einzige Sünde, die nicht vergeben wird, ist die Sünde gegen den Heiligen Geist‹, den ich heute der Einfachheit halber das ›metaphysische Verstehen‹ nenne. Es ist das Gegenteil von dem, was Hamlet unsere Schulweisheit nennt. Der Buchstabe ohne den Geist ist tot.

Ewige Dankbarkeit dem Giganten Martin Luther, der aus diesen beiden heiligen Büchern *Eines* gemacht hat und das nahtlose Gewand Jesu, das in viele Sekten aufgeteilt worden war, wieder zusammengefügt hat.«

Ist der Leser noch da?

Ich habe schwere Bedenken, ob ich mit dem Leser so reden darf wie mit Mister Schasar. Aber nein, natürlich, ich *erzähle* ihm ja nur von dem Gespräch. –

Damals schlug der arme Mann die Hände vors Gesicht: »Bis sich Ihre Forderung erfüllt – das wird noch einige Generationen dauern, mein Kind. Das werden wir beide nicht erleben.«

»Wie lange es noch dauern wird, spielt gar keine Rolle. Wenn wir nur wissen, daß es nicht aufzuhalten ist, weil wir unter dem

Gesetz des Fortschritts leben. Und ich habe großes Vertrauen in die junge Generation.«

Ob es wirklich ein Segen ist, sich so leidenschaftlich zu interessieren »für Dinge, die einen im Grunde nichts angehen dürften«, oder . . .?

Als wir nach der 70. Lesung endlich Israel verließen, machte ich eine Abschiedsvisite bei Schasar, der damals krank im Hospital lag. Er hielt meine Hand lange in seinen beiden Händen und sagte, ich müsse ihm versprechen, nie aufzuhören, solche Fragen zu stellen. Ich war sehr erstaunt: Etwas ganz ähnliches hatte ich Einstein versprechen müssen. Ich versprach es jetzt Schasar. Er legte sich meine Hand auf die Stirn, dann auf sein Herz, dann drehte er sich zur Wand, und ich ging.

Das nächste Erzählenswerte ist mein Wiedersehen mit Deutschland.

Ich war wieder einmal mit meinem Bibelprogramm bewaffnet. Meine erste Station war Hamburg. Ich vergaß mein Bibelprogramm, ich vergaß alles, als ich das zerbombte, zertrümmerte Hamburg sah. Die Erschütterung ist unvergeßlich. Alles andere über dieses erste Wiedersehen mit Deutschland habe ich vergessen. Sogar die Vorlesung. Ich glaube, sie hatte keinen besonderen Effekt. Oder ich habe ihn vergessen, über den Trümmern, die ich sah.

Ich glaube, ich muß mich schuldig gefühlt haben. Ich hatte so inständig gewünscht und gebetet, Deutschland möge den Krieg verlieren; jetzt fühlte ich mich schuldig. Ich glaube das, weil ich doch auch London zerbombt und zertrümmert wiedergesehen hatte, ohne dieses tiefe Entsetzen. Wahrscheinlich, weil England Sieger geblieben war.

Ganz schlimm war es dann, als ich Berlin wiedersah. Als ich den Tiergarten nicht finden konnte, weil die Bäume alle weg waren. Damals mußte ich sehr lange stehen, angelehnt an eine

Hauswand. Mußte mich festhalten, sehr lange. Mir war sehr zum Umfallen.

Was ich zu Anfang erzählt habe über mein Verhältnis zu Berlin – damals wurde es mir zum erstenmal bewußt.

An die Vorlesung selbst, eine oder mehrere, erinnere ich mich nicht. Auch nicht an persönliche Begegnungen. Nur an einen Brief aus dem Publikum: »Frau Bergner, ich muß Sie wissen lassen, daß ich bis gestern abend ein überzeugter Nazi war.« Mit voller Namensunterschrift. Für diesen Brief war ich sehr dankbar.

Als ich dann nach New York zurückkam, wußte ich wieder ganz deutlich, daß ich »hoffnungslos europäisch« war. Von Paulus wußte ich das sowieso immer. Und wir beschlossen, nach London zurückzukehren.

Paulus war inzwischen auch gründlich ins Spinnennetz gefallen. Er hatte eine zweite stupende Heilung erlebt, während meiner Abwesenheit in Israel. Durch denselben Mann, der ihm damals bei den Nierenschmerzen geholfen hatte. Dieses Mal war es etwas mit seinem Bein gewesen. Der Mann hatte ihn wieder über Nacht geheilt und jetzt war Paulus auch im Netz. Aber ich fühlte mich sehr überlegen, weil ich ohne physische Heilung hineingefallen war. Er zappelte natürlich noch mächtig. Und jetzt packten wir. Wir wußten nicht wirklich, wo wir hin wollten, oder sollten. Wir fühlten nur, wir brauchten eine Veränderung. Also zuerst nach London.

In diesen acht Jahren in Amerika hatte ich langsam gelernt, was ich Paulus angetan hatte, mit meinem unerschütterlichen Entschluß, keinen Film mehr zu machen. Mein Grauen vor Hollywood hatte diesen Entschluß bewirkt, ich bin ganz sicher. Wenig hatte ich damals daran gedacht, was das für Paulus bedeutete. Wenn Shaw einmal behauptet hatte, Paul hätte in seiner Devotion für mich seine Karriere geopfert, und keiner das damals ernst nahm, weil unsere Filme so erfolgreich waren – heute wußte ich, daß es die Wahrheit gewesen war.

Zweimal wurde Paulus nach Hollywood gerufen, für sehr große Aufgaben, mit sehr großen Angeboten. Er lehnte ab. Er konnte sich nicht vorstellen, Filme zu machen ohne mich. Oder gar ohne mich nach Hollywood zu gehen.

Erst viel später, als es sich um ein ganz anderes Genre zu handeln begann, interessierte er sich wieder für Film.

Er war immer ein passionierter Musikliebhaber gewesen. Alle Wagner-Opern kannte er auswendig, Text und Musik. Zu meinem Entsetzen. Ich mochte Wagner gar nicht. Mein Komponist hieß Wolfgang Amadeus. Meine Lieblingsoper war *Don Giovanni.*

Don Giovanni wurde Pauls erster Versuch, eine alte Idee zu verwirklichen: eine erstklassige Opernaufführung zu filmen. Nicht zu verfilmen, sondern zu filmen. Festzuhalten, zu erhalten. Es wurde die Salzburger Aufführung unter Furtwängler.

Heute ist so etwas ganz selbstverständlich geworden und ganz leicht. Viele können es heute und machen es ausgezeichnet. Von den Schwierigkeiten damals kann man sich kaum eine Vorstellung machen. Keiner glaubte an die Möglichkeit. Furtwängler hielt es für unmöglich. Unser alter Freund, Baron Frankenstein, der ehemalige Österreichische Gesandte, war damals ein begeisterter Helfer. In London sowohl wie auch in Salzburg. Und blieb es bis zu seinem tragischen Ende durch ein Flugzeugunglück . . .

Jetzt waren wir also in ein verwaistes London zurückgekommen. Barrie gab es nicht mehr. Shaw gab es nicht mehr. Cochran war weg. Vor fünf Minuten war Cochran noch dagewesen. Seine Briefe und Telegramme nach New York waren mit ein Grund gewesen für unseren Entschluß, nach London zurückzukehren. Kaum waren wir zwei Tage in London, da lasen wir in der Zeitung, daß Cochran, durch seine Arthritis-Operation in seiner Bewegungsfreiheit arg behindert, einem unseligen Unfall in der Badewanne erlegen war.

Jetzt war ich wirklich verwaist. »Come home, Elisabeth«,

hatte sein letztes Telegramm gelautet. »Come home«. Ich konnte damals zwei Tage lang nicht aus dem Bett aufstehen. Tot, tot. Alle tot.

Eine Woche später, wir wohnten noch immer im Hotel, rief mich Ilse Bois an, eine Schwester von Curt Bois, die ich nicht persönlich kannte, und erzählte mir, Eleonora habe sich umgebracht in New York.

Eleonora hat sich umgebracht. Der schönste, edelste, vielbegabteste, vielgeliebteste, unglücklichste Mensch, dem ich je begegnet war. Die Freundin, die ich sehr geliebt hatte, und der ich nicht helfen konnte.

Als wir uns in New York nach meiner Israel-Deutschland-Reise wiedertrafen, hatte sie sich zuerst geweigert, mir die Hand zu reichen, weil ich in Deutschland gewesen war. Ich ließ mich nicht ein auf so ein Gespräch. Ich wußte ja, sie suchte nur nach einem Grund, mir irgend etwas übelzunehmen. Ich machte sie nervös. Ich wußte zuviel und fühlte ihre unaufhaltsame Selbstzerstörung. Sie hatte soeben zum viertenmal geheiratet. Ihre Wahl war so erschütternd unmöglich gewesen, daß man nur die Augen schließen konnte.

Für Eleonora war ich jetzt fast erlöst, für mich selbst sehr, sehr unglücklich.

Noch einen hatte ich in New York zurückgelassen, den ich nicht wieder sehen sollte: Xaverl. Wenn er diese Jahre in New York scheinbar ganz aus meinem äußeren Leben ausgeschlossen war, so war das, weil er nicht atmen konnte, wo Paulus war. Er wollte nicht zu uns kommen, er wollte nicht mit uns sein. Nur mit mir allein. Das wollte ich nicht, oder nur sehr selten. Wir waren in New York hauptsächlich durch die Dame verbunden, bei der er wohnte. Eine sehr liebe, sehr gütige Dame. Frau Berat, eine Emigrantin. Sie kam jede Woche, um mir die Haare zu waschen. Von ihr erfuhr ich immer alles, was ich zu wissen hatte. Wie es ihm gesundheitlich ging und was er brauchte. Sie war es dann auch, die mir nach London von seinem Ableben berichtete und mir die gigantische Briefsammlung schickte, die Xaverl zurückgelassen hatte. Hunderte von Briefen. Alle die, die ich an Thomas geschrieben hatte und die Thomas damals Xaverl hinterlassen hatte, als er starb. Und Hunderte von Briefen, die ich an Xaverl geschrieben hatte, ein Leben lang, von Innsbruck angefangen. Ich muß eine unheimlich eifrige Briefschreiberin gewesen sein.

Wie ich dieses Erbe erhielt, war mir auch, als hätte der Blitz eingeschlagen. Zu lesen wagte ich lange nicht. Ich weiß nicht, wovor ich mich so fürchtete. Sie ungelesen zu vernichten, war eine immer wiederkehrende Versuchung. Ich bat Paulus, zu lesen und zu vernichten. Er wollte nicht. Er sagte »Entweder mit dir –, oder ich auch nicht.« Dann beschlossen wir zu warten. Vielleicht später einmal. Später kam dann zwanzig Jahre später. Ungefähr vor einem Jahr, als ich anfing, mit diesen Erinnerungen zu spielen. Vielleicht ein halbes Dutzend habe ich damals gelesen: Die Frechheit! Die Frechheit! Diese Überzeugtheit. Die Sicherheit. Die Frechheit, die Frechheit, die Frechheit.

Zum Beispiel an Thomas, aus Innsbruck, über einen Agenten, der mir nicht geantwortet hatte, auf meinen Brief. »Der wird sich einmal zu Tode schämen, ich weiß es. Wird es halt ein Jahr länger dauern, bis ich berühmt bin.« An Xaverl, auch aus Innsbruck »Ich bin jung, schön, talentiert und intelligent. Was sind Sie?« Das soll ich geschrieben haben? Wo ist das alles hin? Diese Frechheit, diese Sicherheit, diese Überzeugtheit. Wenn es nicht die Handschrift wäre, die ich erkenne, würde ich leugnen, diese Briefe jemals geschrieben zu haben. Aber diese Handschrift! Diese eckige, gotische Kurrent-Schrift, diese meterlangen Buchstaben. Ich mußte ja auch neu schreiben lernen, als ich nach England kam, wo kein Mensch Kurrent lesen oder schreiben konnte.

Jetzt sind wir also wieder in London, Paulus und ich. »Mitgefangen, mitgehangen.« Sehr verwaist sind wir. Alles ausgestorben. Lauter neue Namen, lauter neue Gesichter . . .

Ich treffe im Hotel, wo wir noch immer wohnen, Peter Daubeny. Er hat einen Arm verloren im Krieg. Vorsätzlich, wie er mir erzählte. Ich glaube, in Deutschland nennt man das »Heimatschuß«. Es steht ihm sehr gut, und er weiß es. Er sieht sehr attraktiv aus. Er wollte einmal Schauspieler werden, aber dazu hat es, glaube ich, nicht gelangt. Jetzt, mit dem Nimbus des Kriegshelden, hatte er eine sehr reiche südafrikanische Erbin geheiratet und wollte eben eine neue Laufbahn als Produzent beginnen, als wir uns kennenlernten. Er schlug mir vor, die Toinette im *Eingebildeten Kranken* zu spielen, in einer neuen Bearbeitung, mit einem neuen, ganz jungen Regisseur etc., etc. Der junge Regisseur hatte mit dieser Bearbeitung eben einen Riesenerfolg in Manchester gehabt, und Peter Daubeny schwor auf ihn und auf die Bearbeitung. Was Peter Daubeny betraf und die Bearbeitung, die ich noch nicht kannte, war ich gar nicht sicher. Aber was die Toinette betraf, war ich sehr sicher. Das war doch meine erste Rolle gewesen unter Moreno. Moreno war der ausschlaggebende Grund, weshalb ich schließlich zusagte. Paul war gar nicht einverstanden, aber ich mußte sowieso erst noch auf vier Monate nach Australien. Nach Sydney und Melbourne. Und wenn etwas nicht sofort sein mußte, sagte ich immer leichter zu.

Wenn mich damals Deutschland oder Österreich gerufen hätte, wäre ich viel lieber dorthin zurückgegangen. Aber die riefen mich nicht. Die hatten Angst vor mir. Denen war ich zu berühmt geworden. Ja, wenn ich noch den Mut gehabt hätte, den ich einmal in Innsbruck hatte, dann wäre ich einfach nach Berlin gekommen und hätte gesagt, hier bin ich wieder. Aber ich war ja inzwischen eine berühmte dumme Kuh geworden, ich wollte gebeten werden. Muh, muh.

Alle anderen ausgewanderten Kollegen gingen einfach zurück und waren wieder da, gehörten wieder dazu. Ich wollte gebeten werden. Und so sagte ich ja zu Peter Daubeny. Und ging erst noch nach Australien.

Australien war sehr erfolgreich und sehr einträglich. Auch traf ich dort die ausgewanderte Wagner-Familie meiner Mama wieder. Alle Cousins und Cousinen, mit denen ich aufgewachsen war, als Kind in Wien. Das war eine große Freude für uns alle. Auch die grandiose Naturschönheit Australiens war ein unvergeßlicher Eindruck.

Die Molière-Bearbeitung wurde mir von Daubeny geschickt und gefiel mir gar nicht. Ich versuchte auszusteigen aus dem Vertrag. Es gelang nicht. Ich erhielt wahre Drohbriefe, wenn ich nicht . . .

Und so kehrte ich schließlich wieder nach London zurück.

Das erste, was Peter Daubeny von mir verlangte, war, daß ich Interviews gäbe. Davon wollte ich nichts hören. Er beschwor mich, ihm zu glauben: Nur so könnte ich dem alten Drachen begegnen, der Hetze gegen mich, die damals durch alle Zeitungen gegangen war: Daß ich England verlassen hatte, weil der Krieg mir zu unbequem war, und daß ich mich geweigert hätte, zurückzukommen und den Film in England zu beenden. Alles das, sagte Peter Daubeny, würde sofort wieder ausbrechen, wenn ich nicht Interviews geben würde.

Schließlich einigte ich mich mit ihm auf ein einziges Interview. Aber nicht mehr. Ich überließ es ihm, den Mann zu wählen und die Zeitung.

Sein gewählter Journalist kam. Seine erste Frage war, ob es wahr sei, daß ich inzwischen die Amerikanische Staatsbürgerschaft erworben hätte. Da wir in meinem Hotel waren, konnte ich meinen Englischen Paß holen und ihn davon überzeugen, daß es nicht wahr war. Die zweite Frage war, warum ich damals nicht zurückgekommen war, um meine Filmaufnahmen in London zu beenden. Ich erzählte ihm, daß es in meinem Vertrag ausdrücklich betont war, daß meine Aufnahmen in Kanada beendet werden sollten. Als ich von Kanada nach Amerika reiste, hatte mich der Regisseur glauben lassen, daß alle meine Szenen beendet waren. Im Skript war von keinen weiteren Szenen die Rede gewesen. Wenn neue Szenen dazu geschrieben worden waren, wußte ich nichts davon. Und noch mehr solcher giftgeschwollenen Fragen. Ich weiß nicht mehr, wie viele, und wie lange es dauerte, bis Peter Daubeny, der uns gegen meinen Willen allein gelassen hatte, zurückkam und den Mann wegholte.

Ich war sehr dankbar, daß Paulus nicht in London war. Ich konnte mich jetzt ausweinen, ohne ihm das Herz zu brechen. Ich mußte denken, wie unvorstellbar so etwas gewesen wäre, unter Cochrans Schutz als Produzent einer Aufführung.

Paulus war zur gleichen Zeit in der Buchman-Kolonie in Caux in der Schweiz, wo er seine Methode testete, indem er ein Stück filmte, das dort gerade gespielt wurde.

Zwei Tage später erschien das Interview. Raffiniert und haßgeschwollen. Es stand zum Beispiel nirgends zu lesen, was ich gesagt hatte, sondern immer nur, was ich »geleugnet« hätte. Es stand zum Beispiel nicht zu lesen, daß ich ihm meinen Englischen Paß gezeigt hatte. Es stand da, daß ich »geleugnet« hätte, die Amerikanische Staatsbürgerschaft erworben zu haben.

Was mich am tiefsten erschütterte an diesem Benehmen war, daß ich es so *unenglisch* fand, so total gegenteilig von allem, was ich immer so geliebt hatte in England und am Engländer. Genug davon.

Peter war ebenso entsetzt wie ich über dieses Interview und entschuldigte sich über und über. Er war natürlich nicht schuld daran, er war nur sehr ungeschickt gewesen. Aber leider wollte er mich trotz allem nicht aus dem Vertrag lassen. Und ich hatte keinen Mut, den Vertrag zu brechen.

Was dann kam, war Leid ohne Ende für mich. Der Regisseur haßte mich. Seine Frau hatte die Toinette in Manchester gespielt, und er sah nicht ein, warum etc. Die Kostümdesignerin haßte mich, ich weiß nicht warum. Die Garderobiere haßte mich, ich weiß nicht warum. Der männliche Star haßte mich. Die anderen Kollegen waren alle sehr nett. Ich muß nicht erzählen, wie kreuzunglücklich ich war in dieser Arbeit, ich könnte es auch gar nicht. Die Aufführung fiel schließlich, Gott sei gelobt, durch. Sie war auch greulich. Ich wurde keineswegs verrissen von der Presse, wie ich gefürchtet hatte. Ich wurde sehr respektvoll behandelt. Abwartend und kühl. Einige alte Freunde meldeten sich und fragten mich ganz bestürzt, warum ich diese Rolle akzeptiert hatte. Ja, warum? Ich konnte ihnen doch nicht von Moreno erzählen.

Blauer Vogel, blauer Vogel ...

Eine der ergreifendsten Wiederbegegnungen nach meiner Rückkehr aus Amerika war mit Johanna Terwin, Moissis zweiter Frau, die er und fast alle »Moggerl« nannten. Ergreifend wegen der Geschichte über Moissis Sterben, die sie mir erzählte.

Ich war zu der Zeit noch in Amerika gewesen und hatte weder von seiner Erkrankung noch von seinem Tod gehört. Er lag in einem Hospital in Wien, und alle wußten, daß er in den letzten Zügen lag. Am Tag vor seinem Tod kam Else Bassermann ins Hospital und bat händeringend, ihn sehen zu dürfen. Für sehr wenige Minuten wurde es erlaubt. Und nach gezählten Minuten wurde sie wieder hinausgebeten. Als Johanna Terwin dann zurückkam an sein Bett, sagte Moissi: »Was sagst du, Moggerl! Jetzt ist die Lisl extra aus Amerika gekommen, um mich zu besuchen.«

Damals habe ich geweint vor Kummer, daß Else Bassermann mich vertreten mußte.

»Heim kehr ich und finde nicht heim«, heißt es in einem von Xaverls schönsten Gedichten. Das Theater war es, in das ich nicht heimfinden konnte. Das Theater ohne Cochran, ohne Shaw, ohne Barrie. Lauter neue Namen. Lauter neue Gesichter. Ich las Stücke. Ich sprach mit Produzenten. Mit Autoren. Aber ich wollte nicht wirklich. Es war nur noch nicht so deutlich und so einfach, wie ich es jetzt niederschreibe.

Etwas ganz anderes ging wieder in mir vor. Ich zappelte tief im Netz. Tägliches konzentriertes Studium der beiden Bücher, der Bibel und des Buches mit dem Schlüssel, war an die Stelle getreten von fast allen Dingen, die früher mein Leben erfüllt hatten.

Das Beunruhigende war, daß ich das Gefühl, alles zu verstehen, verloren hatte. Diese Sicherheit, mit der ich einmal nach Israel gezogen war, wo war sie heute? ...

Ich wußte noch nicht, daß das »nahtlose Gewand« ein ewiges Wachsen verlangt; daß das Verstehen von gestern nicht genügt für heute und morgen ...

Paulus war gar nicht gestört von diesem neuen Studium. Er zappelte natürlich auch im Netz. Aber viel distanzierter als ich. Mir schien, er hatte es viel leichter, weil er nur fragte und akzeptierte, was ihm zu wissen praktisch schien. So beginnt wahrscheinlich jeder. Aber darüber war ich schon hinaus. Was der sogenannte menschliche Verstand »logisch« begreifen konnte, das genügte mir schon lange nicht mehr. Ich glaube, Paulus – ich meine jetzt den anderen Paulus, den, dem das große Licht aufging auf dem Weg nach Damaskus –, der drückt das am besten aus, wo er sagt »Es betrüge sich keiner. Wer sich in dieser Welt weise dünkt, der werde erst ein Narr, auf daß er weise werde.«

Es ist erstaunlich, wie oft das Leben ganz von Neuem beginnt. Jetzt war ich schon fast sechzig und noch immer mit demselben Mann verheiratet, und doch hatte wieder ein ganz neues Leben angefangen. Wenn ich mich heute daran erinnere, es bestand eigentlich hauptsächlich darin, daß ich alles, was ich bis jetzt zu wissen glaubte, zu verlernen hatte. Zu leugnen. Zu vergessen. Oder fast alles.

Ein bißchen hatte das schon angefangen, als ich Einstein traf. Aber damals glaubte ich, es handle sich hauptsächlich um eine Geschmacksveränderung. Daß mir einfach nicht mehr gefiel, was mir einmal gefallen hatte. Aber jetzt war das etwas anderes geworden.

Als ich erfuhr, daß Einstein gestorben war, wußte ich gleichzeitig, daß er so lebendig in mir war und bleiben wird, als ob er neben mir im Zimmer wäre. Was ich bedauerte, war nur, daß ich ihm nichts mehr erzählen konnte. Er war der erste gewesen, der mir den Satz aus den Korinthern gezeigt hatte: »Wer sich in dieser Welt weise dünkt, der werde erst ein Narr, auf daß er weise werde.«

So, jetzt weiß der Leser ungefähr, wo ich halte. Leider erst beim Narren – aber auf dem Weg. Als ich diese Geschichte anfing, versprach ich, ihm zu erzählen, wie ich auf dieser Berg- und Tal- und Kletterrutschbahn meines Lebens ganz unschuldig in ein Spinnennetz fiel und nicht mehr herauskam.

Was jetzt noch zu erzählen wäre – wie es dazu kam, daß ich wieder in Deutschland Theater spielte – das hat der Leser ja fast schon miterlebt. Daran ist er ja schon mitschuldig.

Was er noch nicht weiß, ist, daß wir schon ziemlich lange in finanziellen Sorgen lebten. Pauls Ballett- und Opernfilme brachten nicht so viel ein wie unsere gemeinsamen Spielfilme. Gespart hatten wir nie, unseren Lebensstandard hatten wir auch nie wesentlich geändert. Und es gab immer noch zu viele, die brauchten. Gleich nach Kriegsende, zum Beispiel, hatten wir so viele Care-Pakete von New York nach England, Frankreich, Deutschland und sogar in die Schweiz geschickt, daß wir nachher Geld borgen mußten für unsere Miete. Und so sprach der Gedanke, daß ich mitverdienen könnte, auch mit, als ich mein erstes Berliner Gastspiel abschloß.

Seit meinem ersten Film mit Paulus, als ich ihn fragte »Können Sie mich in Dollars bezahlen?« habe ich mich nie wieder in die finanziellen Verhandlungen meiner Filme oder meiner Filmgagen eingelassen. Mußte alles Paul für mich tun. Ich unterschrieb dann nur, wo er das Zeichen machte für meine Unterschrift. Ich weiß nicht, warum ich annahm, daß er das alles aus dem Effeff verstand und beherrschte. In Wirklichkeit war es gar nicht so. Ich wollte es aber nicht wissen. Heute weiß ich, daß er in Geldsachen genauso talentlos war wie ich.

Ich habe ihm nichts zu verzeihen. Er mir viel. Geld ist eine furchtbare Sache.

Sowie sich eine Sache um Geld dreht, kommen schäbige Gedanken solcher Art: »ob das genug ist, oder ob ich zuviel verlange, oder ob ich dem trauen kann, oder ob die mich anschwindeln«. Geld ist eine furchtbare Sache. Aber Geld hat mich nie beeinflußt, etwas zu tun, was ich im Herzen nicht tun wollte, oder etwas nicht zu tun, was ich im Innersten tun wollte.

Dann kam also Einer und sagte »Würde es Sie interessieren . . . wenn Sie . . . wenn ich Ihnen zum Beispiel einen Regisseur anbieten könnte, mit dem Sie schon früher gearbeitet haben . . . und wenn ich Ihnen Kollegen brächte, mit denen Sie schon früher . . . zum Beispiel Rudolf Forster, Ernst Deutsch . . .??«

Und ich wollte und sagte ja. Ich erinnere mich genau daran, daß ich damals zu Paulus sagte »Ob ich überhaupt noch kann?! Nach so einer langen Pause. Und in Deutsch. Und so alt, wie ich inzwischen geworden bin? Ob ich überhaupt noch kann?! . . . wieder in deutscher Sprache . . . wieder vor einem deutschen Publikum . . . vor dem Publikum, das mich als Erstes erkannt und mit großer Liebe akzeptiert hatte . . .?«

Es wurde ein erschütterndes Erlebnis für mich. Und es hat noch gar nicht aufgehört eines zu sein. Wie die alten Waffenbrüder Mittler, Forster, Deutsch sich zusammenfanden, mir die Hände zu reichen und mir hinüberzuhelfen über den Abgrund der Jahre, wie dann neue Waffenbrüder dazukamen – nein, darüber kann ich nicht erzählen. Beim ersten Versuch tropfte es mir aus den Augen, ich gab es auf.

Nein, das werden andere erzählen müssen, wenn die Reihe an sie kommt . . .

Die Lebenden rühr' ich nicht an, feige, wie ich bin. Nur solche, die sich nicht mehr wehren können: Wie ich Werner Krauß wiedersah und Brecht und Ruth. Und Ost-Berlin.

Werner kam also eines Tages nach einer Vorstellung von *Tiefe blaue See* von Terence Rattigan, dem ersten Stück, das ich wieder in Deutschland spielte, ins Renaissance-Theater. Ich hatte genug gehört von den Schwierigkeiten, die er durchgemacht hatte nach dem Krieg, und mein alter Groll war längst vergessen. Er kam also in meine Garderobe, wir umarmten und küßten uns, keiner erwähnte das Vergangene. Er setzte sich hin und sagte »Meine liebe Elisabeth, jeder erzählt mir, wie gut du bist in dieser Rolle. Ich wünschte, ich könnte dasselbe sagen, aber ich kann nicht. Ich habe nämlich kaum ein Wort verstanden. Du bist viel zu leise. Ich saß in der fünften Reihe und habe kaum ein Wort verstanden. Du bist viel zu leise.«

Ich hatte solche Klagen schon des öfteren gehört, ohne mir viel daraus zu machen. Jetzt schämte ich mich. Ich stammelte »Heute besonders müde«, oder so was – aber innerlich schämte ich mich sehr. Dieses Genie von einem Schauspieler und Sprecher – wann war er mir jemals auch nur eine Silbe schuldig geblieben, leise oder laut gesprochen?

Jetzt bitte ich meinen Leser wieder ganz besonders, mir zu glauben, wenn ich ihm versichere, daß es danach nie wieder vorgekommen ist, daß ich nicht verstanden wurde im Theater, laut oder leise sprechend, heiligstes Ehrenwort. Habe ich Werner Krauß zu verdanken.

Dann sagte er damals noch »Wir müßten doch ein Stück finden, in dem wir wieder zusammen spielen könnten.« Und wir versprachen einander, zu suchen und zu finden. Stroux war es schließlich, der Ionescos *Stühle* für uns fand, und wir waren beide entzückt von der Idee.

Ich fand neulich einige Briefe und Telegramme von Werner, des Inhalts, wie sehr er sich auf die *Stühle* mit mir freue.

Es kam doch nicht mehr dazu. Werner starb.

Wiedersehen mit Ruth und Brecht in Ost-Berlin. Die gräßliche Mauer gab es noch nicht. Einfach die Siegesallee, am verbrannten Reichstag vorbei, und wir sind Unter den Linden. Nein, so-was! »Heim kehr ich und finde nicht heim . . .«

Aber eine strahlende Ruth finde ich und einen ganz neuen Brecht. Einen zufriedenen, einen glücklichen Brecht. Ich weiß, diese Zufriedenheit dauerte nicht allzu lange, aber damals war sie noch neu und sehr ergreifend.

Zuerst wurde mir das Schiffbauerdamm-Theater gezeigt, an dem noch »umgebaut« wurde. Er nannte es »mein Schiff«, und ich ernannte ihn sofort zum Kapitän, was ihn deutlich zu freuen schien.

»Berrrgner, Sie gehören hierher, das wissen Sie doch.«

Ich wußte, daß ich nicht hierher gehörte, aber ich dankte ihm von Herzen, daß er mich dabei haben wollte.

Dann zeigte er mir seine Wohnung in einem kleinen dunklen Haus. Ich erinnere mich aber nur an das Schlafzimmer, mit dem enorm großen chinesischen Bild, das fast die ganze schmale Wand einnahm, gegenüber von seinem Schlafsofa.

Und an die Aussicht aus seinem Fenster, in den stillen kleinen Garten hinunter, erinnere ich mich; mit dem stillen Grab Hegels, das er mir aus dem Fenster zeigte.

Und ganz nahe liegt er jetzt auch.

Abends dann sah ich *Mutter Courage* im Deutschen Theater in der Schumannstraße. Hier muß ich den Leser daran erinnern, was das Deutsche Theater in der Schumannstraße einmal für mich bedeutet hat. Schlechtweg Mekka.

Als wir in den Vorhof kamen, war mir auf einmal wieder zum Umfallen. Brecht und Ruth merkten nichts, nur daß ich mich fester einhängte. Im Theater, während der unvergeßlich herrlichen Aufführung, konnte ich endlich weinen. Das Schlucken hatte schon im Vorhof angefangen.

Ruths Wohnung war auch in der Schumannstraße, und da saßen wir dann noch lange. Diese Aufführung war unbeschreiblich hinreißend gewesen. Hier muß ich gestehen, daß ich Helene Weigel als Schauspielerin nie wirklich ernst genommen hatte. Ich erinnere mich eigentlich überhaupt nicht, sie jemals als Schauspielerin gesehen zu haben. Jetzt war sie auf einmal überlebensgroß da. Allerdings, ich wußte auch, sie hatte den grandiosesten Regisseur der Zeit.

Zur Eröffnung des »Schiffs« war ich wieder eingeladen und saß mit Heli Weigel in einer Loge. Brecht war in einer anderen Loge mit irgendwelchen Regierungs-Oberhäuptern. Nach Schluß der Vorstellung nahm er mich hinter die Bühne, zeigte mir alle Maschinen, führte mich in alle Garderoben, machte mich mit allen Schauspielern und Bühnenarbeitern bekannt. Dann wollte er, daß ich etwas in ein Mikrophon spreche, über die Eröffnung seines Schiffs. Ich wollte nicht. Ich sagte, ich könne keine Reden halten, ohne die Möglichkeit, zuerst nachzudenken, was ich zu sagen hätte. Das verstand er sofort und ließ nach.

Was noch? Was noch?

Sehr vieles, das der Leser ein Recht hätte von mir zu erwarten, habe ich ihm versagt. Zum Beispiel, wie ich an eine Rolle »rangehe«, wie ich an einer Rolle »arbeite« und sie »ausarbeite«.

Ich weiß es nicht. Lieber Leser, ich weiß es nicht.

»Mein hoher Herr, da fragst du mich zuviel.
Und läg ich so, wie ich vor dir jetzt liege,
vor meinem eigenen Bewußtsein da,
auf einem goldnen Richtstuhl laß es thronen
und alle Schrecken des Gewissens ihm
in Flammenrüstungen zur Seite stehn,
so spräche jeglicher Gedanke noch
auf das, was du gefragt: Ich weiß es nicht.«

Was ich mit Kleists Worten sagen will, ist, glaube ich, daß ich jede meiner Rollen für ein heiliges Abenteuer gehalten habe.

Daß ich fest überzeugt bin, daß jeder darzustellende Charakter unter seinen eigenen Gesetzen steht, die sich dem empfänglichen, sensitiven Schauspieler von selbst mitteilen.

Daß ich Brecht für einen grandiosen Regisseur hielt, weiß der Leser. Was Brecht dagegen zum Beispiel als »Gebrauchsanweisung« für die Darstellerin der Julia in *Romeo und Julia* über die Beziehung zwischen Julia und der Amme vorschlägt, halte ich für lächerlichen Unfug. Auf Englisch für plein rubbish!

Wer alles »erklärt« haben muß, schaltet seinen wichtigsten sechsten Sinn aus und kriegt meistens alles falsch erklärt.

Was ich gewöhnlich tue, ist, daß ich so lange auf und ab gehe, bis ich das Zeug auswendig kann. Während dieses Aufundabgehens muß wohl etwas von der seelischen Essenz des Charakters in mich eindringen – langsam, aber doch –, denn die Gestalt wird mir beim Aufundabgehen immer intimer. Das können doch nicht nur die Worte sein, oder das Aufundabgehen? Mehr weiß ich leider nicht dazu zu sagen ...

Jetzt habe ich wirklich alles erzählt, was ich erzählenswert finde. Das Heute rückt bedrohlich näher.

Paulus hat mich verlassen. Er muß geglaubt haben, daß ich stark genug geworden war. *Ich* mußte es erst erfahren.

Er war schon lange nicht mehr gesund. In den sechziger Jahren, auf einem Spaziergang in Tirol, hatte er so etwas wie einen Herzanfall erlitten, von dem er sich aber wieder vollkommen erholte. Nur der Schatten war zurückgeblieben. Eine Art Angst vor solchen Möglichkeiten. Aber wo Angst ist, da sind die Möglichkeiten. Und sie meldeten sich auch, in Abständen. Aber wieder und wieder. Und ernster und ernster. Und schließlich wurde er nachgiebig und stoisch und akzeptierte. Bewußt oder unbewußt, er akzeptierte seine Sterblichkeit. Das tun wir eben alle. Weil wir so unwissend erzogen sind. »Es werde Licht« ist noch immer der allererste Befehl.

Ich sagte einmal, das war vor vierzig oder fünfzig Jahren, nach meiner Blinddarmoperation »Keiner stirbt ohne seine Einwilligung.« Paulus sagte damals »So ein Unsinn, wer würde jemals sterben, wenn er erst um seine Einwilligung gefragt würde.«

Ich weiß nicht mehr, was mich damals bewog, so etwas zu sagen. Heute weiß ich ganz deutlich, wieviel unser unbewußtes Denken und Fühlen – sei es Angst oder Müdigkeit, Enttäuschung irgendwelcher Art, Krankheit irgendwelcher hoffnungslosen Art, und Angst, Angst, Angst davor – zu dieser unbewußten Resignation beiträgt. Paulus hatte bestimmt akzeptiert.

Einmal, als ich von einem Gastspiel nach Hause kam, wußte ich, er hatte akzeptiert. Ich weiß nicht einmal, ob er es wußte. Ich sprach meine Befürchtung sofort aus und bemühte mich, diese »Resignation« zu bekämpfen. Aber er ging darauf nicht ein, sondern versuchte, mir diesen »Unsinn« auszureden. Ich wußte. Ich wußte auch von diesem Augenblick an, daß ich nur den einen Wunsch hatte, nicht dabei zu sein. Nicht ohnmächtig zuschauen müssen. Nicht darauf warten müssen. Es sollte schnell gehen, lieber Gott. Und ich sollte es erst erfahren, wenn alles vorüber war, lieber Gott. Es kam ganz anders.

Ich hatte eine O'Neill-Tournee beendet und kam heim. Es war eine angstschwangere Zeit gewesen auf der Tournee. Meine täglichen Gespräche mit London, mit Paulus und mit meiner Haushälterin, hatten mich sehr entmutigt. Eine freudige Überraschung erwartete mich. Paulus war am Airport, mich abzuholen. Mit der Haushälterin war er gekommen. Sie hatte ihn absolutely nicht allein fortlassen wollen, und so hatte er sie mitgenommen. Schrecklich abgemagert war er. Haut und Knochen. Ich hatte große Mühe, nicht zu heulen auf dem Heimweg. Für den Abend hatte er ein wahres Festessen vorbereitet. Alles, was ich gerne hatte.

Kaum hatten wir die Minestrone gegessen, wurde ich ans Telefon gerufen. Es war mein Bruder aus Paris, und gleichzeitig wußte ich auch, daß es sein Geburtstag war und daß ich vergessen hatte, ihm zu telegrafieren, und so wurde das ein ziemlich langes Telefongespräch, weil ich ein schlechtes Gewissen hatte und ihn trösten mußte.

Als ich zurückkam ins Eßzimmer, war Paulus nicht da. Ich wartete ein paar Minuten, dann ging ich in sein Zimmer. Er lag im Bett. Im Pyjama. Sein Anzug lag sorgfältig zusammengelegt auf dem Sofa. Mein Herz stand still. Ich sah ihn nur an.

Er sagte »Sei nicht bös, ich mußte plötzlich ins Bett.«

»Warum?« fragte ich, »ist dir nicht gut?«

»Nein, gar nicht«, sagte er, »ich mußte nur plötzlich ins Bett.«

»Willst du nicht weiteressen? Soll ich dir etwas bringen?«

»Nein, aber bitte, du geh essen!«

»Nein, ich hab' auch keinen Hunger mehr. Ich komm zu dir.«

Jetzt bat er mich, zuerst den Arzt anzurufen. Einen befreundeten Arzt, der bei uns um die Ecke wohnt. Ich tat es sofort. Er kam, und ich ließ die beiden allein.

Dann kam der Arzt zu mir und sagte »It is the end. Wollen Sie, daß ich ihm die misery erleichtere?« Ich dankte und verneinte. Er sagte, er werde am nächsten Morgen wiederkommen.

Jetzt war ich auf einmal ganz ruhig. Ich schickte die Haushälterin schlafen. Sie wohnte einen Stock tiefer. Dann zog ich mich auch aus, zog Pyjamas an und ging zu Paulus. Ich wußte.

Ich wußte, er hat gewartet, bis ich nach Hause komme, und jetzt war ich da. Ich legte mich zu ihm und war ganz ruhig.

Vor zehn Jahren, ungefähr nach dem ersten Anfall, als wir wieder zu Hause waren und er moralisch noch sehr unter dem Schock litt, da zerbrach ich mir den Kopf nach einer Idee, wie ich ihm eine große Freude machen könnte. Schließlich hatte ich einen absurden Einfall. Ich instruierte unsere italienische Haushälterin in allen Fragen, die wir bei unserer standesamtlichen Trauung im Jahre 1933 am 9. Januar zu beantworten hatten. Dann sagte ich zu Paulus »Komm, die José wird uns trauen, wir haben schon so lange nicht geheiratet.« Bevor er noch viel fragen konnte, war José da mit einer offenen Bibel und einem langen Handtuch um den Hals und begann die einstudierte Zeremonie, die ihr und uns einen Bombenspaß machte. Wir wechselten Ringe, küßten uns und gelobten einander Treue »till death us do part«. Es war fast wie in *Wie es euch gefällt*. Ich glaube, wir benutzten auch die Worte von *Wie es euch gefällt*. Nur hieß unser Pfarrer nicht Celia, sondern José.

Seine Freude an dem Spaß damals war ganz enorm gewesen.

Jetzt dachte ich, ob man das vielleicht wiederholen könnte. Die Haushälterin war noch dieselbe.

Morgen nach dem Frühstück machen wir das wieder, dachte ich.

Dann begann ich ganz leichtherzig zu schwätzen: Von Freds Anruf aus Paris, von der Tournee, von den Kollegen. Mein Geschwätz wurde davon unterbrochen, daß Paulus aufstand und zur Tür ging. Sofort war ich neben ihm. Er öffnete und ging ins Wohnzimmer. Ich ging ganz einfach mit. Er setzte sich. Ich setzte mich neben ihn. Er stand wieder auf und ging zurück ins Schlafzimmer. Ich immer mit. Er ging ins Bett. Ich neben ihn. Das wiederholte sich viele Male.

Er stand schon wieder auf. Jetzt lief ich hinüber und hob seine Beine zurück ins Bett und legte mich neben ihn auf diese Seite. Nach wenigen Minuten versuchte er wieder von der anderen Seite aufzustehen. Wieder war ich dort und schob ihn zurück ins Bett und legte mich dazu. So ging es die ganze Nacht, ohne daß wir darüber sprachen. Es war wie ein Kinderspiel »Wohin? Wohin? Ich laß dich nicht durch«.

Es war schon früh am Morgen, da sagte er plötzlich »Du bist ein Engel.«

»Du auch«, sagte ich, »aber wenn du fünf Minuten still liegen könntest, wärst du noch ein größerer Engel, dann könnten wir nämlich beide einschlafen.«

»Also gut«, sagte er und blieb wirklich still liegen, seinen Kopf in meinem Arm.

Ich wachte auf davon, daß ich die Türglocke läuten hörte. Paulus schlief fest. Sein Kopf in meinem linken Arm. Es läutete wieder. Es war die Glocke von der Haustür unten. 6.25 Uhr war es. Ich mußte eine Stunde geschlafen haben. Paulus auch. Er schlief noch. Ganz langsam und vorsichtig, um ihn nicht zu wecken, zog ich meinen Arm vor unter seinem Kopf. Es läutete schon wieder. Jetzt ging ich in die Halle ans Haustelefon und fragte hinunter, wer da läutete. Es war Dr. Tizard. Ich hatte vergessen, er wollte am frühen Morgen wiederkommen. Aber so früh?

Ich öffnete und bat ihn sofort inständigst, Paul nicht zu stören. Ich erzählte ihm von der unruhigen Nacht, und daß er erst vor einer Stunde eingeschlafen war. Ihn jetzt zu wecken, um das Herz abzuhorchen, oder den Puls zu zählen, wäre sündhaft. Ich verbot es. Dr. Tizard versprach, ihn nicht zu wecken, er wolle ihn nur ansehen und dann am Nachmittag wiederkommen. Also führte ich ihn zu Paul. Er sah ihn aufmerksam an, dann sagte er zu mir: »He is not asleep, Mrs. Czinner, he is gone.«

Mit leeren Särgen
fliegt die Erde um die Sonne
Jean Paul

Das war der 22. Juni 1972.

Tage später . . .

Was muß ich jetzt lernen ————?

Anhang

Dokumentation

Die Auswahl der Dokumente
besorgte die Verlagsredaktion

Bergner

Du erhältst – wodurch –
die Poesie vergangenen Friedens.
Du bewahrst die Illusion
des zarteren Weltgefühls.
Wodurch? Woher die Kraft
der unverwelkten Kindheit
im zerbrechlichen Geschöpf?
Und daß die Quelle deines Lächelns
nicht versickert in der Wüste?
Daß der schwankende Umriß
der im Schreck entflohenen Jahre
Dauer in dir gewann und Festigkeit?
Und daß vom Elexier der Unvergiftung
ein Tropfen, deine Träne, übrigblieb?

Berthold Viertel

Die erste Kritik

Ebenfalls hervorragend war Frl. Bergner als Beatrice. Nach dem, was man bisher von Frl. Bergner gesehen hatte, erwartete man sich wirklich etwas Gutes; ihre Beatrice aber hat alle Erwartungen übertroffen.

Innsbrucker Zeitung
(Spielzeit 1915/16)

... dann ist in ihrer Sprache, Gebärde und Mimik ein überaus fesselndes Treiben von klugen, feinen, diffizilen Lebendigkeiten, das gleicherweise aus schauspielerischer Intuition wie aus originellem Menschentum zu fließen scheint. Es wetterleuchtet von Zukunft um diese Elisabeth.

Alfred Polgar, 1919

Bergner! Bergner!

Also das gibt es noch. Es hat also noch Sinn, ins Theater zu gehen, und es gibt also noch andre, ehrlichere Premieren als jene Filmkomödien, wo unter Blumenhainen glatzköpfige Geschäftsleute zweifelhafter Prägung auftauchen ...

Das Lessing-Theater hallte wider von den Rufen: Bergner! Bergner! Mit vollem Recht.

Ensembles haben wir nicht mehr. Und von einem Berliner Theater kann man wohl auch kaum noch im Ernst sprechen – denn wie soll man mit Liebe rezensieren, was ohne Liebe gemacht wird? Aber daß es noch wertvollen Nachwuchs gibt, das zeigt sich in dieser Frau.

Wie das blüht und duftet! Wie das im höchsten Sinne Kunst ist und im höchsten Natur! Wie sie sich keinen Zwang auferlegt und doch streng im Bann ihrer selbst bleibt! Wie sie sich nie wiederholt, und welche Fülle von Erfindung! Was fällt ihr alles ein! Was macht sie alles! (Und was macht sie alles nicht!)

. . . .

Wie sie als Junge sprach und als Mädchen kopierender Knabe und wieder als Frau – und wie rein sie alle Töne brachte! Wie jubilierte ihre Stimme, als sie in jener herrlichen Liebesfuge als Schlußakkord dastand: »Sag, guter Schäfer, diesem jungen Mann, was lieben heißt.« – »Es heißt, aus Seufzern ganz bestehn und Tränen! Wie ich für Phöbe!« – »Und ich für Ganymed!« – »Und ich für Rosalinde!« – sangen die anderen. Sie aber: »Und ich für keine Frau!« Welcher Jubel, welche Süßigkeit, welche Liebe!

Und es haftet. Die meisten Theatereindrücke der letzten Jahre versinken – dieser bleibt und macht noch den nächsten Tag und die nächsten Tage heiter und glücklich . . . Es hallt nach: . . . es gibt noch so etwas! . . . Und ein Ruf hallt: Bergner! Bergner!

Zum Schluß trat sie vor den Vorhang – als Epilog des Stükkes –, Beifall umdonnerte sie, und sie hob leise die Hand. Abwehrend fast und unendlich süß. Wollte sie noch etwas sagen? Es wurde still. Und als sie begann, dachte ich: Jetzt spricht Elisabeth Bergner ganz persönlich, improvisierend . . . Sie sprach aber mit derselben Natürlichkeit die vorgeschriebenen Worte des Stücks.

Bergner! Bergner! rief die Galerie.

Und wir, die wir dabei waren . . . segneten sie und wünschten ihr alles Gute. Betend, daß Gott sie erhalte, so jung, so schön, so hold.

. . .

Bergner! Bergner!

Kurt Tucholsky, 1923

(Leicht gekürzt aus Kurt Tucholsky »Gesammelte Werke« Band I, 1960, mit freundlicher Genehmigung der Rowohlt Verlag GmbH, Reinbek bei Hamburg).

Wie Klabunds »Kreidekreis« entstand: Mit dem Stück von Hoei-lan-ki in der Bearbeitung von Wollheim da Fonseca vermittelte E. B. dem Dichter Klabund den Stoff. Rechts: Programm der Premiere vom 20. 10. 1925.

DEUTSCHES THEATER

Der Kreidekreis

Spiel in fünf Akten nach dem Chinesischen von **Klabund**

Regie: **Max Reinhardt**

Bühnenbilder: C. R. Neher — Kostüme: Lotte Pritzel

Musik: Pantscho Wladigeroff

Tänze: Max Terpis

PERSONEN:

Tschang-Haitang	Elisabeth Bergner
Frau Tschang, ihre Mutter	Hedwig Wangel
Tschang-Ling, ihr Bruder	Walter Franck
Tong, ein Kuppler	Ernst Gronau
Pao, ein Prinz	Hans Thimig
Ma, ein Mandarin	Eugen Klöpfer
Yü-pei, seine Gattin ersten Ranges	Maria Koppenhöfer
Tschao, Sekretär beim Gericht	Paul Bildt
Tschu-Tschu, Oberrichter	Hans Herrmann-Schaufuß
Eine Hebamme	Lotte Stein
Erster Kuli	Wilhelm Hiller
Zweiter Kuli	Erich Schilling
Erster Soldat	Fritz Kampers
Zweiter Soldat	Hugo Schuster
Dritter Soldat	Josef Bunzl
Vierter Soldat	Heinrich Natkin
Ein Wirt	Carl Jönsson
Ein Dichter	Hanns Maria Böhmer
Ein Zeremonienmeister	Richard Martienssen

Soldaten, Polizisten, Blumenmädchen, Gerichtspersonen, Volk, Hofstaat, Diener

1. Akt: Teehaus — 2. Akt: Garten und Veranda bei Ma

3. Akt: Gerichtssaal

4. Akt: Schneesturmlandschaft — 5. Akt: Kaiserpalast

Technische Einrichtung: Franz Dworsky

Beleuchtung: Paul Hoffmann

Pause nach dem 2. Akt

Anfang: 7½ Uhr — Ende: 10½ Uhr

Die Schuhe sind von der Theaterschuhfabrik Hermann Trattner, Friedrichstrasse 116

Die Kostüme und Dekorationen wurden in den Werkstätten des Deutschen Theaters angefertigt.

Verspätete Liebeserklärung an Elisabeth Bergner

Elisabeth, als dich der Herrgott schuf, was wollte er? Er wollte vielleicht einen schmalen Vogel bilden, denn ihm war leicht und flügelnd zumute. Doch als er dich zwischen den Händen hielt, da warst du zu hübsch für einen Vogel. Und so ließ er das Schmale bestehen und dachte daran, ein Einhorn zu bilden. Ein weißes, zärtliches Fabeltier, nicht breiter als die Hand eines Knaben. Und mit den brennenden, glänzenden Spiegeln der Augen, in denen Träume verbrennen. Darum wurde die Stirn dir so hoch und rein wie das Horn eines Einhorns gerichtet.

Aber Elisabeth – deine Augen waren zu groß und wissend geworden und viel zu klar für ein ängstliches Tier. Da ließ der Herr das Weiße und Zärtliche bestehen und dachte aus dem Geschmeidigen, das er in beiden Händen hielt, das Flüsternde einer Quelle zu machen. Aber der Strudel der Worte aus deinem Munde war viel zu beredt für eine kleine flüsternde Quelle.

Und da hattest du schon den Herrgott verführt. Er hielt dich verwirrt in beiden Händen, denn mit den Augen und den Lippen stelltest du plötzlich ein Lächeln zusammen, das er dir gar nicht geben wollte. Weil dies Lächeln bestimmt war, viel später – in tausend oder zweitausend Jahren, wenn die Erde viel schöner sein würde – gelächelt zu werden. Er war so verwirrt, daß er ein winziges Stückchen Seele von einem Irrwisch gedankenlos zu deiner hinzutat.

Und so tratest du unter uns. Und wurdest ein Mensch, der Vogel, Einhorn und Quelle nicht werden konnte, weil seine Seele zu lange in Gottes Händen lag . . .

Wir wissen also, warum wir dir erlagen . . . Wir wissen auch von dem Irrwisch in dir. Aber ein einziges wissen wir nicht: woher dir dein plötzliches Lächeln kam. Und wie Gott in jener Sekunde geschah es auch uns, wenn du plötzlich mit Augen und

Lippen dein Lächeln vor uns zusammenstelltest: wir schenkten dir auch gedankenlos Seelen . . . Wir waren deiner Verwandlungen froh – aber mit einer Ungeduld, die heimlich dein plötzliches Lachen, dein strudelndes Lachen, erwartete, dies Lachen, in dem mit plötzlichem Griff von einer verdeckten köstlichen Sache das seidene Tüchlein gehoben wurde . . .

Freilich, da war noch immer dein Auge – Traum, Magie, hyazinthene Sehnsucht. Und die Stirn blieb rein gerichtet. Und wenn du wolltest, warst du Nju, Genoveva, Johanna von Orleans, Stella und Pippa. Und das Einhorn, das du ja auch warst . . . Und wenn man dich von außen ansah, warst du ein zartes, schmächtiges Wesen, ein scheues Tier. Und deine Blicke, wie Rilke es einmal gesagt hat – von dem Einhorn, das du warst:

»warfen sich Bilder in den Raum
und schlossen einen blauen Sagenkreis.«

Wer dich aber von innen ansah, erschrak. So groß und weit warst du innen. So groß und glühend aus lauter Gefühl. Oder soll ich sagen – aus Liebe?

Mußten wir dich nicht etwas fürchten?

Fritz Schwiefert in »Telegraf« ca. 1925

Vom heiligen Becher trunken . . .

In jedem Schauspieler, der noch das Dionysische hat, der noch von dem heiligen Becher trunken ist, steckt etwas von dem Satyr, von der Mänade, die den Triumphzug des leidenden und des triumphierenden Gottes mit Evoe und Schellenklang und Bocksprüngen begleiteten. Es war der Gott des Lebens und des Todes.

Wie sieht denn so ein Leben aus, wenn sich die alte mystische

Kraft des Mimus, wie die Gelehrten heute so gern sagen, eines kleinen Menschenkindes bemächtigt hat?

. . . .

Die Spannung, die solches Leben trägt, erhält sich nur an mancher Entsagung, und die grauen Hüterinnen stellen sich bald genug ein, die Abspannung, Müdigkeit, Verzweiflung, Melancholie heißen und die andere noch häßlichere Namen tragen mögen. Es mag sich daraus erklären, daß so ein geniales Menschenkind, von dem verführerischsten und grausamsten Gott aufgerufen, sehr viel Liebe braucht und daß es vielleicht nur in den Augenblicken glücklich ist, in denen es von seinen Verwandlungen entrückt und zugleich geschützt die Liebe der von ihm entrückten, entzückten Menschen als eine warm hochtragende Welle spürt.

. . . .

»Erzählen Sie von der Bergner!« . . .

Kann man über ein so junges Wesen überhaupt schon ein noch so bescheidenes Büchlein schreiben? Ich denke doch, da es, was meinen Lesern wohl nicht verborgen blieb, eine Liebeserklärung geworden ist. Junge Menschen pflegen da bevorzugt zu werden. Es wird von Elisabeth Bergner abhängen, was weiter aus diesem Büchlein werden soll, das nur den Anfang ihrer Lebensgeschichte, ihres Märchens, erzählt.

Aus: Arthur Eloesser »Elisabeth Bergner«, Williams & Co. Verlag, Berlin 1925.

Brief an Elisabeth Bergner

Indessen Sie um diese Stunde im Kulmhotel hundemüde die Koffer auspacken lassen und vor den Fenstern das Schneemärchen von Arosa schimmert und schweigt die Gipfel hinauf und hinunter, wird diese schöne Landschaft sich nicht den Kopf zerbrechen, was sie mit Ihnen anfangen soll. Sie wird Sie aufnehmen in ihre knisternde Stille, in die himmelhohe Bläue, sie wird Sie atmen lassen, winddurchwehen lassen, dunkel bräunen lassen, soviel in vierzehn Weihnachtstagen Zeit dafür ist.

Sie werden sagen, daß Gott seinen Bergen und Bäumen, seinen Bächen und Wiesen, seinen Tälern und Meeren den Befehl gegeben hat, sich niemals den Menschen aufzudrängen, sich niemals ihnen geschwätzig zu nähern, sie nie zu überfallen und zu verführen, sondern zu warten, zu lauschen, zu dienen, dergestalt, daß, sobald ein müder und zerschlagener Mensch zu ihnen heimkehre, er behütet von allem Lärm der Welt eingehen solle in die Natur und einsam ruhen in diesem mütterlichen Geheimnis, unbelästigt von Menschen und Menschendingen . . .

Es liegen so viele Dinge herum, die aufgehoben werden wollen. Was liegt denn herum? Es liegt Ihr Name, Ihre Kunst und Ihr Leben herum, welch ein Name, welch eine Kunst, welch ein Leben! Tag um Tag, über Zeitung und im Theater, über Zeitschriften und in Gesprächen bücken sich Tausende und Tausende, ein Stück Ihrer Kunst oder ein Stück Ihres Lebens zu greifen und neugierig zu betrachten, zu betasten und hin und her zu wenden. Es ist jenes fürchterliche Recht, das die Ungezählten haben, ein unaufhörliches Recht, ein unhemmbares und schamloses Recht. Es umhüllt, aber wann hätte es gewärmt? Es singt Hymnen, aber wann hätten diese Hymnen erhoben? Das alles wissen Sie wohl. Sie wissen, wie verdammt arm und gottverlassen man im Zustande eines beispiellosen Ruhms fröstelt und hungert.

Jetzt jagen Sie sicher, in dieser Minute, über den Schnee vor dem Hotel, noch etwas blaß von Berlin, warten Sie eine kleine Weile, wie die Sonne über Ihre Stirne herfallen wird.

Greifen Sie, wohin Sie wollen, rings in den Schnee und lassen Sie ihn durch Ihre schönen Hände rieseln; so greifen Sie, wohin Sie wollen, rings in die Menschen: Liebe und Zuneigung, Zärtlichkeit und Hingabe, in allen Augen, aus allen Herzen, auf allen Wegen . . . Aber zittert Ihr Herz nicht bisweilen vor solcher Lebensfülle? Wollen Sie nicht manchmal sinnlos aufschreien vor Glück? Nein, so einfach ist der Ruhm nicht beschaffen, so unermüdet läßt er niemanden, so gesund verwahrt er die Seele nicht, hol' ihn der Satan.

So viele Wünsche schneien, die aufgefangen werden wollen.

Mrs. Cheney, ich fand Sie, wie ich schon bedrückt gesagt habe, in der Königgrätzer Straße am 124. Abend selbstmörderisch entzückend. Da stehen Sie nun mit Ihrer Kindlichkeit und Mädchenhaftigkeit und mit dieser infernalischen, ungreifbaren Süßigkeit, also mit Ihrem privaten Zauber, der zur hohen Beglückung und also zur hohen Kunst wurde, mitten in dieser somnambulen Zeit und mitten im traumwandlerischen Theater dieser Zeit, wo ist ein Weg und wo ist ein Quell in solchem Gestrüpp? Wer wüßte es nicht von den Unzähligen, daß Sie keineswegs mit der enthusiastischen Souveränität des routinierten Künstlers den Weg zur Rolle einschlagen, sondern mit großer Verzagtheit und großer Herzensangst sich der neuen Aufgabe nähern. Das sind die unterirdischen Höllentreppen zur Kunst, die Qualwege und Traumgänge, die Genies haben sie gehen müssen, einer wie der andere. Sie gehen also, zarte Wandlerin, nicht einsam in solchem Labyrinth, sondern umflüstert und gesegnet von den Kostbarsten unter allen Mühseligen. Um dieser dunklen Wanderung willen werden Sie von den Wissenden stürmischer und behutsamer geliebt werden als je, wie könnten Sie sich da ängstigen? Gehen Sie wieder zur Höllentreppe, tasten Sie sich wieder die Qualwege entlang, hinter den Traumgängen steht wieder das Letzte und Größte, die Erfüllung und die reifgewordene Gnade. Auf solchen Pfaden fanden Sie die Johanna, Fräulein Julie, die Katharina, die Viola, die Rosalinde . . .

So viele Wünsche schneien, die aufgefangen werden wollen.

Wie Ihre Haare fliegen im Winterwind, das macht den Kopf leicht, riecht es nicht herrlich nach Holz und Harz und Kälte? Wer hätte größeres Recht, als Sie, durch das deutsche Theater zu toben und anzustellen an Großem, was ihm beliebt? . . . Ich durchblättere Ihre Photographien in jenem Buche, das Eloesser in einem charmanten literarischen Jungensjargon über Sie geschrieben hat, Bild um Bild: das Kätzchengesicht aus dem Konservatorium, das zerzauste der Widerspenstigen, das von wahrhaft verhängnisvollem Zauber überwehte Antlitz des Fräulein Julie . . .

Aber nicht wahr, das alles immer und wieder aufgebaut, um sich zu sehen und zu lesen und zu hören wie ein ewiger unausrottbarer Weihnachtstisch, das muß dazu führen, daß der Ruhm in der Kehle sitzt zum Übelwerden, daß jeder junge Morgen schal ist und jeder Abend Gleichgültigkeit. Wollte es mir einfallen, onkelhaft zu werden, murmelte ich grämlich, Gott möge Sie davor bewahren. Er soll Sie gar nicht bewahren.

So viele Rätsel stehen herum, die gelöst sein wollen.

Nun sitzen Sie wohl in der Halle, brennend heiß von der Kälte draußen und fluchen leise vor sich hin, weil die Leute sehen, wer da sitzt. Wer wird wohl da sitzen, ein Rätsel sitzt da aus dem Faradayweg in Dahlem. Zu diesem Rätsel werden im Sommer wieder die Backfische wallfahren, daß der Faradayweg bewimpelt ist mit tausend Fliedersträußen und Bubischöpfen . . . Der Schnee wird das Rätsel lösen: siehe da läuft ein lachendes, schmales Kind über den Hang und freut sich über weiter nichts, als daß die Bläue über ihrer Mütze strahlt und daß vierzehn Tage Ferien sind.

Und der Berg wird das Rätsel lösen: siehe, da kauert ein nachdenkliches, schmales Mädchen auf dem Gipfel und sieht hinunter . . .

Und die Blumen werden das Rätsel lösen: siehe, da geht eine ernste, schmale Frau über die Wiese und sagt zum Rosmarin: Rätsel, warum blühst du so wahllos vor dich hin, warum so auf und nieder im Wind, warum so hin und her, warum lieben dich alle, obwohl du blühst nach keinem Gesetz?

Fred Hildenbrandt im »Berliner Tageblatt« vom 15. Dezember 1926. Gekürzt.

Hochzeitsmeldung in phantasievoller Aufbereitung . . . (»Die Presse«, Wien, 1933).

Vermählung Elisabeth Bergners.

Mit dem Filmregisseur Paul Czinner.

Telegramm unseres Korrespondenten.

London, 10. Januar. Vor drei Tagen ist Elisabeth Bergner in London eingetroffen, um hier in Elstree zwei Filme zu drehen. Der Titel des einen lautet: „Der Angeklagte bleibt stumm." Der Regisseur dieses Films ist Paul Czinner. Elisabeth Bergner hat im Hotel Ritz Wohnung genommen. Am Samstag nun stand in der Liste des Standesamtes in Princeß Row eine Aufgebotsnotiz für Paul Czinner und Elisabeth Bergner, beide Ritz-Hotel. Bei einem telephonischen Anruf im Hotel, in dem Elisabeth Bergner wohnte, antwortete Fräulein Bergner auf die Frage, ob es wahr sei, daß sie in London heiraten werde: „Ich bin nicht die berühmte Elisabeth Bergner, ich bin eine Privatperson." Paul Czinner erklärte telephonisch: „Fräulein Bergner, die hier im Hotel wohnt, ist allerdings Schauspielerin und es entspricht den Tatsachen, daß wir heiraten werden. Aber Bergner ist ein in Deutschland sehr häufiger Name und Sie scheinen Fräulein Bergner mit einer anderen zu verwechseln." Später ließen sich weder Bergner noch Paul Czinner mehr am Telephon sprechen.

Gestern früh erschien vor dem Standesamt in Princeß Row ein Taxi, in dem sich Fräulein Bergner, den Kopf in einem Pelzkragen versteckt, befand, neben ihr Paul Czinner. Sie eilten, so rasch sie konnten, ins Standesamt. In dem Warteraum warteten bereits die beiden Trauzeugen. Nach zehn Minuten stiegen alle vier Personen wieder in das wartende Auto. Das Trauzeugnis hat folgenden Wortlaut: „Es wird hiemit bescheinigt, daß Herr Paul Czinner, unverheiratet, Schriftsteller, 42 Jahre alt, wohnhaft im Ritz-Hotel, der Sohn des Fabrikanten Bernhard Czinner, und die unverheiratete Elisabeth Bergner, 33 Jahre alt, wohnhaft im Ritz-Hotel, Tochter des Kaufmannes Emil Bergner, die Ehe miteinander eingegangen sind. Trauzeugen: Mr. F. J. Amsell und Mr. Leonard Searle." Paul Czinner und Elisabeth Bergner haben ihr möglichstes getan, um ihre Eheschließung geheimzuhalten. Selbst der Taxichauffeur hatte die Weisung erhalten, nicht zu sagen, woher er komme. Auch die beiden Trauzeugen, die von dem Standesamt besorgt waren, verweigerten jede Auskunft mit der Begründung, daß es ihnen von dem Paar streng verboten sei, etwas auszusagen. Die Feststellung, daß es sich tatsächlich um Elisabeth Bergner und Paul Czinner handelt, konnte aber einwandfrei durch Einblick ins standesamtliche Register vorgenommen werden.

Exercises

She sells sea shells
on the sea shore. the
shells she sells are
seashells I'm sure.

Englischlernen mit Flossie. Geistreiche Sprüche zur Schulung der Lautbildung.

FORM NO. 6B. LDN

WESTERN UNION

(THE WESTERN UNION TELEGRAPH COMPANY)

CABLEGRAM

ANGLO-AMERICAN TELEGRAPH Co., LD. CANADIAN NATIONAL TELEGRAPHS.

RECEIVED AT 22 GREAT WINCHESTER STREET, LONDON, E.C.2. (Tel. No. London Wall 0800.) 1934 FEB 1 PM 8 54

L349F 52 1

NEW YORK

NLT ELIZABETH BERGNER 468 CX

APOLLO THEATRE.

LONDON

WARNER BROTHERS FILMS AGAIN REQUEST I ASCERTAIN WHAT BASIS YOU WOULD DO ONE PICTURE WITH OPTIONS ON TWO MORE THEIR HOLLYWOOD STUDIOS ALSO DATES AVAILABLE FOR FIRST PICTURE STOP AM NEGOTIATING FOR WARNERS AS AGENT IN ASSOCIATION WITH AURIOL LEE PLEASE CABLE CAROLNIL NEWYORK MY EXPENSE.

Filmangebote aus den USA.

Escape Me Never!

A PLAY IN THREE ACTS

By MARGARET KENNEDY

GARDEN CITY, NEW YORK
Doubleday, Doran & Company, Inc.
1935

ESCAPE ME NEVER!

This play was first produced in London at the Apollo Theatre on December 8, 1933, and in New York City at the Shubert Theatre on January 21, 1935, by the Theatre Guild in conjunction with Charles B. Cochran, with the following cast:

Sir Ivor McClean	*Leon Quatermaine*
Lady McClean	*Katie Johnson*
Fenella McClean	*Eve Turner*
Caryl Sanger	*Griffith Jones*
Gemma Jones	*Elisabeth Bergner*
Sebastian Sanger	*Hugh Sinclair*
Otto Heinrich	*William F. Schoeller*

¶ **The Theatre Guild brings us Elisabeth Bergner, a new star of the first magnitude —**

Greater than Bernhardt?

Condensed from The Stage

Henry Albert Phillips

+

On a mantelpiece in the London home of Charles B. Cochran, celebrated theatrical manager, stand three portrait photographs. The largest is signed, with a flourish, *Plus tendrement, Votre — Sarah Bernhardt.* To the left stands a portrait only half the size, and two tremulous lines written on it in a fine Italian hand, telling Mr. Cochran that no matter what may come, she will ever remain his — Duse. In the center stands a third likeness, scarcely an eighth as large as Bernhardt's. After lingering over the two luminaries, one would pass it by with a hasty glance. It is of a plain little person, hair brushed straight back, eyebrows untampered with, cheeks and lips *au naturel.* Quite a colorless little thing. One barely notices the childlike scrawl in the corner, "Elisabeth."

But Mr. Cochran is pointing to the picture: "I introduced all three of these great foreign artistes to the English-speaking theater," he is saying. "Very great artistes — but the greatest of the three is Elisabeth Bergner."

At the age of 11 Elisabeth Bergner first appeared on the stage, in Vienna, her birthplace. The capital of the Hapsburgs was not overimpressed with her work. Then Max Reinhardt discovered her. "The moment I saw her," he says, "I knew she had wings." He made the Little Lisl of Vienna the Great Bergner of Berlin. She became the greatest box-office attraction in Germany. She received 1200 Reichsmarks a performance. Crowds stood in lines all night and almost mobbed the theater wherever she played. Patricians and people acclaimed her genius. Her greatest successes were in Shakespearean rôles: Ophelia, Rosalind, Viola. Shaw's *Saint Joan* followed. Then, *The Last of Mrs. Cheyney, Strange Interlude, The Constant Nymph,* all in German, of course.

Today she is one of the discards and losses of Nazi Germany in its mad anti-Semitic *Dummheit;* there is no artist left in the German theater who can touch the hem of Bergner's garment. Germany's irreparable loss became the *Ausland's* priceless gain.

To the stalwart ego of Bernhardt, a first performance in a

Beginn eines Aufsatzes aus der Zeitschrift »The Stage«, New York.

Rechts oben: Der König läßt sich den Film »As You Like It« privat vorführen. 1936.
Rechts: Programm der Londoner Aufführung von J. M. Barries »The Boy David«.

Daily Telegraph

Date of Issue [redacted]

FILM SENT TO KING

By Our Film Correspondent

At the request of the King, a copy of the film of "As You Like It," in which Elisabeth Bergner plays Rosalind, was sent by train to Balmoral Castle last night. It will be shown to the King's guests to-night in his private cinema there.

CAST OF "THE BOY DAVID"

As produced at His Majesty's Theatre, London, on 14th December, 1936

Characters nearly in the order of their appearance :

Jesse		WILSON COLEMAN
The Wife of Jesse		JEAN CADELL
Eliab	Sons of Jesse	BASIL C. LANGTON
Amnon		PETER BULL
Aminadab		ERIC ELLIOTT
Shammah		ROBERT EDDISON
David		ELISABETH BERGNER
The Prophet Samuel		JOHN MARTIN-HARVEY
Jonathan (Son of Saul)		BOBBY RIETTI
Ophir (a Captain in the Army of Saul)		LEON QUARTERMAINE
Saul (King of Israel)		GODFREY TEARLE
A Guard		WILLIAM D'ARCY
Nathan when young		ION SWINLEY
Abner (Captain of the Slingers)		JOHN BOXER
The Armour-Bearer of Goliath		ELLIS IRVING
The Woman of Endor		MARGARET CHATWIN

Slingers of Israel and Philistines

Presented by CHARLES B. COCHRAN

Scenery and Costumes by AUGUSTUS JOHN and ERNEST STERN

Music by WILLIAM WALTON

The play directed by KOMISARJEVSKY

Elisabeth Bergner berichtet:

Einmal, in einer Zeit tiefer Depression, der Zeit, der auch die Brecht-Skripte der »Duchess« zum Opfer fielen – der Zeit, in der wir kein Geld hatten und keinen Mut, der Zeit, von der ich sagte »tot, tot, alles tot« – in dieser Zeit und in dieser Bitterkeit verkaufte ich viele Briefe und Skripte von beiden, Barrie und Shaw. Auch das Porträt Barries von Peter Scott. Auch chinesische Hunde und Pferde, die ich damals noch besaß.

»Spieglein, Spieglein an der Wand, wer war die Dümmste im ganzen Land?«

Die Versteigerungskataloge Sothebys aus jener Zeit berichteten so darüber:

704 BARRIE (J. M.) IMPORTANT SERIES OF SIXTY-ONE A. LS.S., *c. 105 pages, 4to' and 8vo, 15 January 1934–5 June 1937* TO MISS ELISABETH BERGNER, *also thirty telegrams, the letters signed in a variety of styles (mostly initials), one letter unsigned and written in the form of a humorous dialogue on a picture postcard, a few in pencil, one with a pencil drawing of himself in bed, punch-holes in outer margins where filed by recipient, with three original envelopes.*

Barrie's friendship with Elisabeth Bergner was a dominant influence in the final period of his life, and she inspired him to write his last play after a silence of fourteen years. The development of their relationship is recorded in intimate detail in this poignant correspondence.

Barrie met Elisabeth Bergner after seeing her in *Escape me Never* in January 1934. A few days later he wrote and invited her to visit him (". . . The more I think of your performance the more entrancing it seems to me. There is an instantaneousness (to coin an ugly word) about all you do, and always with such subtle meaning, that you reveal something new as quickly as the eye can wink . . ."

. . . .

Barrie makes frequent references to the play, to the creation of the characters, and in particular to David (". . . I hope you are as curious about him as he is curious about you. He is avid of the smallest information about you and I startled him by saying that on the smallest provocation you will put him on a writing slab and rub him out. He departed in dudgeon murmuring 'It was more than Saul could do' . . ."). He talks of his search for suitable actors, of C. B. Cochran and his problems with the production of the play, of the numerous unfortunate delays, and the cancellation of the Royal Command performance.

Shaw is discussed (". . . he is incomprehensible in his communications. As I understand him, some of the things he has now written seem to me just intended to be funny and also to want reconciliation . . ."), and mention is made of a film that Shaw and Barrie made together at Elstree. He also gives an appraisal of Browning's *Pippa Passes*.

** Barrie writes courageously about his increasing bouts of ill health and sends many consoling messages to Elisabeth Bergner, especially when she is filming in the United States, and feeling ill and homesick. His last letter is written on June 5, 1937, only six days before his death. In his last few letters he refers to a trip he is planning to make to Palestine, via Cortina, to see her (". . . We shall have lots of time together . . .").

708 SHAW (G. B.) ELISABETH BERGNER'S TYPESCRIPT COPY OF A PROJECTED FILM VERSION OF ST. JOAN, entitled "The Hundred Years War/1429/Fair France", inscribed on the cover in Shaw's hand "Miss Elizabeth Bergner's copy, from G. Bernard Shaw 30th Nov[r]. 1934", her name and address written by him on the

title page, the tune of the English soldier's marching song pencilled in twice by Shaw (on pages 1 and 148), annotated in various places in Miss Bergner's hand, 165 leaves, *wrappers, 4to*; with an A.Ls. from Shaw to Elisabeth Bergner, 1 1/4 *pages, 8vo.*, 8. *February* 1934, beginning "Dearest Liesl" and inviting her to play St. Joan in London under Charles Macdona (". . . Mr. Macdona is very keen on a revival with you as Joan; and I need hardly tell you that I should be delighted . . .").

Unten: Ankündigung des Shubert Theatre New York.
Rechts oben: Das Ehepaar Else und Albert Bassermann gratuliert.
Rechts unten: Brecht durfte als Bearbeiter der »Duchess of Malfi« nicht genannt werden . . .

SHUBERT GREAT NORTHERN THEATRE

DIRECTION: GREAT NORTHERN AMUSEMENT COMPANY
26 WEST JACKSON BOULEVARD PHONE WABASH 6197

WEEK BEGINNING SUNDAY, OCTOBER 7, 1945
MATINEES WEDNESDAY AND SATURDAY

ROBERT REUD and PAUL CZINNER
Present

ELISABETH BERGNER

in

THE TWO Mrs. CARROLLS

By Martin Vale

with

JOEL ASHLEY

Staged by Reginald Denham

Settings by Frederick Fox

Costumes by Grace Houston

CLASS OF SERVICE
This is a full-rate Telegram or Cablegram unless its deferred character is indicated by a suitable symbol above or preceding the address.

WESTERN UNION

A. N. WILLIAMS
PRESIDENT

1201

SYMBOLS
DL = Day Letter
NL = Night Letter
LC = Deferred Cable
NLT = Cable Night Letter
Ship Radiogram

1/

The filing time shown in the date line on telegrams and day letters is STANDARD TIME at point of origin. Time of receipt is STANDARD TIME at point of destination

LDB50 SA 7

LOSANGELES CALIF JAN 16 1946 1035A

ELIZABETH BERGNER

BILTMORE THEATER LOSA

CONGRATULATIONS TO YOUR IMMENSE SUCCESS CORDIALLY YOURS

BASSERMANNS

1100A

ETHEL BARRYMORE THEATRE

BARRYMORE THEATRE CORPORATION

FIRE NOTICE: The exit indicated by a red light and sign nearest to the seat you occupy is the shortest route to the street. In the event of fire please do not run—WALK TO THAT EXIT.

Frank J. Quayle,
FIRE COMMISSIONER

Thoughtless persons annoy patrons and distract actors and endanger the safety of others by lighting matches during the performance. Lighting of matches in theatres during the performance or at intermissions violates a city ordinance and renders the offender liable to a summons.

THE · PLAYBILL · A · WEEKLY · PUBLICATION · OF · PLAYBILL · INCORPORATED

Beginning Tuesday, October 15, 1946 • Matinees Wednesday and Saturday

PAUL CZINNER

presents

ELISABETH BERGNER

in

The Duchess of Malfi

by
John Webster

Adapted by W. H. Auden

with

JOHN CARRADINE

Donald Eccles

Richard Newton **Whitfield Connor**
Patricia Calvert **Sonia Sorel**

and

CANADA LEE

Directed by George Rylands
Incidental Music by Benjamin Britten
Arranged by Ignatz Strasfogel

Scenery by Harry Bennett Costumes by Miles White

Deutsches Theater in Göttingen GmbH Leitung Heinz Hilpert

Göttingen 12/II/69

Meine geliebte Elisabeth!
Deine ganze Gloria ist überhaupt nicht schadhaft geworden, und Du hast uns noch viel Schönes und Beispielhaftes auf dem Theater zu sagen.

Bleib gesund!!!

Dein ganzes Wesen atmet unbestechliche Wahrheit und Klarheit und eine noble, ressentimentslose Distanz zu all dem, was den Menschen gemeinhin das »Goldene Kalb« bedeutet. Selten! Und wunderbar!

Grüß Deinen lieben Mann!

Und sei sehr herzlich umarmt von

Deinem

Heinz

(Heinz Hilpert hielt auch die Ansprache anläßlich der Verleihung des Schillerpreises der Stadt Mannheim an Elisabeth Bergner, 1963.)

Aus Briefen und Zeitungsartikeln zum 70. und 80. Geburtstag

Liebe Elisabeth Bergner!

Sie sind zu dem Tag gelangt, an dem man unbesiegbar wird – allerdings *nur*, wenn man vorher sehr viel gekämpft hat ... Ihnen darf man es bezeugen.

Sie zeigten, wie sehr uns die Nervenkunst weiterhelfen würde. Aus der hübschen Rolle in der Komödie von Maugham machten Sie zehn Wesen, wie Kokoschka gezeigt hatte, daß jeder Mensch mindestens aus zehn Wesen besteht.

Ich möchte Ihnen nicht Ihre Karriere schildern, sondern nur an das erinnern, was Sie uns damals bedeuteten. Jeder, der dabei war, erinnert sich an Ihre Heilige Johanna, die Sie 146mal in der ersten Saison gespielt haben und durch die Sie zu einem Begriff wurden; zu dem Begriff jener Unruhe, die uns allen damals nötig tat. Sie bezwangen Männer wie Frauen. Wenn Sie auftraten, saßen die Leute unbeweglich, man spürte, daß Sie das Zeitalter so empfanden, wie wir es uns alle wünschten ... Ob Sie nun Shakespeare spielten oder die Kameliendame, eine Wiener oder eine amerikanische Komödie – in Ihnen gab es etwas, das unvergleichlich war, das neu war, an das man glauben konnte ...

Sie spielten damals viel an einem Theater, von dem man nicht genau wußte, wer der Direktor war: Sie oder der Direktor. Da erschienen Sie 1929 im Künstlertheater in »Seltsames Zwischenspiel« von O'Neill als Nina, einer Rolle, die vom zwanzigsten Jahr bis zum weißen Haar reicht. Was Sie damals zeigten und ahnen ließen, war für mich die größte Ihrer Bühnentaten ...

Ich war überzeugt, daß Ihnen – nach der Nina – nur noch das Deutsche Theater die großen Aufgaben bieten könne ... Weil Max Reinhardt schon seit 1920 nicht mehr Direktor, nur noch Hausherr seines Theaters war, wurde die Tatsache, daß Sie nicht zu uns kommen wollten, die erste Schreckensschrift an der Wand. Etwas später verließ ich das Deutsche Theater, im Jahr 1930. Sie fragten mich, was ich nun unternehmen würde. Ich sagte, daß ich mit meinen literarischen Arbeiten fortfahren würde. Sie fragten: »Warum gehen Sie nicht nach London? Sie können Englisch, ich nicht. Ich gehe nämlich nach London.« Und dann kam das denkwürdige Wort, an das Sie sich nicht erinnerten, als ich Sie vor 8 Jahren in München wiedersah, und von dem Sie erstaunt erklärten: »Aber dann war ich ja ein Prophet!« Das prophetische Wort war: »Sehen Sie sich unser Publikum an, es wird jeden Abend schlechter. Wir sind am Ende.«

Als Nina hatten Sie mich und Ihre ganze Zeit eingefangen. Nie wieder hat man Ihnen eine solche Chance geboten. Sie wohnten still, aschenbrödelartig im Londoner Ritzhotel. Sehr schnell gewöhnten sich die Engländer an Ihre Filme. »Der träumende Mund« machte einen ungeheuren Eindruck, und dann hatten Sie Englisch gelernt und spielten – immer waren Sie weise – eine Ausländerin, der also Akzent gestattet war, in einem Stück von Margaret Kennedy. Als ich Sie anrief, um das Stück zu sehen, waren Sie fröhlich bekümmert, daß es keine Karten bis Weihnachten gäbe. Da ich nicht drei Monate warten konnte, wurde mir als hohe Ehrung ein Stehplatz eingeräumt. Ich habe nicht gemerkt, daß ich stand . . .

Kurz vor dem Hitlerkrieg sah ich in Paris einen neuen Film von Ihnen, in England gedreht, der – scheint mir – Die Zwillingsschwestern hieß. Sie spielten beide Schwestern. Ich schickte Ihnen ein Telegramm, bekam noch eine Antwort von Ihnen, und dann kam die Nacht.

Jetzt leben Sie in England und ich in Italien, und dabei wissen wir, daß es nur eine Stadt gab, die Menschen zu formen verstand, die Resonanzboden war wie keine andere, die es nicht mehr gibt, und der wir – besonders bei Gedenktagen – uns für immer verbunden fühlen: Berlin.

Ihr
Hans Rothe
Florenz im August 1967

Aus einem Brief zu Elisabeth Bergners 70. Geburtstag.

Ein Idol hat Geburtstag

Elisabeth Bergner – gestern und heute

Das Bergner-Jubiläum ist ein Gedenktag, der für die Älteren die eigene Jugend beschwört und den blaß gewordenen Duft der zwanziger Jahre, in denen »die Bergner« zum Idol einer ganzen Generation geworden ist. »Verkörpert eine vergeistigt-zarte, sublimierte Weiblichkeit«, heißt es in Reinerts Film-Lexikon. ... Man war berauscht damals von dieser neuen Erscheinung, die viel zu zart, zu scheu, zu fragil auf der Bühne stand, ein fast hilfloses Wesen, das – mit zwanghaften Gesten – nur aus Gefühl und Nerven zu bestehen schien. Nun, das Publikum ist wohl längst davon abgekommen, daß Schauspielerei Verstellungskunst sei. Wir rühmen vielleicht einmal einem tüchtigen Schauspieler nach, daß wir ihn in irgendeiner Charge nicht gleich erkannt haben. Die Großen aber deckt – wie im Fall Bergner – kein Inkognito! ... Die spezifische Wirkung der »Bergner-Weis'« hat der Berliner Kritiker Arthur Eloesser einmal in dem Satz gefaßt: »Zum Teufel, wir sind gerührt, aber Gott sei Dank, wir sind nicht zu sehr gerührt, weil sie das Maß hat, das die Keuschheit der Kunst ist!« Und weiter: »Die Bergner, darauf könnt ihr euch verlassen, trägt ihre Nase, dieses feine, empfindliche, auch stolze Näschen auf der Bühne genau so wie im Leben. Ein ausgeprägtes Kulturwesen, aber immer auch eine in die Kultur Verbannte, von woanders Hergekommene, aus Verstecken der Scheu Herausgeholte. Trotz allem Selbstbewußtsein, trotz aller Verwöhntheit!«

Die Scheu des Sich-Versteckens vor jeder Art von »Star-Publicity« hat Frau Bergner offenbar behalten. Dem Autor dieser Zeilen, der sein Herz an das Projekt einer Bergner-Monographie gehängt hatte, schrieb sie: »Auf alle Fälle bin ich gar nicht interessiert daran, an einer Mono- oder Biographie mitzuarbeiten oder jemandem zu helfen, mir so ein Ding zu versetzen. Ich danke Ihnen für die Ehre (und Freude!), die mir Ihr guter Wille bereitete, und hoffe auf Ihr Verständnis, und Ihre Verzeihung dafür, daß ich nicht mitspielen will.«

Sie spielte dafür wieder auf der Bühne, in verwandelten Gestalten – den großen Glanz eines Erfolges von Jahrzehnten zu mehren, eines Erfolges, den auch die Schwefelschwaden einer ruchlosen Epoche in Deutschland nicht verdunkeln konnten. Wer könnte den Bergnerischen Gegenwartsakkord auf den Saiten unserer Erinnerung, ihre Hester Collyer in »Tiefe blaue See«, ihre Mutter in »Eines langen Tages Reise in die Nacht« oder ihre Stella Campbell in »Geliebter Lügner« je vergessen!

»Stella stellarum« hatte O. E. Hasse in dem Shaw-Stück zu ihr zu sagen. Dem ist für das Geburtstagskind Elisabeth Bergner nichts hinzuzufügen.

Rolf Lehnhardt in der New Yorker Zeitung »Aufbau« vom 18. August 1967.

Elisabeth Bergner ist 80

Manchmal auch den Löwen gespielt

Am Konservatorium in Wien lernte sie das Handwerk. Sie spielte in Wien, in München und kam endlich in die Stadt der Bergner-Legende, gewoben in 13 Jahren großer Theaterzeit: nach Berlin. Polgar, später nicht immer mit ihr einverstanden (niemand war das immer, doch jedermann stets von neuem entzückt), siegelte dort 1919 ihren Meisterbrief: »In Fräulein Bergner steckt, glaube ich, eine große Schauspielerin . . . es wetterleuchtet von Zukunft um diese Elisabeth.«

Diese Zukunft hat bisher fast sechs Jahrzehnte lang gewährt. Ihr Glanz nahm auch nicht ab, als Elisabeth Bergner im Alter von 35 Jahren ausgetrieben wurde aus dem Land ihrer Sprache und noch einmal in fremder Zunge von vorn anfangen mußte. Aber eine der bedeutendsten und geliebtesten Schauspielerinnen des Jahrhunderts, »die Bergner«, das wurde sie schon in den ersten 20er Jahren: mit Strindbergs Fräulein Julie und der Königin Christine, mit Shaws Johanna, mit der jungen Frau in O'Neills »Seltsames Zwischenspiel«. Sie war und ist ein besonders kostbarer, weil scheinbar zerbrechlicher Besitz eines Publikums, dessen Größe weit über die Zuschauer des Theaters hinausging. Sie wurde rasch unvergleichbar.

Aus einem Beitrag von Christian Ferber in »Die Welt« vom 22. 8. 1977.

Ruhm der Schauspielkunst

Huldigung für Elisabeth Bergner zum 80. Geburtstag

... Wie glücklich waren wir über den in hundert Facetten schillernden, so gar nicht holzhämmernden, blitzgescheiten Humor der Shaw-Dialoge »Geliebter Lügner«! Wie ungebrochen war ihre Strahlkraft in den tragischen Rollen ihres Alters: so verbündete sich im Exemplarischen ihrer Kunst die Natur mit dem Talent, und der Ausbruch aus der Tiefe führte sie, wie alle Großen dieser Kunst, dorthin, wo Einbildungskraft das uns Unerreichbare aufdeckt. Abgrund und Himmel des Menschenmöglichen.

Aus einem Beitrag von Siegfried Melchinger in der »Frankfurter Allgemeinen Zeitung« vom 22. August 1977.

Elfe unter Riesen

Elisabeth Bergner wird heute 80

Was ist das Kennzeichen des großen Schauspielers? Ich meine nicht den guten Schauspieler, den interessanten, den brillanten, den hervorragenden Schauspieler – davon gibt es zu allen Zeiten Hunderte –, sondern den (oder die) wahrhaft großen, den säkularen, den einzigartigen, der in die Geschichte eingeht! ... Wer ist von den heutigen »unsterblich«? ... Von einer weiß man es. Elisabeth Bergner, heute 80 Jahre alt, geht in die Geschichtsbücher ein. Der Superlative sind genug geschrieben ... Schon in den umschwärmten goldenen Zwanzigern der Berliner Bühnen war sie ein fragiles Monument in dieser Meisterklasse deutschen Theaters, eine Elfe unter Riesen ... Sexlos beherrschte sie das Hexeneinmaleins der Verführung.

Um dieses Wunder aus Nerv und Hirn liefen sich die Federn und die Zungen heiß. Wo war die Trennlinie zwischen Instinkt und Intellekt, wo verlief die Grenze zwischen Magie und Manierismus? Das Geheimnis dieser psychologischen Konstellation ist nie gelüftet worden ... Noch jung vernahm sie die vom Parkett heraufklingenden beseligenden Fanfarenklänge der Begeisterung – und das seltsame Geräusch jauchzender Kritiker ...

Jetzt nur um Gottes willen nicht von der großen alten Dame des Theaters reden. Nur *vor* dieser Achtzigjährigen gab es Vergleichbares. Sie ist die letzte Duse unserer Epoche.

George Salmony in der »Süddeutschen Zeitung« vom 22. 8. 1977 (gekürzt).

Nachwort

Das Reinhardt-Seminar in Wien feiert im kommenden Herbst das Jubiläum seines 50jährigen Bestehens. Und da das Reinhardt-Seminar aus der k. und k. Akademie für Musik und Darstellende Kunst in Wien hervorgegangen ist – und da ich einer der wenigen noch Überlebenden der k. und k. Akademie bin, wurde ich aufgefordert, mit einigen Worten Zeugnis abzulegen über meine Erinnerung an diese wahrscheinlich wichtigste Zeit meines Lebens. Und das ist es, was ich darüber zu sagen hatte:

Ich war fünfzehn Jahre alt, als ich in die k. und k. Akademie aufgenommen wurde. Ich hatte damals nicht das Gefühl, eine Prüfung bestanden zu haben, sondern einen Eid geleistet zu haben – den Eid bis der Tod uns scheidet. Was ich dafür bekam, war weit mehr, aber ich verstand das damals noch nicht. Heute weiß ich, daß das, was ich damals bekam, die unerschütterliche Gewißheit einer unaufhaltsamen großen Karriere war. Mein Eid und diese Gewißheit haben einander die Treue gehalten, und heute möchte ich diese Schätze – meinen Eid und diese Gewißheit – meinen jungen Kollegen des Reinhardt-Seminars, das einen Namen trägt, der mir heilig ist, in diesem Namen überreichen. Er ist einverstanden, ich weiß es.

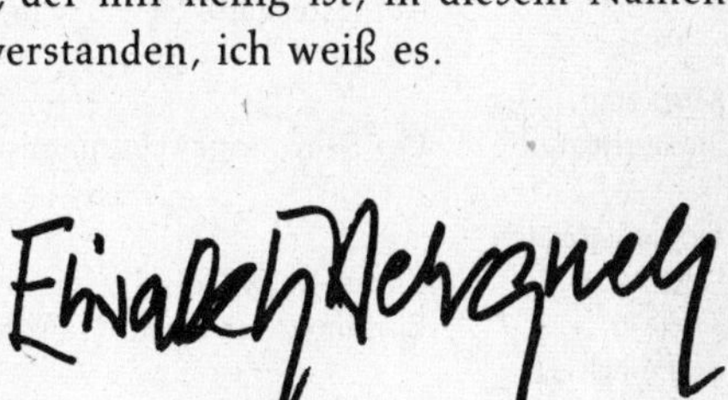

Die wichtigsten deutschsprachigen Bühnenaufführungen mit Elisabeth Bergner

Innsbruck		
Stadttheater	Die Braut von Messina (Schiller)	Spielzeit
	Sappho (Grillparzer)	1915/16
Zürich		
Stadttheater	Jugend (Halbe)	Spielzeit
	Wilhelm Tell (Schiller)	1916/17
	Hamlet (Shakespeare)	
	Der lebende Leichnam (Tolstoi)	
	Schloß Wetterstein (Wedekind)	
	Erdgeist (Wedekind)	
	Frühlings Erwachen (Wedekind)	
	Rausch (Strindberg)	
	Kameraden (Strindberg)	
	Wie es euch gefällt (Shakespeare)	
	Die Troerinnen (Werfel)	
Wien		
Neue Wiener Bühne	Die Büchse der Pandora (Wedekind)	
	Der Ritualmord in Ungarn (Arnold Zweig)	
	Hamlet (Shakespeare)	
München		*Premiere*
Kammerspiele	Ein Sommernachtstraum (Shakespeare)	19. 6. 1920
	Das Postamt (Tagore)	21. 5. 1921
	Der Heiratsantrag (Tschechow)	21. 5. 1921
Berlin		
Lessing-Theater	Der Marquis von Keith (Wedekind)	1921
	Der lasterhafte Herr Tschu (Berstl)	18. 10. 1921
München		
Staatstheater	Der Schwierige (Hofmannsthal)	7. 11. 1921
Berlin/Dresden		
Deutsches Theater und Gerhart-Hauptmann-Festspiele	Kaiser Karls Geisel (Hauptmann)	1922
	Einsame Menschen (Hauptmann)	

Berlin		
Moriz-Seeler-Theater (Die junge Bühne)	Vatermord (Arnolt Bronnen)	14. 5. 1922
Deutsches Theater	Des Esels Schatten (Fulda)	17. 5. 1922
Großes Schauspielhaus	Der Widerspenstigen Zähmung (Shakespeare)	2. 10. 1922
Lessing-Theater	Königin Christine (Strindberg)	14. 12. 1922
Kammerspiele	Der Kreis (Maugham)	24. 1. 1923
Kammerspiele	Fräulein Julie (Strindberg)	22. 2. 1923
Lessing-Theater	Wie es euch gefällt (Shakespeare)	25. 4. 1923
Schauspielertheater	Edward II. (Marlowe)	2. 11. 1923
Lessing-Theater	Was ihr wollt (Shakespeare)	27. 12. 1923
Deutsches Theater	Die heilige Johanna (Shaw)	14. 10. 1924
Deutsches Theater	Die Kameliendame (Dumas)	10. 3. 1925
Deutsches Theater	Wie es euch gefällt (Shakespeare)	1. 9. 1925
Deutsches Theater	Der Kreidekreis (Klabund)	20. 10. 1925
Lessing-Theater	Mrs. Cheneys Ende (Lonsdale)	März 1926
Theater in der Königgrätzer Str.	Die treue Nymphe (Kennedy)	12. 2. 1927
Berliner Theater	Romeo und Julia (Shakespeare)	25. 10. 1928
Deutsches Künstler-Theater	Seltsames Zwischenspiel (O'Neill)	4. 11. 1929
Lessing-Theater	Amphitryon 38 (Giraudoux)	15. 1. 1931
Staatstheater	Gabriel Schillings Flucht (Hauptmann)	28. 10. 1932
Deutschland (Tournee)	Tiefe blaue See (Rattigan) Eines langen Tages Reise in die Nacht (O'Neill) Geliebter Lügner (Shaw/Kilty)	1954–1960

Die wichtigsten Filme mit Elisabeth Bergner

Jahr	Titel	Regie	Mitwirkende
1924	Nju	Czinner	Emil Jannings, Conradt Veidt
1926	Der Geiger von Florenz	Czinner	Conradt Veidt, Walter Rilla
1928	Donna Juana	Czinner	Hans Rehmann, Walter Rilla
1929	Fräulein Else	Czinner	Albert Steinrück
1931	Ariane	Czinner	Annemarie Steinsieck, Rudolf Forster, Theodor Loos
1932	Der träumende Mund	Czinner	Rudolf Forster, Anton Edthofer
1934	Catherine the Great	Czinner	Douglas Fairbanks jr., Flora Robson, Gerald du Maurier
1935	Escape Me Never	Czinner	Lawrence Hauray
1936	As you like it	Czinner	Laurence Olivier
1937	Dreaming Lips	Czinner	Raymond Masser
1939	Stolen Life	Czinner	Michael Redgrave

Bildnachweis

Bildseite 3 (Schiller) Staatsbibliothek Berlin; 7 (George) Theater-Museum München; 8 (Czinner) Angus McBean, London; 11 (Reinhardt) Theater-Museum München; 13 (Der träumende Mund) Deutsches Institut für Filmkunde; 15 (Seltsames Zwischenspiel) Zander und Labisch, Berlin; (Alle Reichtümer) Ilse Buhs, Berlin; (Eines langen Tages) Klaus Sange, Düsseldorf-Benrath; 19 (E. B.) Cecil Beaton (auch Umschlagfoto); 27 (Shaw) Süddeutscher Verlag, München; (Einstein) Süddeutscher Verlag, München; 31 (E. B.) Rosemarie Clausen, Hamburg; 32 (E. B.) Rosemarie Clausen, Hamburg.
Alle übrigen Fotos: Archiv Bergner und Archiv Christel Laatsch, Berlin.
Inhaber von Foto- oder sonstigen Rechten, die der Verlag nicht ermitteln konnte, werden gebeten, eventuelle Ansprüche geltend zu machen.
Dank schuldet der Verlag Herrn Dr. Rainer Theobald, dem Theater- und dem Film-Museum München für Hinweise und Beratung.